キリスト者の生のかたち　東方教父の古典に学ぶ

キリスト者の生のかたち

―― 東方教父の古典に学ぶ ――

谷　隆一郎 編訳

知泉書館

はしがき

本書は、「キリスト教の源流」であり「人類の古典」でもある東方・ギリシア教父の伝統の中から、中期と後期とのそれぞれの代表者としてニュッサのグレゴリオスと証聖者マクシモスとを択び、抄訳ながらいくつかの代表的著作を収めたものである。また最後に『砂漠の師父の言葉』という往昔の修道者の稀有な言行録を少しく加えた。それゆえこの書は、ささやかなものながら全体として、東方教父および東方キリスト教の古典の一種のアンソロジー（詞華集）ともなっているであろう。

今回こうした一書を編んだのは、単に過ぎ去った時代の著作を紹介するためではなくて、いわば時と処とを超えて現存する古典の生命に、すべてわれわれが何ほどか参与するためである。実際、古典というものはいずれも同様であろうが、東方教父の場合も、学びゆくほどにつねに新しく、そこには汲み尽くしえぬ宝が秘められていると思われる。してみれば、神、宗教、信仰、イエス・キリストなどについてのさまざまな先入見を排して、教父や師父たちの言葉を虚心に受けとめ味読してゆくならば、それはわれわれにとって心の糧となり、「善く生きる」ための指針を与えてくれるものとなりえよう。

すなわち彼らの言葉は、もとより特定の専門家だけのものではなく、またキリスト教に縁のある人々だけのものでもなくて、およそ真に人生を問うすべての人々のものである。というのも、教父たちは恐らく、最も素朴にかつ無垢に人間として生きつつ、「人間本性とは何であり、また何でありうるのか」、また「他者との真実の交わり、愛とは何か」ということを、自らの根底に問い披いていったからである。言い換えれば、「神」や「キリスト」という言葉すら、そうした彼らの祈りと探究のうちに、その現存の働きが経験され見出されていったのであって、はじめから何か客体的存在としていわば天下りに前提されたものではなかったのである。

ともあれこの小さな書が、心に根本の問いと渇きを抱えつつ、まさに「善く生きること」を求めるすべての人々にとって、何らかの支えとなり道しるべともなれば、まことに幸いである。

二〇一四年春、桜の開花する時節に

谷　隆一郎

目　次

III　ミーニュ・ギリシア教父全集より

キリスト者の生のかたち

――東方教父の古典に学ぶ――

序

この書は、東方教父の数多くの著作の中から、とくにニュッサのグレゴリオス（三三五頃—三九四）と証聖者マクシモス（五八〇頃—六六二）とのそれぞれ三つの古典的作品、および『砂漠の師父の言葉』という珠玉の作品を配列したものである。

最初に置いた『キリスト者の生のかたち』はほぼ全訳を収めたが、他の六つの著作の場合はいずれも基本的で重要と思われる章句を適宜択んだ。それゆえ、これだけでも東方教父と東方キリスト教の伝統について、ある概要を窺い知ることができるであろう。

さて、本書で取り上げる二人の教父と計七つの著作については、後にそれぞれの解題の中で述べる。以下においてはそれに先立って、教父の伝統とその歴史的意味をめぐって、基本的な事柄を簡単に記しておこう。

東方・ギリシア教父および西方・ラテン教父の伝統は、二世紀から八世紀半ばに至る思想潮流であって、後世の容易に凌駕しがたい大きな源泉である。それは東洋で言うなら、たとえば大乗仏典成立の歴史に比せられよう。そうした教父的伝統は一言で言えば、ヘブライ・キリスト教が古代ギリシア的諸伝統を（ストア派や新プラトン主義なども含めて）受容し、根本で拮抗しつつ、それらを超克していった思想潮流であった。

その際、注意しておくべきは次のことである。教父の伝統は確かに、旧約・新約聖書のヘブライ・キリスト教的伝統が開花し展開していった形態である。が、そこにおいては、「修道と学」とが渾然と一体化し、また「神学と哲学」とはほとんど一つのものであった。神（ヤハウェ、テオス）は「その実体・本質（ウーシア）としては」どこまでも不可知で超越そのものであり、ただ万物に及ぶ「その働き・活動（エネルゲイア）」が、何らか経験され知られるに過ぎない。こうした「実体・本質（ウーシア）と働き（エネルゲイア）との峻別」は、東方教父以来の伝統にあって共通の思想財でもあったのである。

つまり、神を何らかふさわしく語り出し称えるものとしての「神学」と、知恵を愛し求める営みとしての「愛智＝哲学」とは、教父たちにあってはほとんど一つのことであった。（この点、たとえば西欧近代以降の大方の捉え方とは大きく異なる。）ともあれここでは、問題の中心に普遍的に関わることとして、次の二点を指摘しておこう。

「ヤハウェ」（ehyēh, Ego eimi）（神）とは、周知のように、「わたしは在る（在らんとする）」という神の名として、かつてシナイ山においてモーセに啓示された（出エジプト三・一四）。だが、「わたしは在る」（つまりは存在そのもの）が神の名であるならば、われわれの「わたし・自己」はいわば謎かけられている。実際、有限で可変的な世界に生きているわれわれにとって、「わたし・自己の在ること」は決して「安心して確保されてはいない。」そして人間は、自由・意志の働きを介して「より善き方にか」、「より悪しき方にか」という生成変化に晒されているのだ。本書で取り上げるニュッサのグレゴリオスや証聖者マクシモスは、そのように「意志や行為が自己の存在様式に変容をもたらすこと」、そしてそれが「新しい存在の現出であること」を深く洞察した人々であった。そしてそのことの根底に、「わたしは在る」たる神の働き（エネルゲイア）が、恐らくはわれわれの「在ること」の成立そのものに関わることとして見出されるであろう。

次に、「イエス・キリストの名」についてである。それはふつうにはむろん、キリスト教という宗教の中心に存する名であり、教理（ドグマ）としては「イエス・キリストは神でありかつ人である」（三二五年、ニカイア信条）とか、「神性と人性との不可思議な（ヒュポスタシス的）結合である」（四五一年、カルケドン信条）とか語られもする。しかし、そのようなことは、使徒なら使徒たちの一体いかなる経験から、それとして語られえたのか。改めてそのように問い直すとき、そこには恐らく、神的な働き（エネルゲイア）、神的な霊（プネウマ）との出会いという、根源的な経験が存していたと言うべきであろう。そしてそれは、「ロゴス・キリスト論」がわれわれにとって普遍的な問題となるための、原初的な経験でもあったと思われる。

ともあれ、さしあたり指摘しておくべきは次のことである。すなわち端的に言えば、「イエス・キリストとは、そもそも誰なのか、いかなる存在なのか」を真に問うことは、使徒や教父たちにとって、そしてわれわれにとって、「人間とは（つまり人間本性とは）何なのか、何でありうるのか」、そして「人と人との真実の交わり・愛とは何であり、またいかにして可能なのか」を、己れのうちに問い抜くことにほかならないであろう。

ところで、本書に収められた各々の著作は、いずれもキリスト教の長い歴史の中で知る人ぞ知る古典的作品であり、しかも右に少しく触れたような観点からしても、およそ真に自己を問い「善く生きるとは何か」を問う人々のものである。もとよりそれらは、誰にとっても決してやさしくはない。しかしそこには、身分やありきたりの学識などでは歯の立たない「人間の真実」を証しする言葉が満ちている。その意味でこのささやかな一書は、心に何らか切実な問いと苦しみを担いながら、虚心に道を求めるすべての人々のものなのである。

I　ニュッサのグレゴリオス

Ἡ ΦΙΛΟΞΕΝΙΑ
ΤΟΥ ἈΒΡΑΑΜ

一　『キリスト者の生のかたち』（キリスト教綱要）

解題

この著作は、「神的な目的と真理に即した修道とについて」という原題を有しており、ニュッサのグレゴリオス晩年の円熟した観想の所産とも言うべき珠玉の作品である。ただここでは、内容に照らしてより簡明に、「キリスト者の生のかたち」とした。「キリスト教綱要」という言葉は、ラテン語での著作表記による。ギリシア語原文は、Gregorius Nyssenus, De Instituto Christiano, Gregorii Nysseni Opera Ascetica, Vol. VIII, Pars I, Leiden, 1963. に収められており、翻訳にはそれを底本として用いた。なお、文中の小見出しは、読書の便を考え、訳者が適宜附け加えたものである。

これは比較的小さな作品であるが、簡潔な筆致のうちに「キリスト者の生のかたち」に関わる諸々の問題が語り出されている。そしてそれは、「人間的な自然・本性（ピュシス）が善きかたち（アレテー、徳）へと開花し、ひいては神的生命に与りゆく道」を、鮮やかに指し示しているのである。

その内容は、われわれ一人一人がじっくりと味読し把握してゆくほかないが、扱われている幾つかの論点を示すなら、次のようなものである。「神の似像たるべき人間」、「魂の浄めと成長」、「信・信仰という測りに従っての聖霊（神的働き）の受容」、「神の意志と、魂の新たな形成」、「キリストの花嫁としての人間」、「悪と罪」、「アレテー（徳）と愛との絶えざる道行き」、「他者との真の交わりと愛」、「謙遜の道」、「主の受難を担いゆくこと」、そして「キリストのしもべ」などである。ニュッサのグレゴリオスはこうした主題の内実を、聖書の言葉に依拠しつつたんたんと明らかにしている。それゆえ、さまざまな先入見を排して受けとめるならば、われわれはそこに、およそ人間の真実を、そして「根拠なる存在（神）へと与りゆく道」を何ほどか見出しうるであろう。

さて、ニュッサのグレゴリオスの人と生涯について簡単に述べておく。

グレゴリオスは東方教父の伝統にあって、哲学・神学面での代表者の一人である。三三五年頃、小アジアのカッパドキア地方の町カエサレアに生まれたという。その家系は幾人もの聖人を生んでおり、兄のバシレイオス（三三〇頃―三七九）、長姉のマクリナは、ニュッサのグレゴリオスの生涯に大きな霊的感化を与えている。また祖母マクリナは、オリゲネス（一八四／五―二五三／四）の弟子グレゴリオス・タウマトゥルゴスの薫陶を受けたという。

ところでニュッサのグレゴリオスは若き日、修辞家リバニオスに学び、自らも修辞学の教師をつとめた。しかし後に朋友ナジアンゾスのグレゴリオス（三二九／三〇―三八九／九〇）の促しによって、より静謐な学と修道との道に入った。そして偉大な司牧家で修道院制の組織者でもあった兄バシレイオスの薦めによって、カッパドキアの小市ニュッサの司教となった。これは必ずしもグレゴリオスの意に添うことではなく、生来の資質に適うことでもなかった。が、三八一年には、ナジアンゾスのグレゴリオスとともに出席したコンスタンティノポリスの公会議において、ニカイア信条の謳う三位一体の教理の確立に寄与した。とくに聖霊の神性をめぐる問題に主導的役割を果たしたという。そしてニュッサのグレゴリオスは、バシレイオス、ナジアンゾスのグレゴリオスとともに、「カッパドキアの三つの光」と称えられることになる。

グレゴリオスはそれ以後、自らの本来の資質と召命に忠実に、再びカッパドキアの地に退いて観想と修道の生を営んだ。グレゴリオスは小アジアの修道者の間で、つとに霊的生活の師として知られていたのだが、本書で取り上げたその三つの著作は、いずれもそうした修道的交わりの中から生まれたのである。

総じてグレゴリオスは、兄のバシレイオスや、次代、雄弁な説教ゆえに「金の口」と称えられたヨハネス・クリュソストモス（三四四―四〇七）のような偉大な指導者、司牧家ではなかったが、思弁的神秘家として彼らを凌いだ。そしてニュッサのグレゴリオスにおいて一つの完成にもたらされた東方教父の哲学・神学は、その後も独自の展開を遂げ、擬ディオニュシオス・アレオパギテース（恐らく六世紀はじめのシリアの修道者）の否定神学の体系や、伝統を実質的に集大成した証聖者マクシモス、そしてダマスコスのヨアンネス（六五〇頃―七五〇頃）らの霊性の伝統を生んでゆくことになるのである。

序

誰しもしばし、その思慮を身体から切り離してゆき、さまざまな情念（pathos）に絡めとられた奴隷の姿、思慮なき姿の外に出て[1]、己れが魂（psychē）を、混じり気も澱みもない理性の営み（logismos）によって自ら見つめてゆこうとするならば、そのとき彼は、われわれに対する神の愛（agapē）とその創造の意図とを、魂の自然・本性（physis）のうちに純粋に見るであろう。

こうした仕方で反省するとき、彼は、人間の欲求が美と善とを志向し、自らがその似姿（minēma）（創世記一・二六―二七）であるところの可知的かつ至福な似像（eikōn）を愛していることを[2]、その本質と本性とに即した仕方で、人間というもののうちに見るであろう。そのように本性に結ばれた愛（erōs）は、情念なき至福の愛といえる。しかし、目に見えて、つねに流れゆくものについての誤った思いは、不注意で無防備な魂を非理性的な情念と苦渋に満ちた快楽（hēdonē）とによって欺き惑わし、恐ろしい悪へと引きずり込んでゆく。そのような悪（kakia）は生の諸々の快楽から生まれ、自己愛によって死をもたらすであろう。

それゆえにこそ、われわれの救い主の恵みは、それを望んで受容する者には真理の知と、魂にとっての救いの薬とを与えるのだ。そのとき、一方で人を惑わす誤った思いは自己から解き放たれ、他方、肉からくる恥ずべき思惑は吹き消される。そうした知を受けとめた魂は、真理の光によって、神的なるものへと向かい、自らの魂の救いへと導かれてゆくのである。

一

生の先導たる教え

さて、あなたたちはそうした知と神的な愛とをふさわしい仕方で獲得しており、数々の働きによって使徒的な特性を満たしながら、魂に与えられた本性に即して勇気をもってまっすぐに歩んでいる。あなたたちはまた、われわれから何か導きの杖といったもの、すなわち正しさへと道を開いてゆくような、生の道行きの先導としての教え（logos）を得ようと願っている。

その教えとはすなわち、そのように歩を刻む人々にとって、「彼らの生の目的とは何であるか、善く、喜ばしく、完全な神の意志（boulēma）（ローマ一二・二）とはいかなるものなのか」、また、「ついにかの目指すところへと通ずるのはいかなる道なのか」、ということについて明らかにする教えである。それはつまり、「彼ら自身いかにしてその歩みのうちに他の人々と一つとなってゆくのがふさわしいか」、「そのとき指導者たる人々はいかにしてあの愛智（philosophia）の合唱を目指すべきか」、そして「まさにそうしてアレテー（善きかたち・徳）の高みを目指し伸びゆく人々は、(3)

いかなる労苦を担いながら、自らの魂が聖霊の受容にふさわしいものとして形成されてゆくべきか」、ということを示す教えである。(4)

今あなたたちは、そうした教えを、単に目によってではなく、書かれたものとしてひとつのかたちにしてゆくことを、われわれに求めている。そこでわれわれは、その熱烈な要望に応えて、あなたたちが丁度、隠れた記憶の宝庫からそこに収められたものを取り出すようにして、その書かれたことがらを折にふれ必要に応じて捉えることができるように、われわれを導く聖霊の恵みに従って語ってゆくつもりだ。そしてわれわれは、あなたたちの敬虔（eusebeia）という杖が、信仰の正しい教えによってこそ堅く据えられているということを知っている。すなわち、至福にして永遠、三つにして一なる、決して過ぎゆくことのない神性が存し、それは一なる実体、一なる栄光のうちに自らの意志によって知られ、かつ三つのヒュポスタシス（hypostasis）に即して礼拝される。(5)そこで、われわれを神秘(6)（mystērion）の流れの中で洗い浄める霊によって、心からの告白をするのである。

魂の浄めと成長

それゆえ、敬虔という法に従い、神へとまさに昇りゆかんとする魂と身体は、敬虔な信仰を生の導きとしながら、聖徒たちの声が聖書全体を通してわれわれに叫んでいる、血で汚れぬ浄い礼拝を、神に捧げてゆくべきなのだ（ローマ一二・一）。それゆえ、その生の足枷より自分自身を解き放ち、卑しく虚しい隷属状態の一切から自由になった人、唯一なる神への信仰と生に全体として成りきった人、また「敬虔な信仰と傷のない生のうちにはキリストの力が現前し、キリストの力が現前するところにはあらゆる悪とわれわれの生命（zoē）を蝕む死とからの脱出がある」ことをはっきりと知った人は、従順で素直な魂をアレテーの川の流れに委ねてゆくべきなのである。

なぜなら、主人に力ずくで歯向かってゆくような威力として自分自身のうちにすでに悪しきものがあるのではないからだ。むしろ諸々の掟に背反することによってこそ、悪しきものが生じてくるのである。それはかつて、始めに創られた人が蒙ったことである。しかしそれは同時に、今、自らの自由な択び(7)（proairesis）によってかの背反をまねているすべての者に生じていることなのだ。

他方、偽りない意志によって聖霊へと歩みゆく人は、あらゆる確信のうちに信仰を有しており、その良心（syneidēsis）にあってどんな汚れにも服属していない。「まさにあなたたちが見ているように、あなたたちのためのわれわれの福音は、ただ言葉において生まれるのではなく、力において、聖霊において、そして溢れる確信において生まれる（テサロニケ一・五）」と言われるように、聖霊からくる力が洗い浄めるのである。

信仰という測りに従う聖霊の受容

なぜなら、兄弟たちよ、聖なる洗礼は、畏れによってそれを受ける人々にあって、可知的なるものの獲得に対して大きな力があるからだ。ゆたかで朽ちることなき霊は、その恵みを受容する人々につねに流入する。聖なる使徒たちは、キリストの交わり・教会（ecclēsia）によりそうした恵みに満たされて、溢れるばかりの実りを身をもって示したのだ。聖霊は、その賜物を純粋に受容する人々にとって、受け取る人々各々の信仰という測りに従って、協働者（synergos）、同労者（synoikos）として存続する。[8] そして、主の声を語り続ける人々に倣い、魂の信仰の働きのただ中で生みの苦しみを伴いつつも、一人一人のうちに善を形成してゆく。「彼は与えられた仕事に従ってその報酬を受ける」と書かれているように、聖霊の恵みは、それを受け取る人のそれぞれに、前進と増大とを通して与えられるのである。

受容する者の労苦に応じて主が建て、見守るのでなければ

それゆえわれわれは、使徒パウロが次のように語るように、つねに自らを全き人間へと促し導いてゆくべきなのだ。すなわち、「すべての人々が、信仰と神の子の知との一性へ向かい、また全き人間へと向かい、そしてさらにキリストの満ち溢れの日の測りへと向かう。それは、われわれがもはや幼子ではなく、誤った思いからくるまやかしのなすがままに、波につき上げられては戻りくるようなことのないためである。かくして、われわれは真実を尽くしつつ、あらゆることにおいて、あの方、すなわち頭なるキリストへと向かって高まってゆく」（エフェソ四・一三―一五）。

また同じ使徒は、至るところでこう語っている。「この世に倣ってはいけない。かえって、あなたたちの心が新たにされて変容させられ、善にして喜ばしく完全な神の意志の何たるかを弁え知るがよい」（ローマ一二・二）。ここに神の全き意志（thelēma）とは、敬虔さによって魂が形成されること、すなわち変容を蒙った者の労苦に伴う霊の恵みが魂をその美の盛りへと花開かせることを意味するのである。

ところで、身体の成長にともなう発達は、われわれによるものではない。つまり、自然・本性は、人間の思いや快楽によってではなく、自然・本性の衝動や必然によってこそ大きさを測るのだ。しかし、新しく生まれた魂の測りと美とは、受け取るものの熱意を通して霊の恵みが与えるものであって、われわれの意志（gnōmē）にこそかかっている。というのは、魂の大きさは、敬虔にもとづくさまざまな闘いを繰り広げてゆけばゆくほど、その闘いと労苦とを通して同時に伸展してゆくからである。

それについてわれわれの主は、次のように語って励ましている。すなわち、「狭い門から入るよう努めよ」（マタイ七・一三、ルカ一三・二四）。「終わりまで耐え忍ぶ者は救われよう」（マタイ一〇・二二、マルコ一三・一三）。「忍耐して自らの魂を手に入れよ」（ルカ二一・一九）。また使徒も、「われわれは耐え忍びつつ前に置かれている闘いを走り抜けている」（ヘブライ一二・一）、「つかみとるために走れ」（コリント九・二四）、「神のしもべとして多くの艱難にあって」（コリント六・四）

などと言う。

つまり使徒は、走り続けよと呼びかけ、かの闘いをおおしく耐えよと励ましているのだ。恵みの賜物は、それを受容する者の労苦によって測られるからである。霊の恵みは天にある永遠の命と言い尽くせぬ喜びとを与え、他方、愛は、賜物に与り恵みを享受するにふさわしい在り方を、信仰を通し労苦をともなって現前させる。正義の働きと霊の恵みとは、魂の進みゆくところに伴って、人々とともなる至福の生で魂を満たすのだ。しかしそれらも、もし互いが互いから切り離されるなら、魂に益するものを生み出しはしない。というのは、神の恵みは救いに背を向ける魂に何度も訪れたりはしないからである。そして、人間のアレテーの力だけでは、生のかたちへと登りゆき、魂が恵みに与ってゆくためには、全く不十分なのである。

神の意志とは何であるか　魂の新たな形成

それゆえ、神の意志(thelēma)とは何であるかを知らねばならない。つまり、至福なる生を求め、自分の生が至福なる生へと秩序づけられることを欲する人は、神の意志を見ようと熱心に努めるべきなのだ。神の全き意志(ローマ一二・二)とは、身体的快楽より高きものとして創られた魂を恵みによってあらゆる汚れから浄め、さらにその浄められた魂を神へと導くことである。また、そのように欲しかつ力を得た魂は、知性的で言い尽くすことのできない光を見つめることができる。主はそのような人々のことを、こう言って祝している。「心の清いものは幸いである。その人は神を見るであろう」(マタイ五・八)。また他の箇所でも次のように言う。「天にいますあなたたちの父が全き方であるように、あなたたちも全き者となれ」(マタイ五・四八)。

かの使徒もまた、完全性について次のように語り、走り続けるようにと励ましている。「すべての人をキリストにあって全き人として存立させるため、わたしもキリストにあって格闘しつつ労している」(コロサイ一・二八)。ダビデもまた、霊によって次のように語り、愛智の営みを正しく為して、真の愛智(philosophia)の道を教えている。(9) つまり、霊がダビデを通して教えたことを与え手から聞かんとする人たちは、その愛智の道によって完全な目的へと歩まなければならない。すなわち、「わたしの心があなたの正しい行いによって傷のないものとされ、決して辱められることのないように」(詩編一一九・八〇)とある。ダビデはそう言って、恥を恐れ、汚れた恥辱の着物を脱ぎ捨てるかのように悪しきもののまつわりついた自分自身を脱ぎ捨てるよう、促しているのである。

処女性を尊ぶ魂の目的

ダビデはまたこうも言う、「わたしのうちに清い心を造りたまえ、神よ。わたしのはらわたに真っすぐな霊を新たにして、導きの霊により強めたまえ」(詩編五一・一〇)。他の箇所にあってはこう問うている。「誰が上の山に登るのだろうか」(詩編二四・三)。そしてこう答える。「それは手の汚れない、心の清い者だ」(詩編二四・四)。神は、あらゆることにあって清い者を、神の山へと導く。その者とはすなわち、思いにあっても知にあっても行いにあっても最後まで悪に抗し、決して魂を汚さず、諸々の善きわざと思惟とによって、導きの霊を受け容れながら、悪によって破壊された己れの心(kardia)を再び形成してゆく者である。(10)

そこで、聖なる使徒は、処女性(parthenia)について次のように語り、そうした生を択び取った人々に対して、その生き方のいかにあるべきかを書き記している。「乙女は、身体と霊とにおいて聖なる者となるがために、主のことを思う」(コリント七・三四)。つまりパウロは、魂と肉とにおいて清くあるようにと語っているのだ。彼はまた、あらわなものについても隠されたものについても、そうしたおよそ一切の罪からできるだけ遠く離れているよう命じている。すなわちそれは、行為としての罪と思惟においてなされる罪との両方から完全に離れることを意味している。(11)そして処女性を尊ぶ魂にとっての目的とは、神に満たされ、キリストの花嫁となることなのである。

二

キリストの花嫁

さて、誰かと結ばれたいと渇望する人は、結ばれようとする人への模倣によって、自分自身の在り方を得てゆくべきである。それゆえ、キリストの花嫁になろうと欲する人は、アレテー（徳）によって、能う限りキリストの美に似たものとされる必要がある。なぜなら、光がその人を照らさないなら、光と一つになることなど決してありえないからである。使徒パウロもこう語っている。「わたしがキリストに倣う者であるように、わたしに倣う者となれ」（コリント一一・一）。

聖書は、見せかけで貧者を憐れんでみたり、あるいは地上で為した施しについて誇ったりする人たちを、天上の報いから追い出している。その働きの荷を地に降ろしながら、天の報いを求めてはならない。また人からの栄誉をまとったまま、神からの栄誉を期待してはならない。あなたは朽ちざる栄光を欲し求めているのか。あなたの欲し求めるものを与える力を持つ方にこそ、隠れたところで生を証しするがよい。あなたは永遠の恥辱を恐れているのか。かの裁きの日に恥辱をあらわにする方をこそ恐れよ。

では、主は一体なぜ、次のようなことを語ったのだろうか。「あなたたちの光を人々の前に輝き出させよ。彼らがあなたたちの美しいわざを見て、天におられるあなたたちの父を思い、誉め称えるように」(マタイ五・一六)。神の掟に従う人は、その為すすべてのことを、神を見つめつつ為してゆくべきであるし、またそれを為すなかにあって、人から来る栄光を追い求めずに、ひとり神のみを喜んでいるべきである。しかし、神は、一方では人からの称賛と誇示から自由であるようにと命じているが、他方、その生とわざとを通してすべての人々に知られるようにとも命じている。それはすなわち、わざを目にした人々が、単に「そのように為す人は素晴らしい」というばかりでなく、「天にいますあなたたちの父を誉め称えよう」と言うためである。

悪と罪の姿　神の意志への秩序

神は、あらゆる栄光を神に帰して、すべての行為を神の意志へと秩序づけよと命じている。神の意志によってこそ、アレテーのわざの報酬は蓄えられてゆくのだ。神はまたあなたに、数々の舌と地とからくるこの世の誉れを逃れて立ち返るよう命じている。しかし、そうした誉れを追いかけて、そこに生を引きつけている者は、永遠の栄光から切り落とされるのみならず、すでに罰を蒙っていると覚悟すべきである。「ああ、すべての人々があなたを称えるとしたら、それはなんと災いなことか」(ルカ六・二六)と言われている。それゆえ、あらゆる人間的名誉から逃れるがよい。その行きつく果ては、永遠の恥と汚れだからである。

また、かの至福な使徒は、食事をする場合について、人が目の前の食物にたやすく与えるようなことがあってはならないと命じている。つまり、目にしているそのものを、生命の糧を与えるかの方への誉れとして、まず帰してゆくべきなのだ。こうして彼は、一方では何事においても人からくる誉れを誇ることのないように命じつつ、他方では唯一の神からくる誉れをこそ求めよと命じている。そのように為す人は、主によって信仰者と呼ばれる。しかし、地上での名誉に突き動かされる人は、不信仰な者のうちに数えられるのだ。

主はこう語っている。すなわち、「互いの栄誉は受けても、唯一なる神からの栄誉を求めないあなたたちは、どうして信じることなどできようか」(ヨハネ五・四四)と。またヨハネは、憎しみということについてこう語る。「自分の兄弟を憎む者は人殺しである。あなたたちもまた、いかなる人殺しも永遠の命を持ちはしないことを知っている」(同三・一五)。神は、兄弟を憎む人を、彼が人殺しであるかのように生命から排除する。否、はっきり人殺しと呼んでいる。なぜなら、隣人に対する愛を消し去り、滅ぼし、その友(philos)となる代わりに敵となるような人は、隣人を装いつつも自分の敵を欺いてやろうと潜む者と看做されて然るべきなのだから。

魂に潜む悪　協働者たる霊の受容

あなたは次のことを知っているであろう。殺意や貪欲やそうしたおよそ一切のことには、虚栄や傲慢や裏切りや、また未だ隠れていることの数々が、いかに絡まりあっているかを。主は次のように叫びつつ、そのことについて語っている。「人の間で高くされる者は、神の前では忌むべき者とされる」(ルカ一六・一五)。「自分を高くする者は低くされ、自分を低くする者は高くされる」(同一四・一一)。知恵もまたこう語っている。「主の前にあっては、心の高ぶった者はすべて、汚れた者である」(箴言一六・五)。また、他の数々の書物においても、魂に混じり込んだ情念を糾弾する多くの言明を見出すことができる。

魂の深みに隠されているものは、かくも悪しく、癒し難く、しぶといのだ。それゆえ、協働者たる霊の力を祈りによって受け容れ、内的な悪の支配を打ち破らなければ、人は、人間的な努力やアレテー(徳)だけで悪を消し去ったり滅ぼしたりすることはできない。すなわち、霊自身がダビデの声を用いてこう教えているのである。「わたしのうちに潜むものからわたしを浄めたまえ。あなたのしもべを、異邦人から救い出したまえ」(詩編一九・一二―一三)。

身体と魂とを見張れ

人間は、魂(psychē)と身体(sōma)という二つのものから一なる人間として形成されている[12]。一方は外から取り囲んでくるもの、他方は生の歩みにあってうちに持続しているものである。人は、何かあらわな罪が現れて、神の宮たる自分の身を攻撃したり蝕んだりしないよう注意しつつ、つぶさに見守らねばならない。かの使徒もこのことについて、次のように語って忠告している。「神の宮を滅ぼすような人がいれば、神はそのひとを滅ぼす」（コリント三・七）。また他方、うちなることについても、悪の伏兵がどこか深いところから頭をもたげ、敬虔な理性の営みを滅ぼし、魂をずたずたに引き裂くひそかな情念が溢れて魂を隷属させないように、見張りの限りをつくして守らなければならない。

それゆえ、招集をかけ命令する指揮官のように、魂へと向き返り、これを注意深く見つめるべきである。「人よ、あなたの心を細心の注意を払って見守れ。そうすることから生命は涌きあがるのだから」（箴言四・二三）。魂の守り手とは、神への畏敬と聖霊の恵みとアレテーの行いとによって堅固にされた、敬虔なる思惟のことである。そうしたものによって自分自身の魂を武装する人は、欺き、欲望、盲目的な憤怒、嫉妬、うちなる悪のあらゆる悪しき衝動など、いわば僭主の攻撃をたやすく退けるのである。

一つの魂のうちに、二つのものを生じさせてはならない

至福なるモーセは言う。「あなたの脱穀所に牛と驢馬のような、異なる種の家畜をともに繫いではならない。同じ種同士の家畜が、あなたの実りを脱穀するようにせよ。また外套をつくるようなとき、羊毛に亜麻糸をより合せたり、あるいは亜麻糸に羊毛をより合せたりしてはならない。ま

たあなたの領地のひとつの場所で、一度に二種類の作物を耕してはならない。また異なる種同士の家畜をかけあわせてはならない。同じ種同士をともにしておくのだ」(申命記二二・九―一一、レビ一九・一九)。

聖書におけるこの謎(ainigma)のような表現は、何を意味しているのか。それは、同じ魂のうちに悪とアレテーはともに生まれえないということである。つまり、対立物によってその生を分けているものが、一つの魂から茨と穀物とを同時に育て上げてはならないし、またキリストの花嫁がキリストの敵対者に交わり、一方で光を孕みつつも、他方で闇を生んだりすることがあってはならないのだ。なぜなら、それら対立するものは、アレテーの部分と悪の部分とのように、自然・本性として互いに相容れないからである。節制への愛が、どうして放埒と一つの歩みを為すだろうか。つまり、正義への同意がどうして不正と一つの歩みをなし、闇が、どうして光と一つの歩みをなすというのか。一方が他方に対して道を譲り、闘いを避けようとするのではないか。

絶えざる祈りと霊の分有

ところで、福音書に記された寡婦については、あなたたちも知っているであろう。彼女は、非情な裁き手によって多大な不正を蒙りはしたものの、しかし多くの時間と忍耐とをもって裁き手のやり方に訴えかけ、ついに不正を為した者は罰せられた。だから、あなたたちも祈り求めることを諦めてはいけない。彼女がその訴えによって非情な裁き手の判定を覆したのだとすれば、どうしてわれわれは神への熱望を諦める必要があろうか。神の憐れみは、願い求めてくる者のことを、しばしば予期している。そして、われわれの祈りの揺らぎなさを認める主自身は、熱心に励むようにと促し、こう言うのである。「見よ、不正な裁き手ですら何と言っているかを。まして夜となく昼となく神に叫ぶ者に対して、われわれの天の父は、どれほど報いを為すことか。まことにわたしはあなたたちに言う、神はすぐに報いを為すであろう」（ルカ一八・六―八）。

一方、かの使徒もまた、敬虔を学ぶ者たちを全き仕方で前進させるために、多くの努力と闘いとを為しつつ、すべての人々に真理の目的を明らかにして、次のように言っている。「われわれは知恵を尽くしてあらゆる人に教え戒めている。それは、すべての人をキリストにあって全き者として存立させるためである。キリストのためにこそ、わたしもまた闘いつつ、労苦しているのだ」（コロサイ一・二八―二九）。

使徒はまた、洗礼による霊の印を重んずる人々のために、彼らが思惟の年齢の成長を果たすようにと、霊の助けを通してこう語りつつ祈っている。「それゆえ、すべての聖徒たちに対して抱いているあなたたちの信と愛とを耳にして、わたしは、あなたたちのために絶えず祈り、あなたたちのために、われわれの主イエス・キリストの神、栄光の父が、神の知のうちで知恵と啓示の霊を与えるようにと願い求めている。それは、あなたたちの心の目が照らされ、神の召命からくる希望のいかなるものであるか、聖徒たちのうちにある神から受け継ぐ栄光の富のいかなるものであるか、そして、われわれ信ずる者へと注がれる神の力の卓越した大いさとはいかなるものなのかを、あなたたちが知るようになるためである」（エフェソ一・一五―一一）。

愛がなければ、無に等しい

別の手紙の中でもパウロはすでに、霊の宝を明らかにしつつ、それに与るようにと促しながら、同じことについて弟子たちに語っている。「霊的賜物を求めよ。そして、わたしはあなたたちによりまさる道を指し示そう。たといわたしが人間の言葉や天使の言葉で語っても、愛がなければ、やかましい銅鑼やうるさいシンバルと同じである。またたといわたしが預言の賜物を持ち、あらゆる秘儀とあらゆる知識とを知っているとしても、また山々をも動かすほどの全き信仰を持っているとしても、愛がなければ、わたしは無に等しい。たとい財産のすべてを施し、身体を焼かれるために差し出したとしても、愛がなければ、何の益もない」（一コリント一二・三一―一三・三）。

すなわち愛の実りとは何か、それがもたらすものはいかなるものか、愛を持つ者であればどういったことから身を引き離し、また何を生み出すのか、等々のことがらについて、彼ははっきりと明らかにしている。すなわち、「愛は妬まず、誇らず、高ぶることがない。また恥ずべきことをせず、おのれの利を追わない。怒らず、恨みを抱かず、不正を喜ばずに真理を喜ぶ。すべてを忍び、すべてを信じ、すべてを望み、すべてに耐える。愛は決して絶えることがない」（一コリント一三・四―八）。総じてパウロは、はっきりと、正確に、こう語っているのだ。「愛は、決して絶えることがない」と。

それはいかなることだろうか。すなわち、たとい誰かが霊のもたらす他の賜物（つまり、天使の言葉、預言、知識、そして癒しの賜物）を手に入れたとしても、なお彼は、霊の愛によって、混乱した情念から純粋に解き放たれているのではないし、救いの完成のための薬を、その魂に与えられているのでもない。アレテーという足場に固く立つ確かな愛がなければ、彼は未だ、落下の恐れの中にいるのである。

三

新しい創造

かくして、豊かで惜しみない霊の恵みを持っていても、目指しゆく完全性のためにもはや他に何も必要ではないなどと思いこんで、その賜物に安住してはいけない。そうした賜物の豊かさがあなたに来たったなら、そのときは、節度ある考えを持ち、つねに従順に、恵みの宝の土壌たる愛を魂のために求め、敬虔という目的の高みに至るまで、あらゆる情念と闘うがよい。

使徒自身もまた、その高みへと至り、祈りと教えとを通して弟子たちを導いてゆく。そして彼は、主を愛する人々に、愛によってもたらされるより善きものへの変容と恵みとを示して、次のように語っている。「人が割礼を受けているか否かということではなく、新しい創造こそが問題なのだ。この規範（canōn）に従って歩む人々、すなわち神のイスラエルの上に、平和と憐れみのあらんことを」（ガラテヤ六・一五―一六）。

「誰でもキリストのうちにあるなら、それは新しい創造である。古きは過ぎ去った」（一コリント五・一七）。この新しい創造とは、使徒的な規範（カノン）であって、それは彼が他の箇所において次のように語って明らかにしていることである。「それは、しみやしわや、そうしたもののない栄光ある教会（ekklēsia）を、キリストが自らにおいて現して、それを聖い、傷のないものとするためである」（エフェソ五・二七）。そしてあらゆる悪と邪心と恥辱とから解き放たれた、聖く傷のない魂における聖霊の宿りをしも、彼は「新しい創造」と呼んでいる。というのも、魂が罪を憎んでいるときには、アレテー（善きかたち、徳）の支配によって自分自身を能う限り神と結合させているからである。[13] すなわち魂は、生にあって変容しつつ、自分自身のうちに霊の恵みを受け取って、全く新たなものとなり、再創造されるのである。

さらには、「あなたたちが新しい練り粉でいるために、古いパン種を取り除け」（一コリント五・七）とも明言されているし、また、「古いパン種（のパン）によってではなく、種なしの純粋な真実なパンによって、過越の祭りを祝おうではないか」[14]（同五・八）とも言われている。一方で誘惑者は、その悪を広げながら多くのわなを四方八方から魂に仕掛けているが、他方で人間的な力というものは、それのみでは悪との（闘いの）勝利のためにはあまりに弱い。

それゆえ、かの使徒はあなたたちに、天の武器によって肢体を武装するようにと命じているのだ。すなわち、「あなたたちは正義の胸当てをつけ、足には平和の備えを履き、腰には真理の帯を締め、なおその上に信仰の盾を取るがよい。それによって燃え盛る悪の矢をすべて払いのけよ」（エフェソ六・一四―一六）と。ここに、燃え盛る矢とは、放埓な情念のことである。パウロはまた、「救いの兜を被り、霊の聖い剣を取るように」（同六・七）とも勧めている。彼は、聖なる剣のことを、それで武装した魂の右の手が敵の欺きを打破するような、力ある神の言葉だと語っているのである。

ただ一つの目的

それでは、われわれは一体どのようにしてそれらの武具を獲得しうるのか。それについては、パウロが次のように言うのを学ぶがよい。「あらゆる祈りと嘆願とによって、いかなるときにも霊によって祈り、そのために目を覚まして見守りつつ、忍耐を尽くして祈れ」（エフェソ六・一八）。ここで彼はまた、すべての人々のためにこう祈る。「われらの主イエス・キリストの恵み、神の愛、聖霊の交わりが、われらすべてとともに在らんことを」（二コリント一三・一三）。「われらの主イエス・キリストの日に、あなたたちの霊と魂と身体とが、傷のない健全なものとして守られているように」（一テサロニケ五・二三）。

あなたには分かっているであろう、ここで彼があなたに示しているのは、救いのただ一つの道を目指す在り方のことであり、完全なキリスト者になるというただ一つの目的である。すなわち、そこに見定められるのは、真理を愛する人々が、努力と熱意とをもって喜びのうちに歩みつつ、信仰の力と希望の確かさとによってそこへと達してゆくべき目的なのである。それらのことによってこそ、諸々の掟の頂点を目指す生の道行きが、たやすく成就されるのだ。そして、それらの掟には、律法を伴うあらゆる預言が掛っている。わたしはいかなる掟について語っているのか。それは、「心を尽くし、魂を尽くし、思いを尽くして主なるあなたの神を愛せよ。そしてあなたの隣人をも、あなた自身を愛するように愛せよ」（申命記六・五、マタイ二二・三七―二九）ということである。

キリストに倣いて

それゆえ確かに、敬虔の目的とは、主自身や、主から知を受けた使徒がわれわれに伝えてくれたものである。しかし、われわれがより偉大な先人から教えを受けて、彼らの語ったことの枝葉を落とすよりも、むしろその説明を長くし真理を露わにしようとするとしても、われわれを責めてはならない。なぜなら、愛智の営みを為すことを正しく決心し、悪の汚れから魂を洗った人々は、ほんとうの意味で愛智の目的を知ってゆかなければならないからである。

それは、その旅路の苦しみと行程の意味とを学びつつ、正しい歩みによって頑なさと傲りのすべてを捨て去るためである。また、聖書の命令に従って、そうした（自我と傲りの）生を営む自らの魂を否定しつつ、ついには、キリストへの愛の競争を愛する人々のために神が定めたただ一つの宝を見つめるためである。神は、獲得するための労苦を精一杯耐える人々すべてを、キリストのもとへと呼んでいる。そして、キリストの十字架こそは、彼らのためにそうした生の旅路の備えとなっているのである。

十字架を担ってゆく人は、喜びと善き望みを携えて救い主なる神に聴従してゆくべきであり、また神の摂理をこそ、おのれの生の法、生の道となしてゆくべきである。使徒自身もまた、そのことについて、「わたしがキリストに倣うように、あなたたちもわたしに倣うがよい」（一コリント一一・一）と言っている。そしてまた、「われわれは、忍耐をもって自分たちの前に置かれた競争を走る。信仰の始め（根拠）であり、目的（完成）であるイエスから目を離さないようにして。キリストは、自らの前に置かれた喜びのゆえに、恥をものともせずに十字架を耐え、神の玉座の右に座った」（ヘブライ一二・一―二）とある。

信仰の闘い　アレテーと愛との絶えざる道行き

それゆえ、労苦の緊張を緩めたり、目の前に置かれた競争から目を背けたり、また、何か有益なことが達成されたとしても、過ぎ去ったことに捕われていてはいけない。かえって、かの使徒に倣って、「過ぎ去ったものを忘れ、先にあるものへと身を差し出しつつ(15)」(フィリピ三・一三)、そうした労苦を思うことにこそ心を砕くべきなのだ。そして、完成を目指して追い求める人々が唯一飢え渇くべきは正義であるのだが、その正義への飽くなき渇望を持たねばならない。その際、彼らは、かの約束を遥かなものとして受けとめつつ、自らは貧しく困窮した者、キリストの完全な愛とはかけ離れた者に留まるのである。

なぜなら、かの愛を愛し求めて上なる約束を見つめる人は、断食したり徹夜したりするとしても、また、たとい他のアレテーの努力によって正しいことが為されたとしても、増長したりはしないからである。彼は、神的な欲求によって満たされ、呼びかけてくれる方をまっすぐに見つめながら、キリストを得るための苦難のすべてを褒美に値せぬ小さなものと看做すのだ。彼は、労苦には労苦、アレテーにはアレテーを結び付けつつ、諸々の働きによって自らを神にふさわしいものとして確立しようとする限り、その人生の終局まで格闘し続ける。

しかし彼は、自らが神にふさわしいものとして形成されているなどとは思いもしない。というのは、わざにおける大きさを心に従わせてこの生に挑み、自分の思いを神への畏れに委ねること、これこそ最大の成果なのであるから。それは、労苦しつつわざを為すことによってではなく、むしろ、信じ愛することによって、かの約束を享受するためである。この賜物は素晴らしいものだから、それに値する労苦など見出しえない。しかもその報酬は、労苦によってではなく、大きな信仰と希望によってこそ測られるのだ。すなわち、信仰の存立・支えとは、霊の貧しさと神への無制限な愛なのである。

四

兄弟愛　霊的な交わり

さて、愛智の生を選び取っている人々にとって、その目的への希望についてはこれで十分に語られたことと思う。

そこで次に、「そうした人々が互いにどのように生きてゆくべきか」、また、「天の国に至るまで、いかにしてともにその道を走るべきか」ということが、付け加えて語られなくてはならない。つまり、この世でもてはやされているものをはっきりと恥じ、人と群がることを否定しなくてはならない。また、この世的なすべての栄光を拒みながら、天の誉れをこそ愛し、神にある兄弟たちと霊的に結びつけられつつ、この世的な自分自身の魂を否定しなくてはならないのである。

しかし、自分自身の魂を否定するとは、自分自身の意志を満足させることを決して求めず、むしろ神が据えられた言葉を自分の意志と為すことである。それはまた、善き舵取りのように、兄弟愛の共通の充満を神の意志という港へと調和ある仕方で導き、神の言葉を精一杯用いてゆくということである。身体を覆う衣さえあれば、あとは共有物であることを踏み越えて所有したり、自分のものだと思ったりしてはならない。

というのは、もし自分のものを何も持たず、自分自身に関するこの世的な憂慮から解き放たれているなら、その人は必ず、共通の必要のために奉仕し、命じられたことを喜びと希望をもって進んで遂行してゆくであろうから。すなわち彼は、従順で健全なキリストのしもべとして、兄弟たちにとって共通に必要なものを提供してゆくのである。それは、主が望み、次のように命じていることでもある。「あなたたちのうちで、すべての人の先に立ち、大いなる者になろうとする人は、すべての人の最後につき、そのしもべとなるがよい」(マルコ一〇・四二―四四、マタイ二三・一一)。

ところで、人々の間での奉仕については、「人に媚びへつらう者」(エフェソ六・六)と言われないように、その労苦に対していかなる名誉も誉れも受けず、見返りなしでいるべきであり、また、人の目に自分を取り繕ってはならない。かえって、主自身にこそ仕え、あなたたちが熱心にそのくびきを負っているかの「狭き道」(マタイ七・一四)を歩み、目的地へと至るまで、善き望みをもって喜びつつ、つねにそれを担ってゆくべきである。すなわち、すべての人のために心に思いやりを抱き、委ねられている愛のわざを果たそうとする人は、すべての人に仕えるしもべとなり、負債を返済するつもりで兄弟たちのことに心を配るべきなのである。(16)

謙遜の道　主への愛と畏れ

さてあなたたちは、一方は指導し、他方はその教えを用いる、という在り方で互いに関わりをもっている。指導する人々は喜びをもってその兄弟たちを完全なものへと導き、その指導下にいる人々も喜びをもってその命に従うのだが、その際、互いに誇りをもって尊重し合うなら、そのときあなたたちは、この地にあって天使たちの生を生きることになろう。それゆえ、あなたたちの間では、決して虚栄が見出されることのないようにし、むしろ、純粋さと一致と混じりけのない行いとを、その交わり（合唱）の中へと溶け込ませてゆくがよい。それぞれ、自分が単に隣にいる兄弟より劣るというだけでなく、万人に対しても劣るものであるということを、自ら認めるがよい。(17)なぜなら、それを知るときにこそ、人はまさにキリストの弟子となるからである。

救い主はこう言っている、「誰でも自分を高くする人は低くされ、自分を低くする人は高くされる」（マタイ二三・一二、ルカ一四・一一、一八・一四）。「誰かあなたたちの間で先に立ちたいと思う人は、すべての人の最後で、すべてのもののしもべとなるべきである」（マルコ九・二五）。「人の子は、仕えられるためにではなく、かえって仕え、その魂を多くの人のための購いとして捧げるために来られた」(マタイ二〇・二八、マルコ一〇・四五)。また、かの使徒もこう言う。「われわれは、自分自身のことをではなく、イエス・キリストが主であることを、そしてイエスにあってわれわれがあなたたちのしもべであることを、述べているのだ」(二コリント四・五)。

従って、謙遜の実りと虚栄の罰とを知るあなたたちは、互いに愛し合うことによって主に倣うがよい。また、各々の善のために受ける死や他のどんな苦しみにも躊躇することのないようにせよ。むしろ、あなたたちのために神が歩まれたその道を、今度はあなたたちが神のために歩むのだ。一つの身体と一つの魂とをもって、上なる招きの方へと歩み、神と人々とを愛しながら。(18) というのも、主への愛と畏れとは、何ものにも勝る法の成就だからである。

キリストとの協働

それゆえ、あなたたち一人一人はさらに、自分の魂のうちに力強く確かな基盤としての畏れと愛とを据えるべきであり、また、その魂を諸々の善き行いと従順な祈りとによって新たにし続けてゆくべきである。なぜなら、神への愛は、われわれのうちに単独に生まれてくるものではなく、また自動的に生まれるのでもなくて、キリストとの協働のうちに、多くの労苦と多大な配慮を通して生まれてくるからである。(19) この点、かつて知恵も次のように言った、「もし銀や宝を探すごとくに知恵を捜し求めるなら、そのときあなたは上への畏れを弁え、ついには神の知を見出すであろう」

（箴言二・四―五）。

ただしかし、一度び神の知と神への異れとを見出したあなたには、それに続くこともまた容易に為し遂げることができるはずである。すなわち、それは隣人愛のことである。第一の、より重大なことは労苦を伴って得られるのだが、それに続く第二のことは、労苦もずっと少なく、おのずと第一のことに続いてくる。とはいえ、第一のことがそこにないなら、第二のことも明らかには生じてこないであろう。「心を尽くし、思いを尽くして神を愛する人」（申命記六・五）でなければ、どうして十全かつ純粋に、兄弟たちへの愛に心を砕くなどということができようか。

それゆえ、こうした事情であるのに、魂の全体を神に委ねず、神の愛を分有していない人たちは、悪の作り手にその無防備さを嗅ぎつけられ、やがて諸々の悪しき思いに服して簡単に支配されてしまうのだ。[20] すなわち、悪の作り手は、一方では聖書の掟を重苦しいものとし、また兄弟たちへの思いやりを煩わしいものと見せかけ、他方では仲間たちを奉仕から引き離して、彼らを偽りの主張と虚栄へと導き、「あなたは上の諸々の掟を満たしている」とか、「あなたは天国においては偉大なものだ」とか欺いて言うのだ。

すなわち、パウロの言葉によれば、「神の霊はわれわれの霊に証しを与える」（ローマ八・一八）のだが、われわれは、自分自身の判断で自らの何たるかを評価するべきではない。彼はこう言っている、「自分で自分を評価する人は称えられず、主が評価する人こそ称えられる」（一コリント一〇・一八）。主からの支えを待ち望まず、主の判断よりも先走る人は、自分の労苦によって兄弟たちの間での誉れを得んとして、不信仰な人々のわざを為し、人間的な考え方へと滑り落ちてしまう。なぜなら、不信仰な人は人の誉れの代わりに人間的な誉れを求めるからである。主自身も次のように言っている、「互いの栄光を受けていながら、唯一の神からの栄光を求めないあなたたちは、どうして信じることができようか」（ヨハネ五・四四）。

敵に対する魂の防護

さて、所有するものが多ければ多いほど、それを守るための労苦も多く必要となってくる。だが、人々の前に自分の労苦を示すことは必要ではなく、隠れたことがらを知る主に喜んで頂くことこそ必要である。攻撃のための何らかの隙を敵が見つけてしまうことのないように、いつも主を見つめ、魂のうちなる部分を吟味し、敬虔な思慮によって周りを固めていることが大切なのだ。そして同時に、魂の弱い部分を訓練し、善と悪とを識別できるように導いてゆくことが大切である。神に聴従する知性は、どのように訓練したらよいかを知っており、神への愛とアレテーの隠れた思いと律法に即した行いとを通して魂全体を神へと向けさせ、かくして魂の痛んだところを癒し、力ある存在に結びつけるのである。

つまり、魂のための唯一の防護と癒しとなるのは、欲求において神を想起し、つねに善き思いを求め続けるということである。それゆえわれわれは、食べたり飲んだり休んだり、また何であれ神に栄光を帰さぬようなことを為したり話したりすることで、神を思う熱心さから逸れてしまってはならないのだ。また、悪しき欲望の結果、われわれの生が、われわれの栄光の上に何らかの染みや汚れをもたらすようになってはならない。

初物の捧げ

続けて次の件を思い出してほしい。一方でアベルは、捧げ物として家畜の中の初子と脂肪とを主に捧げたが、他方カインは、地の実りの中から捧げはしたものの、それは初物の実りではなかった。この点、聖書では次のように言われている、「神はアベルの犠牲には目を留められたが、カインの供え物には注意を向けなかった」（創世記四・四―五）。では、この物語から得られることは一体何か。それは、畏れと信とをもって捧げられたものはすべて神に喜ばれるが、愛もなく贅沢に生み出されたものはそうではないことを学べる、ということである。確かにアブラハムも、初物と旬のものを神の祭司であるメルキゼデグへと持っていったからこそ、彼から祝福を受け取ったのである（創世記一四・一八―二〇、ヘブライ七・一―四）。

この場合、聖書は旬のものという言葉によって、現前する最たるものとしての魂と知性それ自身のことを言っている。すなわちわれわれは、卑しい仕方で神に賛美や祈りを捧げたり、主に対して偶々の一時的なものをもたらしたりするのではなく、魂の旬のものを、あるいはむしろ、魂のすべてを、愛と渇望の限りをつくして捧げてゆくように命じられているのだ。それは、キリストからの力を受けとめているわれわれが、霊の恵みによってつねに養われつつ、救いの道をたやすく走ってゆくためである。そこにあってわれわれは正義のための闘いを心安く甘美なものとしているのだが、その際、神自身が、労苦に対する熱意を持つようにとわれわれを支え、われわれの為す正義に報いているのである。

アレテーの円環性　神的な霊の協働

こうしたことについては、これで留めよう。しかし、アレテーの諸々の部分に関しては、何をより善いことと看做すべきか、何を他のものにまして追求すべきか、そしてそういう優劣をどう捉えたらいいのか、そうした類のことは言い表すことができない。なぜなら、それらは同じ栄光を帯びながらともに働きつつ、それを有する人を相俟って頂点へと導いてゆくのだから。すなわち、純粋さは従順に通じ、従順は信仰に通じている。また、信仰は希望に、希望は正義に、正義は奉仕に、奉仕は謙遜に通じている。さらに、謙遜からもたらされた柔和は喜びにつながっていて、喜びは愛に、愛は祈りにつながってゆく。こうして互いが関わり合い支え合って、渇望されるものの頂点へ

とわれわれを導いてゆくのだ。(21)

さらにわれわれは、祈りにおいて忍耐強くあるべきである（ローマ一二・一二）。というのも、祈りはいわば、数々のアレテー（徳）による合唱の指揮者なのであり、祈りを通してこそわれわれは、他のさまざまなアレテーを受けるべく神に請い願うからである。(22)また、祈りに身を委ねる人は、神秘的な聖性と聖霊の働き、そして語りえざる状態とを通して神に与り、神と結合せしめられる。すなわち彼は、導き手でありかつ同盟者である霊を受けて、主への愛に点火せしめられるのだ。そして、祈りの限界を見出すことなく、むしろ欲求に燃え、善への愛へとつねに燃え立ち、渇望によって魂を燃焼させるのである。この点、聖書にはこう言われている、「わたしを食する人は飢えることがなく、わたしを飲む人は乾くことがない」（ベン・シラ二四・二〇）と。また主はこうも語っている、「天の国はあなたたちのうちにある」（ルカ一七・二一）。

しかし、天の国がわれわれのうちにあるというのは一体どういうことなのか。それは、霊を通して高き所から魂にもたらされる喜び以外の何であろうか。それはいわば、聖徒たちの魂が来たるべき時に享受するであろう似姿やしるしし、あるいは永遠の恵みの原型のようなものである。今や主は、われわれが苦悩から救済され、また霊的な数々の善と神自身の賜物とに与りゆくようにと、聖霊の働きを通してわれわれを促し、このように語っている、「神は、われわれがあらゆる苦悩のただ中にあって、どんな苦悩のうちにある人々をも励ますことができるよう、われわれを励ます」

（二コリント一・四）。「わたしの心とわたしの肉は、生ける主に向かって喜びの声をあげる」（詩編八四・二）。これらのことは、霊にもとづく喜びと励ましとを、さまざまな比喩を通して明らかにしているのである。

祈りと労苦

右のように、敬虔さの目的が何であるかということが示された。それは、魂の浄化として神的な愛の生を生きることを択び取り、諸々の善き行いを通して霊的な成長を保持する人々に対して示されている。そこに示された方法に沿って魂を備え、神的な愛を満たしているあなたたち一人一人は、パウロが次のように勧告していることを想起して、神の意志に従って自分自身を祈りと断食へと差し出すがよい。「絶えず祈れ」（一テサロニケ五・一七）、「祈りのうちに自らを捧げよ」（ローマ一二・一三）と。また主の次のような言葉をも想い起こすがよい。「神は、夜昼彼を求めて叫ぶ人のためであればなおさら、彼のために裁きを為すだろう」（ルカ一八・七）。すなわち、絶えず祈り、失望しないでいるべきだということを教えるために、主は喩えを話した（ルカ一八・一）。そして、かの使徒も、祈りに対する熱意が多くの恵みをもたらし、霊自身が諸々の魂のうちに宿るということについて、次のように勧告してわれわれにはっきり示している。「どんなときも、霊にあって祈りと願いの限りを尽くして祈るがよい」（エフェソ六・一八）。

ところで、現にどのように祈るべきかと尋ねる人々には、主自身が答えを与えている。すなわち主は、求める人に応えて、祈りそのものを与えるのである。(23) それゆえ、求めることが大切であり、祈りにあって忍耐強くある人は、その多くの熱意と全き力をもって、自らがどれほどの闘いに対処してゆこうとしているのか知らなくてはならない。というのも、大いなる栄冠は多くの労苦を必要とするからである。つまり、悪はことさらそういうところで待ち伏せし、あらゆる面から忙しく働いて奔走し、人の熱意をくつがえそうと狙っているのだ。眠さ、身体のけだるさ、魂の弱さ、不注意、軽率さ、忍耐の欠如、またその他の悪しき情念とその具体化した働きが生じるとき、それらを通して魂は、自分の敵に引き裂かれて孤立し、ついには破壊されてしまうのである。

従って、理性的営みは、ちょうど賢い舵取りのように、思惟が悪しき霊の混乱によって乱されたりその大波に蹴散らされたりしないようにして、ただ天の港をまっすぐに見据え、われわれのことを信じて求め来る神に魂を全体として返してゆくため、魂に寄り添っているべきなのである。

五

天の婚礼への備え

さて、人々を導いてゆく人は、右のことに努めている人の支えとなり、あらゆる熱意と訓戒とをもって、その人の祈りへの渇望を養い、その魂を注意深く浄めてゆくべきである。祈る人たちによって達成される諸々のアレテーの実りは、成長しつつある人にとってのみならず、いまだ愚かで教えを受けなければならないような人たちにも生じてくる。それは、彼らを励まして、その見つめている方を模倣することへと向けさせる。そして、純一さ、愛、謙遜、力強さ、悪意のなさといったそれら純粋な祈りの実りは、祈りに熱心な人の労苦が、永遠の実りに先立って、すでにその人生の中に生み出しているものである。

祈りは、そうした実りによって美しく飾られるが、もしそうした実りを欠くなら、その労苦は空しい。すなわち、祈りだけではなく愛智の道行きの一切は、もしこのような成果を生むとすれば、それは正義の道であり、正しい目的へと導くものなのだが、もしそうした成果を生まないなら、それは空しい名に終わり、婚礼の宴で必要なときに油を備えていなかった愚かな乙女たち(マタイ二五・三)にも似ているのだ。

彼女たちは、その魂のうちにアレテー（徳）の実りたる光を持たず、その思惟のうちには霊の灯火もなかった。聖書はここで彼女たちを、花婿がやってくる前にアレテーの灯火が消えてしまったことをもって、ふさわしくも「愚か者」と呼んでいる。この哀れな乙女たちは、こうして天の婚礼の宴から締め出されてしまったのだ。聖書は、彼らのうちに霊の働きがなく、彼らは処女性に対して無頓着であったということを示していて、その結果はまさに当然である。(24)

主の受難を担いゆくこと

では、神によって、またその神への望みによって生きる人は一体何を為すべきか。彼は、一方ではアレテー（善きかたち、徳）のための労苦を喜びながら耐え、他方、さまざまな情念からの魂の解放と諸々のアレテーの頂点への登攀とを心がけ、さらに完成への希望を神に置いて、神の人間愛に信頼すべきである。このようにして彼は備えをなし、また信じているその恵みを享受しつつ煩いなく走る。そしてその敵の悪よりも強い人となり、キリストの恵みのゆえにさまざまな情念から解き放たれて、敵をなみしてゆくのだ。だが、美しいことへの無関心によって悪しき情念を己れの魂に持ち込んで、それらのために喜んで時を費やす人々は、貪欲や妬み、放埒、またその他の敵の企みを実らせることによって、本性的で個人的な快楽を満たすのである。

それゆえ、信仰とアレテーの労苦とによってキリストと真理のために耕作する人は、自分の本性を超えた善きものを霊の恵みによって受け取り、語り尽くせぬ喜びをもってそれを刈り取る。そして、純一で不可変的な愛、不動の信仰、揺るぎなき平和、真の善性など、そうしたすべてを苦しみなく成就するのである。それらによって魂は、自分自身よりもより善いものとなり、敵の悪よりさらに力をつけてゆきながら、自らを、拝されるべき聖なる霊の浄い住まいとして備えてゆく。(25) そしてこの霊から、キリストの朽ちざる平和を受け取り、そのことを通して主に結びつけられ、主に寄り縋ってゆく。そうした魂は、霊の恵みを受けて主と結合せしめられ、主と一つの霊となるのだ。

その際、魂は、単に自分のアレテーの働きをたやすく為し遂げてゆくだけではなく、敵の仕掛けてくる企みよりずっと強くなっているので、敵と争うことなく、むしろ、あらゆるものの中で最も大いなるもの、つまり救いの受難を己が身に引き受けてゆく。つまり、この世の生を愛する人は、人の間での名誉や栄誉や権力を喜ぶが、彼はむしろ、主の受難に関わることをはるかに喜ぶのである。

というのも、キリスト者は、自らの善き生き方と霊の賜物とによって思惟の齢の秤に応じて成長させられ、霊の恵みが与えられているからである。それゆえ彼は、キリストのゆえに憎まれ、迫害され、神への信仰ゆえのあらゆる迫害や屈辱にも耐えながら、いかなる人間的快楽にもまさる栄光と喜びと楽しみを味わうのだ。その人生全体が復活と来たるべき祝福へと向かっている人々にとっては、どんな侮辱も鞭も迫害も、またその他、十字架に通ずるいかなる苦難も、すべてが喜びであり、安らぎであり、諸々の天の宝の約束なのである。実際、主はこう言う。「あらゆる人々がわたしのゆえにあなたたちを非難し、虐げ、また偽ってあらゆる悪口を言ってくるとしても、あなたたちは幸いである。喜べ、喜び躍るがよい。天においてあなたたちの報いは大きいのだ」（マタイ五・一一―一二、ルカ六・二三以降）。

使徒パウロもこう言っている。「それればかりではなく、われわれは艱難のうちにあっても誇りを持ちえている」（ローマ五・三）。また他のところでは次のように言っている。「それゆえ、わたしは喜びつつ自分の弱さにあって誇る。キリストの力がわたしに宿りくるのだから。そうであればわたしは、弱さ、侮辱、困窮、牢獄にも甘んじよう。わたしが弱いときにこそ、わたしは強いのだ」（二コリント一二・九―一〇）、「神のしもべとして、非常な忍耐をもって」（コリント六・四）。これこそが聖霊の恵みであって、それは、魂全体を保持し、霊の宿るその宮を感謝と力で満たし、今ある痛みの意識をまさに来たるべき希望によって取り除きながら、主の受難を魂にとって甘美なものとするのである。

キリストのしもべ　己れの捧げ

さて、あなたたちは霊との協働によって高い力と栄えへとまさに登らんとしているのだから、自分自身をよく治めるがよい。うちなる霊の宿りとキリストの遺産とにふさわしい人になることを目指しつつ、喜びをもってあらゆる困難と試練とに耐えよ。決して高慢に膨れ上がったり、自分自身の堕落に無頓着なために力を弱くされたり、また他の人の罪の原因になったりしてはならない。ある人々がもし、祈りの極みでの緊張を持たず、また行為に必要な熱意や力もなく、アレテーの力に欠いているなら、そのときには、彼らの力に応じて、他のことにおいて従順でいるようにさせよ。他のこととはすなわち、熱心に仕えること、力強く働くこと、喜びをもって癒すことである。それは、誉れという報酬のためではなく、人間的な名声のためでもなく、むしろ、自らの弱さや無関心からくる困難に挫けずに、異教的な物体や魂にではなく、キリストのしもべたち、またわれわれの同胞たちに仕えるためである。つまりそれは、あなたのわざが主の前に純粋で混じりけのないものとして現れ出るためなのである。

それゆえ、「美しい行いへの熱意は、魂を救うわざを成就することに対して何の力もない」などと主張したりすることのないようにせよ。なぜなら、神はそのしもべに対して不可能なことを決して命じはしないからだ。神はむしろ、自らの神性の愛と善とを、水のように注ぎ出されたゆたかなものとして示す。すなわち主は、一人一人に対してその意志に応じ、何か善を為すための力を与えるので、救われたいと熱望するものは誰一人としてそのための力に欠けることはないのである。主はこう言う、「誰でもわたしの弟子という名において水一杯でも飲ませるなら、まことにわたしはあなたたちに言う、その人は決しておのが報いを虚しくされることはない」（マタイ一〇・四二、マルコ九・四）。

この掟以上に力強いものが何かあるだろうか。天の報いが一杯の水によって降るのだ。わたしとともに、神の人間愛の測り難さを注視するがよい。「あなたがこれらのうちの一人にしたことは、わたしにしたのだ」（マタイ二五・四〇）。この掟は小さなものではあるが、それに従うことによって、神は惜しみなく、豊かに与えるのである。[26]すなわち神は、われわれの力を超えるようなことは要求しない。しかも、小さいことであれ大きいことであれ、あなたが何かを為す場合、その報いは自由な択びに従ってあなたにもたらされる。もしそれが神の名と神への畏れとのうちに為されるなら、その賜物は、輝かしく、語りえないようなものとして来たるのである。しかし、それがもし人間的な名声や名誉のためのものなら、主自身がこう断言しているのを聞くがよい。「まことにわたしはあなたたちに言う、彼らはすでに自分の報いを受け取っている」（マタイ六・二、五、一六）。

かくして主は、われわれが、死すべきものや、死すべきものへのあらゆる称賛、また過ぎ去ってゆくような誉れから逃れて、語ることも限界を見出すこともできないような美しい誉れだけを追い求めるよう命じている。われわれはそうした誉れを通してこそ、今も、つねに、永遠に、父と子と聖霊に栄光を帰すことができるのである。アーメン。

訳　注

（1）　グレゴリオスにあってこれは、いわゆる二元論を前提とした肉体・身体の否定ないし除去ではなく、魂・身体の複合体たる人間の全体を担う魂の働きと考えられる。

（2）「セプチュアギンタ（七十人訳旧約聖書）」では、「われわれの似像（eikōn）と類似（homoiōsis）に即して人間を創ろう」という周知の箇所で、homoiōsis の語が用いられている。

（3）　アレテーは「善への絶えざる志向、超出」という極めて動的な性格を有しており、人間の自然・本性の完成もそこに存するという（『モーセの生涯』など）。それはふつう「徳」、「卓越性」、「器量」などと訳される言葉であるが、一つの訳語には収まり切れぬ意味の広がりと動的性格とのゆえに、あえてそのまま「アレテー」としておく。

（4）　自然・本性は完結し閉じられたものではなく、神的な霊の受容へと開かれている。それは、自然・本性の動性、変容可能性といってもよい。

（5）　ヒュポスタシス（hypostasis）という語は、神的で一なる実体ないし本質（ousia）の個別的現存（個的現実）の姿を表すものとして用いられている。

（6）　神秘（mystērion）とは、「耳目を閉じる」（myō）に由来する語で、人間の言語的知性的な限定・把握を超えた事態を意味する。

（7）　プロアイレシスはグレゴリオスにあって、単に対象的行為の二者択一的な選択に関わるだけではなく、行為する主体・自己の変容と生成とに関わる働きであり、いわば存在論の要諦を担うものであった。

（8）「聖霊の恵み」と「人間の自由や信仰」とは、微妙に協働している。

（9）　このような philosophia（愛智、哲学）の用例は、一般に教父の伝統にあって、ロゴス・キリストを根拠かつ目的とする道が、古代ギリシア的伝統を摂取しかつ超克してゆくものたることを示している。

（10）　この文脈にあって神的な霊の受容と魂の祈りとは、不思議な循環を為している。

（11）　グレゴリオスは神へと向かう魂・人間を、花嫁に擬えている。すなわち、『雅歌講話』において象徴的に解釈されているように、花嫁（＝人間）は、花婿（＝神）の愛の矢によって射抜かれて愛の傷手を受け、姿を隠してしまった花婿をどこまでも己れを超えて愛しゆくのである。

(12) 人間の魂は、身体から切り離された自存の実体ではない。それゆえ人間本性の完成とは、生身の人間の地平における出来事なのである。

(13) こうした文脈には、東方教父の伝統を貫く「神化」（神的生命への与り）（theōsis）という問題が潜んでいる。つまり、新たな創造とは、創造という神のわざの展開・完成であり、人間の、そして人間を紐帯とする万物の神化へと定位されているのである。

(14) エジプトにおいて隷属状態にあったイスラエル民族は、モーセに導かれて出エジプトを果たす。その際、神は頑ななエジプトの王ファラオ（欲望の象徴）への示しとして、エジプト中の初子を殺した。しかし神は、小羊の血を入口に塗ったイスラエル人の家だけは安全に過ぎ越した。これは、イスラエルが奴隷の身分から救い出されたことを記念し祝う祭りである。

(15) パウロのこの言葉は、グレゴリオスの愛智における中心概念の一つたる「エペクタシス」の典拠となっている。

(16) 人間の魂はいわば「神の畑」であって（一コリント三・九、なおルカ八・四—一五）、そこに神の種子（ロゴス）が播かれ、よき実りが刈り取られるべき定めを負っている。そして実りとは、創造のはじめから人間に与えられた可能性の開花であり、神の似像という姿の成就であろう。従って、他者に対してわれわれの為すべき善きわざは、人が負っている負債の返済という意味合いを有することになる。

(17) それぞれの人に与えられた資質、賜物にはむろん異なりがあるが、ここではそれら相互の比較の領域を超え出て、まずは神の前に己れの全体を委ね、自らが神的な霊を受容する器となるべきことが語られている。そのときはじめて、万人に対して有責で万人より劣るという姿が映し出されてくるであろう。

(18) キリストの体（エフェソ一・二三）としての教会（全一的な交わり）にそれぞれの人が参与してゆく限りで、そこには「一つの身体、一つの魂」とも言うべき姿が現前してくるとされよう。

(19)　キリスト（神性と人性とのヒュポスタシス的結合）の無限なる愛は、人間の有限なる愛を根拠づけ、そのよき働きのうちに宿り、かつそのうちに働く。「協働」とはそうした関わりの機微を言い当てる言葉であった。

(20)　悪とは、教父の伝統にあって基本的には、実体（存在）としてあるものではなく、自由・意志（プロアイレンス）の転倒した悪しき使用によって生じる「善の欠如」であり、非存在への落下である。本文中の「悪の作り手」とは、「神への背反」という悪しき意志そのもの（悪魔）を意味しよう。

(21)　諸々のアレテー（徳）は、それが全きものであるなら、他のすべてのアレテーを含み持つとも言えるが、それぞれが異なる名として顕在化してくるという観点では、互いに補完しつつ全体として一つのアレテー（神の似像という善きかたち）を形成している。

(22)　祈りに身を委ねることによって人が神の霊を受容する器になり切るなら、そのことを源としてさまざまのアレテーがそれぞれの状況（人との関わり）に応じて名を与えられてくる。そして、そうした全体としてのアレテーこそ、神の顕現の姿なのである。

(23)　己れをなみして神に求め、それが神に受け容れられるならば、そのことは、求める心、祈りの姿そのものが神によって与えられることでもあろう。

(24)　神性との婚姻に対して心披かれ、全き器となること、すなわち「処女性」こそ、神的霊の受容による実りを生む。こうした処女性と母性との結合に注意すべきであろう。

(25)　「自分自身よりもより善いものとなる」という表現には、グレゴリオスの言うエペクタシス（絶えざる伸展、自己超越）を読み取ることができる。そうしたエペクタシス・アレテーの動性（ダイナミズム）こそは、この有限な世界における神・存在の顕現したかたちであり、神性への参与の姿でもあるのである。

(26)　「わたしの弟子という名において水一杯でも飲ませるなら」とあるが、ほんの小さなわざも、それが己れの閉ざされた存在様式を超え出て為されるなら、それは単に個人と個人との関わりに留まらず、神への愛を具体化させるものとなり、キリストを頭とする全一的交わり（教会）への参与ともなりうる。

二　『モーセの生涯』

解題

『モーセの生涯』という著作は、後に取り上げる『雅歌講話』とともに、ニュッサのグレゴリオスの透徹した観想と思索との精華であり、紀元四世紀、「教父の黄金時代」と目される時代を代表する作品の一つである。翻訳の底本としては、Gregorii Nysseni Opera Omnia, Vol. VII, Pars I. De Vita Moysis, ed. H. Musurillo, Leiden, E. Brill, 1944. を用いた。なお、本文の節番号は仏訳に付されたものに準じ、小見出しは邦訳者によるものである。

この作品の基調は、一言で言うとすれば、魂・人間の「神への道行き」の姿をイスラエル民族の指導者モーセの生涯を範型として、極めて霊的かつ象徴的に観想するということである。すなわちグレゴリオスは、旧約聖書の歴史記述に記されたモーセの生に、人間的自然・本性の完成した姿（アレテー、徳）を見て取り、時と処とを超えたすべての人をそうした道に招いているのだ。実際、この書の副題は古来、「モーセの生におけるアレテー（善きかたち、徳）について」となっているが、グレゴリオスは旧約の『出エジプト記』や『申命記』などの記述をも、いわば新約の言葉、ロゴス・キリストの光の中で観想しているのである。

もとよりわれわれは、先人の足跡にまつわる個々の出来事をそのままの仕方で再現することはできない。時代、民族、風土など、いずれの点においてもモーセと後代の者との間には大きな隔たりがあるからである。それにもかかわらずモーセが「人間的生の範型」として取り上げられたのは、その具体的な歩みのゆえにではなく、またモーセと同じくとくに択ばれた人々だけのためでもなくて、われわれ自身もモーセの生に観想された「美しいアレテー（徳）の姿」を、現に自らの生に今何ほどか体現するためであった。

ちなみに、霊的象徴的解釈が成り立つ理由は次のことに存しよう。時間とは時々刻々と流れ去るものであり、ほんとうは客体的な量としてあるとは言えない。そして数直線上に、たとえば年表として固定されるような対象化された時間は――常識も実証的な学問もそれを前提としているが――、実は二次的なものであり、ある種の仮構なのだ。そこで現に「生きられる時間」に注目するなら、根源的な出会い（カイロス、瞬間）にあっては、ふつうは遠く隔たっていると看做されることも、いわば「同時性」を有することが見出されよう。なぜなら、「つねに」働き現存している神的働き（エネルゲイア）に、われわれは歴史上の「あるとき」、その都度の「今」出会い、経験するからである。

すでに述べたように、ニュッサのグレゴリオスは小アジアの人々の間で、早くから霊的生活の師として知られていた。そこで『モーセの生涯』という著作は、「アレテー（徳）ある生」について記してほしいという要望に応えて著されたのだ。従ってこの著作は、そうした修道的交わりの所産であり、人々の間で朗読され、霊的な歩みに資することになる。それはまさに「学と修道」との渾然と一体化した作品であり、およそ「人間の人間としての善きかたち」を、つまり「善く生きること」を問い求めるすべての人のものであろう。

さて本書においては、そうした『モーセの生涯』の中から、重要な主題について論じられている箇所を択んで配列した。それは東方教父の哲学・神学的伝統を代表する著作の一つであるが、以下、そこでの主な論点を挙げておく。

(i) 人間的自然・本性の完全性とその動的かたち(ダイナミズム)
(ii) アレテー(魂・人間の善きかたち、徳)の成立の、善の超越性
(iii) 自由・意志(プロアイレシス)による主体・自己の新たな誕生
(iv) 「わたしは在る」たるヤハウェ(神)の顕現(出エジプト三・一四)
(v) 出エジプトと紅海の奇蹟などの象徴的解釈
(vi) 闇のうちなる神の顕現(否定神学的な文脈)
(vii) 天上の幕屋と地上の幕屋についての象徴的解釈
(viii) 十戒と偶像崇拝
(ix) 人間本性の絶えざる生成、および自己と超越(エペクタシス)

（x）　アレテーに即した生の完全性

これら一連の事柄は、「出エジプト記」の叙述を霊的象徴的に解釈することによって語り出されている。が、同時に、それらは時代を超えて、われわれ自身が歩みゆくべき「神（存在、善そのもの）への道」＝「人間本性の開花し成就してゆく道行き」をゆたかに言語化し指し示しているのである。

第一部　歴　史

序　言

一　最も親愛なる友、兄弟よ、あなたはいわば、アレテー（徳）の競技場において神的な競技を立派に為し、天上の呼び声という褒美を目指して（フィリピ三・一四）真摯に、また軽やかに身を前方に伸ばしている。わたしはそんなあなたの要望に応えて励ましの言葉を記し、この神的な道行きをいっそう速度を速めて全うしてゆくことができるよう勇気づけたいと思う。そうするのはむろん、何かいわれのない動機からではなくて、いわば愛する子に喜びを与え恵みを分かち合わんがためにほかならない。

二　というのは、最近あなたが寄こした手紙には、「人間にとっての全き生とは何であるか」について何か教示してほしいとの希望が記されていたので、それに応えて然るべきだと思ったのである。たといわたしの語ることがあなたにとって何かことさら有益なことがないとしても、あなたの要請に対して直截に聴従するという範を示すことは、全く無益というわけでもないであろう。われわれ司祭は多くの人々（魂）にとって霊的な父という立場にあるので、齢を重ねたわたしにとって、年若く瑞々しい魂の持ち主たるあなたの要望に答えることは、理に適っていると思う。

三　その点についてはこの程度に留めよう。そこで、今課題として与えられている目的に、神を論述の導き手として取りかからねばならない。

親愛なる友よ、あなたは「完全なる生とは何であるか」ということを、われわれが書き記すよう求めた。[1] それは明らかに次のことを目指してのことであろう。すなわち、何かあなたの求めていることが見出されたなら、そのように言葉（ロゴス）によって開示されたことを、今度はあなた自身の生のうちに移し入れ、体現するためにであろう。ただ、わたしとしては、次の二つの事柄のいずれに関しても同様に当惑している。つまり、完全性についてそれを明確に言葉・ロゴスによって把握すること、および、言葉の把握し知る限りのことを具体的な生のうちに〔どのように適用すべきかを〕示すこと、そのいずれもわたしの力に余ると言わざるをえない。[2] だが、恐らく、それは何もわたしに限ったことなのではなくて、幾多の偉大な、徳に秀でた人々にしても、そうした課題の達成しがたいことを告白しているのである。

完全なる生とは何か　アレテーは限度・限定を持たないこと

四　とはいえ、詩編の言葉を借りるならば、「恐れのないところで恐れにうち震えている」[3]（詩編一三・五）などと思われることのないように、完全なる生についてわたしの考えるところをより明瞭に提示しておくことにしよう。

五　感覚によって測られる限りでのあらゆるものの場合、その完全性は何らかの限定された端・限界によって把握される。たとえば、量については、延長・連続性と限界あることとによって把握される。つまり、すべての量的な尺度はそれぞれに固有な限度によって周りを囲まれ限界づけられているのだ。

しかるに他方、アレテー（善きかたち、徳）の場合、その完全性のただ一つの限度とは、まさにそれが限度を持たぬということであることを、われわれは使徒から学んだ。なぜならば、思惟において大きくかつ崇高な、かの神的使徒パウロは、絶えずアレテー（徳）の道行きを走り、前に在るものに身を伸展・超出させて、決して止まることがなかった[4]（フィリピ三・一三）。つまり、そうした道行きを停止させることは彼にとって確かなこと、安全なことではなかったのだ。それはなぜであろうか。

すべて善なるものは自己の本性上何の限定をも持たず、ただ対立物が対象的に措定されることを通して、〔何らかか間接的な仕方で〕限定されてくるに過ぎない[5]。それはつまり、生は死によって、光は闇によって、またすべての善きものは、善とは反対のものが思惟されることによって、〔間接的に〕それを一つの終極・限定として有している、ということである。

六　それゆえ、生命の終極が死の端初であるのと同様、アレテーの道行きにあって停止してしまうことは、悪しき道行きの始まりとなってしまうのである。かくして、アレテーに関して、その完全性の把握がわれわれの為しうるところではないという言明は、偽りではない。というのは、限界によって把握され閉じられたものは、もはやアレテーではないということが示されたのだから。ところで、アレテーに即した生を探求する者にとって、完全性に達するのは不可能だと述べたが、その意味するところは次のように明らかにされるであろう。

善とは何か　人間的な自然・本性についての定義を示す

七　第一の、かつ本来的な善とは——その本性は取りも直さず善性であるのだが(6)——神的なるものそれ自身である。つまり、善は自然・本性として思惟されるまさにそのものとして存在し〔思惟と存在との合致〕、かつそのように名づけられる。ところで、悪という限界以外にアレテーの限界は見出されえず、また神的なるものは対立物を何ら有しない〔容れない〕のであるから、神的な本性とは限定なきもの、無限なるものとして、〔把握されぬという仕方で〕把握されるほかはない。だが、確かに、真のアレテー〔徳〕に与る人は、神以外の何かに与っているのではない。神こそが全きアレテーなのだ。それゆえ、本性上善〔美〕なるものを知る人は、それを分有しようとひたすら欲求することになる。しかし、そうした善は限度を持たないので、必然的に、善を分有するという欲求そのものは、無限へと超出してゆき、静止することがないのである(7)。

八　従って、端的に完全性に達することは全く不可能である。なぜなら、すでに述べたように、完全性とは限定によって把握されるものではないからである。それゆえ、アレテーの唯一の限界・限定とは、限定なきこと（無限）なのである。では一体いかにして、限界を発見することなしに、しかも探究されている限界に到達するということがありうるだろうか。

九　一般的に言って、今探究されているもの（完全性）は、いかなる把握・限定をも超えており、人間にとって達成されがたいということが示された。だが、それはむろん、「あなたたちの天の父が完全であるように、あなたたちも完全であれ」（マタイ五・四八）という主の命令に注意を払わなくてもよい、などということではない。なぜなら、本性的に善なるものにはたとい全き仕方で達することができなくとも、知性ある者にとっては、そうした善のほんの部分に与るだけでも、大きな益であるからである。

一〇　それゆえ、われわれの受容しうるだけの完全性から全く離脱してしまうことなく、人間的探究に可能な限りでの完全性に達することができるように、最善を尽くすべきである。なぜなら、「人間的自然・本性にとっての完全性とは、恐らく、善（美）により多く与ることを絶えず意志し志向することに存する」からである。

第二部　観　想

モーセの誕生

一　ファラオの法が新たに生まれてくる男子をすべて抹殺するよう命じたまさにそのとき、モーセは生を享けた（出エジプト一・一六）。そうした不思議な機縁をもった誕生を、われわれは自らの自由なる択び（自由・意志）によって、いかにわれわれ自身の生に模倣し体現しうるであろうか(8)。というのは、モーセのような偉大な人の誕生を、とりも直さず自分の生まれとして何らか模倣することは、全くわれわれの力を超えているのではないかと考える人もいるであろうから。それは確かに見かけははなはだ困難と思えよう。しかしその実、モーセの誕生をわれわれ自身の生において模倣してゆくことは、必ずしもむずかしくはないのである。

すべては生成変化に晒されている

二　誰一人として知らぬ者とてないことであるが、すべて可変的なものは何一つとして同一に留まることなく、つねにあるものから他のものへと変化する。そしてその際、より善きものにか、より悪しきものにか、つねに生成変化するのである(9)。こうした基礎的な事柄について、以下少しく考察しておこう。

質料的な、そして情念に服属しやすい在り方とは、それに向かって人間的自然・本性が落ち込んでゆきやすい類のものである。そうした在り様が生の女性的なるものにほかならず、そのような生が誕生することこそファラオの好むところなのである[10]。他方、アレテー（徳）の有する堅固で厳しい在り方が男子の生であった。それはファラオの敵とするところであり、彼の支配を脅かすのではないかという嫌疑をかけられることになる。

自由・意志による自己自身の誕生

三　さて、生成変化に晒されたものは、ある意味で、絶えずその都度生成するものであることになろう。なぜなら、可変的な本性のうちには、全く同一を保つものは何一つとして認められないからである。そのように絶えず生成するものは、たとえば物体的に偶然生起するもののように、単に外的な動因に依存しているのではなくて、かえって、そうした生成・誕生自身、自由なる択び（自由・意志）（プロアイレシス）にもとづくのである[11]。

従って、われわれは何らかの仕方で自分自身の親なのだ。すなわち、われわれは自らが意志した限りでの自己を生み出してゆくのであって、その在り方は、自らに固有の自由意志にもとづいて自分が意志する方へと——アレテーの教え・ロゴスによって男子の形相を刻みつけるか、あるいは、悪徳の教えによって女子の形相を刻みつけるか――自己を形成してゆくのである。

四 してみれば、たといファラオが敵意を抱き悲しむことではあっても、われわれもまた、より高貴な誕生でもって光に分け与えることができ、また、そうした善き生まれの親たる喜びを享受しかつそのように生きることができるのだ。それは、ファラオの思惑に反していても生じうることなのである。(ここに、理性的・ロゴス的なるものがアレテーの親となる。)

五 ところで、聖書の歴史記述に促されて、そこに隠された謎・しるしをよりあらわに語り出そうとするならば、聖書の言葉は次のことを教えてくれる。すなわち、敵対する者(ファラオ)の悲しみの上に生まれてくるということこそが、アレテーにもとづいた生の端緒となるのである。それは、自由・意志が言わば助産婦として労苦するような種類の誕生であろう。なぜなら、いかなる人も、敵に対する勝利を証しするしるしを自分の身に帯びることなくしては、敵たるファラオを悲しませるには至らないからである。

六 確かに、男らしく徳のある者を生むこと、そして、それにふさわしい糧で養い、傷つくことなしに水から救い出されるよう配慮することなど、すべて自由・意志にもとづくと言ってよい。というのは他方、自分の子供をファラオに引き渡す者は、言わば裸のままで、河の流れのことも考慮せずに、子供を流れに放置してしまうことになるからである。(12) ここに河の流れとは、さまざまな情念のうごめく生を意味すると考えられるのであって、そうした流れはその中にある者を飲み込み、溺れさせてしまうのである。

七　しかし他方、思慮が深く、将来をよく洞察する理性的な精神は、男子の誕生の親なのだが、善き子供が生の必然によってこの世という生の流れに放り出されるとき、子供が流れに飲み込まれることのないよう、箱舟でもって彼（徳の子供）を守るのである（出エジプト二・三）。ここに、箱舟とはさまざまな板で造られており、さしずめさまざまな教えによって強められた教育のようなものなのだ。そのような教育にしてはじめて、現実の生の流れに漂いゆく者を支えうるのである(13)。

八　こうした教育の支えがあれば、河の流れの偶然的な動きに左右されて水のまにまに打ち流されてゆくということもないであろう。むしろ、流れの上手の方へ運ばれ、生の嵐の外に出て、確固たる場所へと自ずと辿り着くことになる。

九　まことに、経験はわれわれに次のことを教えてくれる。すなわち、人生の不安定な、振幅ある動きは、人間的な事柄の欺瞞的な在り方に浸っていない者を、彼自身から遠くへ押しやろうとする。それは丁度、妬みのゆえにある人の徳を煩わしいと思う者が、その徳ある人のことを無益な重荷であるかのように看做すのと同様である。だが、こうしたことから脱出しようとする人はモーセを模倣すべきである、モーセの運命に涙を禁じてはならない。たとい自分自身はたまたま箱舟の中に護られて安全を享受しているとしても。なぜなら、涙こそは、アレテー（徳）を通して救われる人の確かな護り手であるからである。

異教の教えから教会の糧へ

一二　さて、エジプト人の王女とともに過ごして、彼らの名誉に与っていたと思われる期間を終えた後に、モーセは本性上の母の元に帰らなければならない。もとより、歴史記述の告げるところによれば、モーセはファラオの娘に引き取られていたときにも、実は真の母の乳によって糧を与えられていたのであるが。思うに、このことは次のことを教えている（出エジプト二・七―九）。すなわち、実際上教育を受けるに際して、われわれは異郷の教えに関わってゆかざるをえないとしても、共同体・教会の乳によって養われることから決して身を離してはならないのだ。その乳とは教会の法と諸々の慣習とであって、魂はそれらを糧として養われ、かつ成熟せしめられる。かくして、魂は高みへ登りゆく内的契機を与えられるのである。

一三　だが、真実なことに、異郷の教えと教会の父祖たちの教えとのいずれをも一緒に見ようとする人は、二つの相反するものの中間に置かれることになろう。なぜなら、異民族の民の礼拝というものはヘブライの民の言葉に反するものであって、彼らはイスラエルの人々よりも強固なものと見えるようにいたずらに奮闘する。事実、父祖たちの信仰を捨て去って敵の側に与して闘う多くの人たちにとって、ヘブライの民の言葉は何か浅薄なものにすら見えるのだ。しかし、モーセのように偉大で高貴な魂の持主は、真理の言葉に敵対する者を、自らの手で打ち砕き死に至らしめるのである。

一四　これについては、むしろわれわれ自身の内的な闘いとして、同様の事態が見出されるであろう。なぜなら、人は自分の内的闘いの言わば戦利品として、敵対するもの（古い自己）の変容したかたちを前にすることになるからである。つまり、人は自分が与する者を、自分に敵対する者に対する勝利者とする。たとえば、偶像崇拝と敬虔、放埒と節制、不正と正義、傲慢と謙遜など、対立的に捉えられるすべてのかたちは、ヘブライの民に対するエジプトの民の闘いとして、あらわに解釈されて然るべきであろう。

一五　かくして、われわれが自分の同族に対するかのようにアレテー（徳）の側に立ち、徳と反対の側から来るものを殺すべきことを、モーセは自らの範例でもってわれわれに教えている。なぜなら、実際のところ、敬虔が勝利を占めることは取りも直さず偶像崇拝の死であり消滅にほかならないからであり、同様に、不正は正義によって殺され、傲慢は謙遜によって滅ぼされるからである。

神の顕現

一九　さてそのとき、真理はわれわれの魂の目を固有の光で照らしつつ、静かで平和な生を送っているわれわれを明るくする。そして、かの語りえざる光を通してモーセに顕現せしめられた真理こそ、神なのである。

二〇　ところでもし、預言者の魂を照らしている光が茨の茂みによって燃え立たしめられているとすれば、そのことはいま探究されていることにとって意味のないことではない。なぜなら、真理とは神であり、また光であるとすれば——福音の声は、肉においてわれわれに見られるようになった神を通して（ヨハネ八・一二、一四・六）、諸々の名のうちで至高の神的な名を証しているのだが——そのことからして、アレテーのこうした導きは、人間的本性に適合する低みにまで降りてきているかの光の知へと、われわれを連れてゆくことになる。つまり、その光は、物質的素材から来るものと人から思われぬように、星の中のある光体によって光っているのではなくて、地上の柴から来るものでありながら、その輝きにおいて天の光体にも勝るものであった。

二一　それによってわれわれはかの処女降誕の神秘をも学び知る。神性の光は、そうした神秘的な誕生を通して人間的生を照らしており、燃える柴を朽ちぬものに保っているのである。それは丁度、神の子を生むことによって乙女が滅びゆくことがないのと同様であった。

二二　かの光からわれわれは、何を為すことによって真理の光のうちに留まりうるかを学ぶ。すなわち、足が履物の覆いをつけたままでは、[14]真理の光の見られる高みに登ることはできないのだ。言い換えれば、神の命令に背くことによって裸にならしめられたそのはじめから、人間の本性には死すべき地上的な皮膚の覆いがまとわりついている。そうした覆いが魂の歩みから取り除かれることがなければ、われわれはかの高みに登ることができないのである。[15]

そのような浄化が身に生じるとき、真理の知がそれに続いて結果し、自らを顕わにする。なぜならば、存在の知とは、非存在についての把握を浄めることとして生じるほかはないからである。

真理と虚偽

二三　それゆえわたしの解するところでは、真理の定義とは存在の把握に関して誤りなきことである。他方、虚偽とは、非存在に関して思惟に生ずるある種の想像物であって、それはつまり、自存していないものを存在しているかのごとくに捉えてしまうことなのである。従って、真実に存在しているものの確たる把握が真理なのだ。そして、こうした高度な事柄について、長い期間静寂のうちに熟考し沈潜するならば、人は次のことを把握するであろう。すなわち、真実の存在とは、自らの本性によって存在するというそのことを有し、また他方、非存在とは、単に見かけだけで存在しているに過ぎず、自らの本性としては何ら自存してはいないということを。

二四　思うに、偉大なモーセは、神の顕現にまみえたとき、次のことを知らしめられるに至った。つまり、感覚によって把握されたものや思惟によって観想されたもののうちのいかなるものも、真実には存立していない。真に存立しているのはただ、万物がそこから発出してくるその当の、存立の原因たるもののみなのである[16]。

二五　なぜなら、もし精神が他の存在物に目をとめるならば、そのいかなるもののうちにも、他のものを必要とせずに自存しているものは何ら存在しないということを見てとる。しかし真に自存しているものにあっては、存在の分有なしにそれ自体で存在することが可能なのである。言い換えれば、つねに同一性を保つものは、増大することも減少することもなく、またより善きものに対しても、より悪しきものに対しても何ら変化せず全く不動であるのだ。それはより悪しきものに変化することなく、自分よりもより善きものを有するということもない。

つまり、それは何ものにも欠けることなく、それ自身のみが真に欲求さるべきものであり、それゆえにまた、自らは万物によって分有されるのではあるが、しかもそのように他のものによって分有されることによって自らは些かも減少することがないのだ(17)。まことに、そのようなものこそ真実に存在するものなのであり、そうした真実の存在を把握することこそ、真理を知ることであると言えよう。

二六　このように、かつてモーセはそうした知に達したが、今また、彼に倣うすべての人は地上的な覆いを脱ぎ捨て、かの茨からの光を——それは茨ある肉・身体を通してわれわれを照らす光なのだが——見るのである。福音の述べ伝えているように、それこそがまことの光であり真理なのである（ヨハネ一・九）。そのような人にしてはじめて他の人々を救いに導くに力ある者となる。すなわち、そうした人こそ、悪を振るう暴君を滅ぼし、悪しき隷属状態に捕らわれている者を自由へと解放することができる。そして、モーセの右手が白く変容したり、杖が蛇になるといったことは、以下に述べるような一連の奇蹟の端緒なのであった。

二七　思うに、主が肉を通して顕われるという受肉の神秘は、人間に対して神性があらわになるということを象徴的に示している。[18] そうした神性の顕現によって、ファラオの死と彼の圧制下に置かれていた人々の解放とが生じるのである。

二八　わたしをこのような理解へと導いてくれるのは、預言者と福音の証言である。なぜなら、預言者は言う、「これは至高なる存在の右手の変容である」（詩編七六・一一）と。すなわち、神的な本性そのものは不可変なものと観想されるが、それは他方、人間的本性の弱さに適合せんがために降ってきて、われわれの形と姿に変容するのである。

二九　というのも、預言者の手が懐から出されると、それは自然・本性に反する色に変化していたが、再び懐に入れられると自然本来の美しさに戻る。つまり、父の懐に在す独り子なる神とは（ヨハネ一・一八）、至高なる存在の右手なのだ（詩編七六・一一）。

三〇　そうした神の独り子が父の懐から発出してわれわれに顕われるとき、われわれの在り方へと変容を受ける。そして、その独り子なる神がわれわれの弱さを拭い去った後、われわれのうちにあってわれわれと同じような色をしていた手を自分の懐に戻す。（ここに、父とは右手の懐である。）そのとき、本性上変容を受けることのないものが情念（受動性）に変化するなどということはないが、他方可変的、受動的なるものは、不可変なるものに分け与えることを通して不受動心（情念から自由なかたち）へと変容せしめられるのである[19]。

三一　ところで、杖が蛇に変わったからといって、そのことがキリストへの愛を脅かすなどと考えてはならない（出エジプト七・一〇）。つまり、神秘の教えをそれにふさわしくない動物に適用しているのではないかと案ずる必要はないのである。なぜなら、真理自身がこうした表現の類似を拒んではいないからである。事実、福音の言葉は次のように明白に語っている[20]。「モーセが荒野にて蛇を挙げたように、人の子もまた挙げられなければならない」（ヨハネ三・一四・民二一・九参照）と。

三二　その意味は明らかである。すなわち、もし、罪の父が聖書によって蛇と呼ばれ、また、蛇から生まれる者は蛇でしかないのならば（創世記三・一、ヨハネ八・四四）、罪とはそれを生み出す者と同義だということになろう。確かに、使徒の言葉は、主がわれわれの罪深い自然・本性をまとうことによって、われわれのために自ら罪となったということを証している（一コリント五・二一）。それゆえ、この謎・しるしは主に対してまさに適合していると言えよう。

三三　罪が蛇であり、主自身が罪となったのであれば、次のような論理的帰結はすべての人にとって明らかであろう。すなわち、主は罪となることによって蛇となったが、ここに、蛇とは罪以外の何ものでもなかった。しかし、主がわれわれのために蛇になったのは、魔術によって生み出されたエジプト人の生きた蛇を主が飲み込み、滅ぼし尽くしてしまうためであった（出エジプト七・

一二）。

三四　このことが生じてから、蛇は再び杖に変化した。そのおかげで、罪人は節度ある姿にもたらされ、険しく困難なアレテー（徳）の道行きを達成する人々が休息を得るのである。そこに至るのは、信仰という杖に支えられつつ、善き希望を抱いて歩むがゆえにである。なぜなら、「信仰とは希望されるものの支え・基礎である」からである（ヘブライ一一・一）。

出エジプト　情念・欲望からの解放

五四　かの顕現した光によって力ある者とされ、同盟者であり支え手でもある兄弟を獲得したモーセは、大胆にもイスラエルの民に自由と解放についての神の言葉を伝えた。そして彼は、父祖たちの尊い系譜を彼らに想起させ、いかにして粘土とれんが造りの苛酷な労働から逃れるべきか、についての指示を与えたのである（出エジプト五・六以下）。

五五　では、このことを通して歴史的記述はわれわれに何を教えてくれるだろうか。それは、多くの人々を教導するためにこうした霊的訓練を通して自ら言葉を養わなかった者は、人々の間であえて語るべきではない、ということである。

五六　モーセが有益な言葉を発して聞き手に自由と解放を提示し、それに対する人々の欲求を駆り立てたとき、敵は激昂してイスラエルの人々の苦難を増大させた。そしてこれは、現在われわれに生じていることと無縁なことではない。というのは、圧制からの解放の言葉を受け容れ、それを福音に合致するものとして受け取る多くの人々は、現在においても敵対する者からの誘惑の攻撃によって脅かされているからである。

欲望と快の構造

五八　同じことは、イスラエルの人々が狭量な心のために、奴隷状態からの解放を彼らに告げた人々の責を問うたときに、まさに生じた（出エジプト五・二一）。しかし、たとい思惟において未だ若く未熟な者が、誘惑の異常さに対して子供のように怯えたとしても、ロゴス（言葉）は善の方へと彼らを導くことを止めることがないのである。

五九　なぜなら、人間に害のある破滅的な悪霊は、自分に服属する者が天を見上げることなく、地の方に腰をかがめて泥かられんがを造るようにさせようと、熱心に画策するからである。つまり、質料的な快楽に属するものは何であれ、確かに地と水とから成っていることは誰の目にも明らかである。そしてそのことは、胃や食卓に関する快を熱心に追い求める場合も、富に関する快を求める場合にも、同様に見出されるのである。

六〇　これら地と水という要素の複合は泥と成り、また泥と名づけられる。そして、泥のような快を欲求する人は、たといそれでもってひとたび自分を満たしても、決してそれらの快楽を受容する能力を満たしたままに保っておくことはできず、絶えず満たしつつも再び空になるのだ。同様に、れんが造りをする人はその都度空になる型のうちに、つねに新たに泥を投げ込んでゆく(21)。思うに、魂の欲望的な状態に目を向けることによって、人は誰でも、右のような象徴の意味するところを容易に理解できるであろう。

六一　なぜなら、自分が追い求めている何ものかでもって自分の欲求を満たす人は、もし欲求が何か他のものに傾くならば、そのときには彼は空っぽであり、受け容れる余地のある者となってしまう。こうした在り方は、質料的な生の方式から人が離れぬ限り、あらゆる事柄においてわれわれのうちで働くことを止めないのである。

エジプトにもたらされたさまざまな災害についての象徴的解釈

六三　さて、アレテー（徳）において傑出した人々は、虚偽に服した奴隷的な在り方をしている人々を、知恵を愛する自由な生へと引き入れようとする。だがそのようなとき、使徒の言うように、さまざまな術策でわれわれの魂をたぶらかす者は、神的な法に抗して欺瞞に満ちた奸計を働かせる術を知っている（エフェソ六・一一）。このことによってわたしの言わんとしているのはエジプト人の蛇のことであって、モーセの杖がその蛇を飲み込み滅ぼしたのである。これについては然るべき解釈をすでに十分に提示しておいた。

六四　従って、魔術の杖を滅ぼすほどにアレテーの打ち克たれざる杖を有している人は、より大なる驚きへの道をある秩序のもとに進みゆく。ただ、そうした奇蹟は、たまたまそれに立ち合った人々を単に恐れさせるためにではなくて、救いに与る人々の便益のために為されたのだ。なぜなら、アレテーのさまざまな奇蹟によって、敵が打ち破られると同時に、同胞の者は強められることになるからである。

六五　そこで、そうした奇蹟の一般的かつ象徴的な意味と志向とをまず把握しよう。そうすれば次に、そこに観想された意味を各々の場合に適合させることが可能となろう。

確かに、真理の教えは神的な言葉を受容する者の内的な在り方に従って、それぞれに適った表現を取ってくる。というのは、神的な言葉は万人に等しく善きもの、悪しきものを提示しているのだが、そのように示されているものに対して素直に聴従する人は、その精神と思惟を照らされる。だが他方、頑ななままに留まって、魂が真理の光を見るようその光に心を開かない人にあっては、無知の闇が残ることになる。もし、こうした事柄に関する一般的な捉え方が誤りではないならば、個々のことについても全く異なっているわけはないであろう。部分に関する洞察は、全体への秩序が捉えられるとともに明らかになってくるからである。

ファラオの頑迷と自由意志の問題

七三　アレテーの杖がエジプト人に対してこのようなことを為したと聖書に記されているからといって、その言葉に驚いてはならない。というのは、「ファラオは神によって心を頑なにされた」とも語られているからである（出エジプト九・一二以下、ローマ九・一七―一八）。だが、天からの必然によってファラオが頑なで反抗的な気持ちにされたのであれば、ファラオ自身が断罪されるべきであろうか。同様のことを神的な使徒も言っている。「彼ら（真理を拒む人）は神を知ることを善きことと認めないので、神は彼らを恥ずべき情念に引き渡した」と（ローマ一・二八）。

七四　しかし、たとい神が、そうした行状に己が身を渡している人々を恥ずべき情念に委ねてしまう、などと聖書に記されているとしても、ファラオは神の意志によって心を頑なにされたわけではないし、蛙のような生がアレテー（徳）によって形成されたわけでもない。なぜなら、もしもそのことが神的な本性によって（それを原因として）意志されたのであれば、さまざまな択びはどんな場合にも同等の価値を有するものとなってしまう。つまり、そこには人間的意志の介在する余地はなく、結果としてアレテーの生と悪徳の生との間に何の区別も見られぬことになるであろう。だが、実際は各人各様に生に与っているのであって、ある人はアレテーによって正しい生を送り、また他の人は悪のうちに滑り落ちるのである。それゆえ、このような諸々の生の違いを、一律に神的意志にもとづく超越的な必然のせいにしてしまうことは、正当とは言えないであろう。生の在り方を択び取ることは、各々の人の自由な択びの力に委ねられているのである。

七五　ところで、誰が恥ずべき情念に引き渡されるかということについては、使徒たちから明らかに学ぶことができる。それはすなわち、神を知ろうと努めない人のことであって、神は彼によって知られないので、そうした人を守ることをせず情念に引き渡してしまう。神を認め知らぬということが、その人にとっては情念に捉われた恥ずべき生に落ちてしまうことの原因となるのである。(22)

七六　なぜなら、太陽が、太陽を見ていないからといってそのような人を泥の中に落とす、などと非難する人が誤っているのと同様、光がそれを見ようと望まぬ人を、怒りに駆られて泥の中に突き落とすなどと考えるべきではない。むしろ、光に分け与らぬことこそ、光を見ない人が泥の中に落ち込む原因であると考えた方が、よほど理に適っているであろう。

同様にして、使徒の考えるところも明らかである。すなわち、神を知らぬ者が恥ずべき情念に引き渡されたり、エジプトのファラオが神によって心を頑なにされたというようなことは、神的な意志がファラオの魂に頑なさを注ぎ入れたがゆえに生じたのではなくて、自由・意志が悪への傾向性のゆえに、頑なさを和らげる神的言葉を受容しなかったがゆえに生じたのである。

七七　このように、アレテーの杖の場合もまた、それがエジプト人の間に現れたとき、一方ではヘブライ人を蛙のごとき生から浄められた在り方に保ち、他方エジプト人が、そうした病に満たされていることを如実に示したのである。

八〇　こうした捉え方に即して、杖の働きによりエジプト人の目には闇となったにもかかわらず、ヘブライ人にとっては太陽に照らされていた空のことを考えてみよう。この出来事によって、われわれのすでに示した解釈は最も強められることになる。すなわち、ある人は闇のうちに、また他の人は光のうちに存在するようになるとはいえ、それは天からの何らか必然的な力が原因となっているのではない。むしろ、人間は固有の本性と自由・意志とにもとづいて、光に与るか闇に与るかの原因を自ら担っているのだ。そして人は、自分の意志するものが何であれ、自分自身をそのようなものへと生み出してゆくのである(23)。

八一　なぜなら、聖書の記述によれば、エジプト人の目は、何らかの壁なり山なりが光を遮ったために暗くされ闇のうちに在った、というのではない。太陽はすべてのものに等しく光を注いでいるのであって、ヘブライ人はその光を自ら享受し、エジプト人はその恵みに対して無感覚であるというに過ぎない。かくして、光のうちなる生はすべての人に対して同様に、しかもそれぞれの受容する力に応じて提示されているのだが、ある人は自らの悪しき志向によって悪の暗闇へと駆り立てられ闇のうちを歩むのに対して、他の人はアレテーの光に照らされゆくことになる。

八四　しかし、もし誰かが真のイスラエル人であり、かつアブラハムの子であって、アブラハムを生の範型として眺め、その結果、択ばれた人々との生の親近性を自らの自由なる択びによって示すならば、このような人はかまどの苦しみを蒙ることなく守られる。また、モーセの伸ばされた手

に関してすでに示された解釈は、彼らにとっては苦しみの癒しであり、罰からの解放となりうるのである

八六　すなわち、エジプト人の自由・意志は原理的に言って、右のようなあらゆる事態の原因となっているのだが、神の片寄り見ることのない正義は、それらすべてを自由・意志による択びに応じて、それに適った仕方で実現させるのである。

ただ、聖書の記述の字義的な表現に捉われるあまり、エジプト人の蒙ったそれらの苦悩がそれにふさわしい者に対して直接神によって引き起こされたと考えてはならない。むしろ、それぞれの人は自らに固有な自由・意志、択びを通してさまざまの苦悩を準備し、自分自身が苦難の造り手となったのである。そして、そのような人に対して使徒も同じことを語っている。「あなたは頑なさと悔い改めぬ心とによって、自分の上に神の怒りを積み、神の正しい審判の顕われる怒りの日に向かっている。神は各々の人に、その働き・わざに従って報いを与えるであろう」（ローマ二・五）と。

初子の死　悪はその最初の誕生において滅ぼされるべきである

八九　さて、聖書の記述の順序に従って解釈を進めてゆくことにしよう。すでに吟味したことから、われわれは次のことを学んだ。すなわち、かのモーセは、そして範型たるモーセに目を注いでアレテー（徳）において自らを高める人は、同胞を自由なる生へと導かぬことを損失とすら看做す

のである。そうした人にあっては、正しく高い生の長期にわたる志向・緊張を通して、また天から来る照明を通して、魂が強められているのだ。

九〇　彼は同胞のもとに来て、より悪しき受苦の姿を示すことにより、彼らに自由へのより激しい欲求を植えつける。また、同胞をも悪から解放せんとして、エジプト人のすべての初子に死をもたらす。すなわち、モーセはそのことによって、悪がその最初の誕生の形において滅ぼされるべきだということを、われわれのために法として定めたのである。確かに、他の方法ではエジプト人的な生のかたちから逃れることは不可能なのだ。

九一　わたしには、こうした捉え方を観想せずに通り過ぎることは、決して善きこととは思えない。というのも、字義的な面にのみ目を向けるなら、どうして出来事の記述から神にふさわしい解釈を救い取ることができようか。

エジプト人は確かに不正な行為を為し、親の代わりに彼の生まれたばかりの子が懲らしめられた。だが、その子にあっては年端もゆかぬ者ゆえ、善きものとそうでないものとの何の見分けもつかない。幼児の生は悪をめぐる情念の外にあるのだ。なぜなら、幼児は未だ情念を受け容れることがなく、右手と左手の違いすら分からない。このような存在が父親の悪しきわざの報いを受けるとすれば、どこに正義があるのか。どこに敬虔が、そして聖性があると言うのか。また、「罪を犯す人は自ら死すべき者であり、息子は父親の犯す罪によって苦しみを受けることはない」（エゼキエル一八・二〇）と語ったエゼキエルはどこにいるのか。そもそも、歴史が神的な言葉と矛盾するなどということがどうしてありえようか。

九二　さて、もし何かが象徴的に生じたのなら、そのことの霊的解釈に目を注ぎつつ、法の授与者がさまざまの出来事を通して一つの教えを立てていると信じることが理に適っているのではないだろうか。その教えとはすなわち、アレテー（徳）によって悪を捉え、それがもはや身動きできないようにするためには、諸々の悪しきものの最初の誕生を死にもたらさなければならないということである。

九三　なぜなら、初子を抹殺することによって、同時にそれに続くものも滅ぼされることになるからである。それは福音を通して主が教えている通りである。すなわち、欲望や怒りを追い払い、さらには姦淫の汚れや殺人の罪科におののくことがないよう主が命じるとき（マタイ五・二二、二八）、それはエジプト人の諸々の悪の初子が抹殺さるべきことを声高に告げているのだ。なぜなら、それらの悪のいずれも、もし怒りが殺人を犯す引き金となり、欲望が姦淫を生み出すことがなければ、自分からひとりでに成長し存立してくるなどということはないからである。

超越的な自然・本性の受容

一一七　さて、再び元の論点に戻ることにしよう。アレテーにすでに眼を向け、生の道行きにおいて法の授与者に聴従する人は、エジプト人の支配という境界を後にする。しかしまさにそのとき、さまざまな誘惑の攻撃が彼らを追跡し、困惑と恐怖を、そして死の危険をもたらすのである。これらの攻撃に晒されたとき、信仰のうちに拠り立って間のない未熟な人々の精神は、善きものへの希望を全く失うに至った。しかしそのとき、モーセないし彼と同じ立場の指導者は、人々の間に入って恐怖の代わりに励ましを与え、彼らの落胆した精神を神がともに闘うとの希望によって鼓舞するのであった。

一一八　だが、このようなことは、指導者の心が前以て神に語りかけることなしには生じなかったであろう。なぜなら、指導者の立場にある多くの人々にとっては、通常、現象がよく秩序づけられているかどうかだけが関心事であって、神によってのみ見られている隠されたものについてはほとんど考慮されることがない。

しかし、モーセにあってはそのようなことはなかった。彼はイスラエルの人々に勇気を出すよう命じるのだが、そのことが現象としては神に対して声を挙げたわけではなくとも、やはり神への叫びであったということは、神自身によって証されている通りである。思うに、聖書の言葉は次のことを教えている。すなわち、人の叫びが真摯なものであって、神がそれに耳を傾けるほどに上昇してゆくのは、その叫びが単に身体の器官によって発せられた声だからではなく、浄い良心から発せられた魂の志向であるからなのだ（一テモテ一・五）。

一一九　こうした内的状態にある人にとって年少の兄弟がより大なる闘いのための助け手として現れる。それは神の意志によってエジプトへと降ってゆくモーセに出会う兄弟のことで、聖書は彼のことを天使の位置にあるものと解している。そのとき、超越的な自然・本性が顕現してくる。だがそれはあくまで、それを受容する人にとって可能なる受容の在り方に即して生起するほかはない(24)。そして、われわれが歴史の証言によってかつて生じたと聞く超越的本性の顕現は、神的言葉の観想によっても〔今、ここに〕つねに生じうるものだということをわれわれは学び知るのである。

葦の海（紅海）の奇蹟

一二二　なぜなら、誰が知らぬであろうか、エジプト軍とは全体として、人間がそれらに隷属している「魂のさまざまな情念や欲望」を意味しているということを。すなわち、馬、戦車、それに乗り込む兵、射手、投石者、歩兵、敵の隊列の残りの群集、などのことである。つまり、理性が乱された姿としての気概とか、あるいは快、苦、貪欲への衝動とかいったものは、右のようなエジプト軍と異なるところがないのだ。また、悪口とは投石器から投げ出された石のことであり、気概的な衝動とは打ち震える投げ槍の先端を示している。そして諸々の快楽への情念なり欲望なりは、手なずけがたい衝動で戦車を引っ張る馬によって象徴されているのである。

一二三　戦車には、歴史が隊長と呼ぶ三人の御者が乗っていた。戦車に引かれたこの三者によっては、側柱と上部の柱についての神秘によってすでに示されたように、魂の三つの部分たるロゴスなもの、欲求的なもの、気概的なものが象徴的に意味されていること、あなたの知る通りである。(25)

一二四　これらすべて、およびそれに類似するものは、悪の攻撃に晒される道を率いてゆくイスラエル人(モーセ)もろとも水に没入する。そのとき、水の本性は、杖に関する信仰や道を照らす雲の導きのお蔭で、水に避難する者にとっては生命の与え手となり、他方彼らを追跡する者にとっては滅びとなるのである。(26)

一二五　さらに、こうした事実によって歴史は、水を通って、しかも水から上がった後、対立する敵の軍をもはや伴わないのはいかなる人々と考えるべきかを教えている。確かに、敵が同じく水から上がるならば、水をくぐった後にも人はなお隷属に留まることになる。なぜなら、圧制者を海の底に溺れさせることができなかった以上、彼をも自分とともに生かしたまま引き上げてしまうからである。この謎・しるしを解釈してよりあらわに把握しようとするなら、次のような意味となろう。すなわち、神秘の水を洗礼において通り過ぎる人はすべて、あらゆる悪を水の中に死なしめて傍に放置しなければならない。たとえば、貪欲、放縦な欲望、強欲な思惟、欺きと傲慢とによる情念、粗野な衝動、憤り、怒り、奸計、妬みといったもののことである。そうした情念は生来人間の自然・本性に何らか附加されてくるので、われわれは思惟の悪しき動き自身やそれから発してくるものを、過越の神秘の場合のように、水の中で死に至らしめなければならないのである。(27)

一二六　過越という名は、その血がそれを用いる人を死から防ぐことになるような犠牲を意味する。その過越の神秘にあっては、種なしパンを食べるよう法は命じていた（ここに種なしとは腐ったパン種が混っていないものを意味するであろう）（一コリント五・七）。このことからして法は、次のような霊的な意味を与えているのである。すなわち、悪のいかなる残余もそれに続く生と混合してはならず、むしろこうした経験の後には全く新しい生の端緒がなければならない。その際、より善きものへの変化によって諸々の悪しきものの絶え間なきつながりが断ち切られるのであった。

それと同様に、ここでは次のことが意図されている。すなわち、エジプト人をすべて、つまり罪のかたちをすべて救いの洗礼において溺れさせたのであれば、それに続く生において異郷の民を引きずることなく、われわれのみ浮上すべきだということである。これはわれわれが歴史を通して聞くことであって、同じ水のうちで敵は滅ぼされ、友は生命を与えられるというわけで、両者はそれぞれ死と生とによって区別されるのである。(28)

神の顕現

一五二　さて、神的な言葉（ロゴス）は上昇の道筋を通って、再びわれわれの思惟をアレテー（徳）のより高いところに導いてゆく。事実、生命の糧によって強められて、対立する敵との闘いに力を発揮し、相手に勝利を占めた人は、まさにそのとき、かの語りえざる神の知に導かれる。これらのことを通して神的な言葉は、いかなること、どれほどのことが生の道行きにあって達成さるべきであるかということをわれわれに教えているのである。それは、人がいつの日か神の知という山に観想・思惟によって登り、ラッパの音を聞いて受け容れ、神の在ます闇に参入せんがためであった。[29] そのような境位にあって、神的な文字が石板に刻み込まれる。そして、たとえそれが何者かの攻撃によって破壊されたとしても、再び手で切り取られた石板が神の前に差し出され、はじめの石板にあって損傷された文字が今度は、神の指によって刻まれるのである。[30]

一五三　だが、思惟されたことを歴史的記述の内的つながりに従って再び霊的意味に調和させることが望ましい。確かに、モーセと雲とを注視する人はそのことによってアレテー（人間的本性の完成）への導きを与えられる。（モーセはこの文脈では法的な掟・定めを象徴しており、雲はわれわれを導く法のことと考えられよう。）さらに、人は海を渡ることによって精神を浄められ、異国の者を死に至らしめて自分から切り離し、マラの水を味わう。（このことは快楽から分離された生のことであった。）その水は始めは味わうに苦く不快と思われたが、木が受け容れられると甘美な感覚をもたらすのである。さらに、福音を宣べ伝えるなつめやしと泉の美しさを、そして生ける水である岩を享受する。また、天の糧を受けて満たされ、異国の人々に抗して雄々しく闘うが、その際法の授与者の手が伸ばされると勝利の原因となる。それは十字架の神秘を予表として示すものであった。そして、このような道行きが遂行されたとき、人ははじめて超越的な本性の観想に与ってゆくのである。

一五四 浄化(カタルシス)こそがこうした知への道となる。(31) それはまとわりつくものから単に身体を浄めるような浄化ではなく、衣服のあらゆる汚れが水で洗い流されるような浄化である(出エジプト一九・一〇)。つまり、思惟されるものの観想に登ろうとする人は、あらゆることにおいて浄められなければならないのだ。魂にあっても身体にあっても浄く、いずれの汚れも適切に洗い流されているほどに。それは人が、隠れたものを見る存在(神)の前で浄く在り(マタイ六・四)、現象としてのよき佇まいが魂の内的な姿・在り方に合致せんがためにであった。

一五五 それゆえ、山に登るに先立って衣服は神的な命令によって洗われるのだが、衣服という謎・しるしによって生の外的な装いが明らかに意味されている(出エジプト一九・一〇)。なぜなら、神への登攀を為さんとする人にとって単なる衣服の汚れが上昇の妨げになる、などとは誰も言わないであろう。わたしの思うに、衣服という名称によってむしろ、生を追求する一つの態度が適切に意味されているのである。

一五七 だが、神を観想することは、見られるものによっても聞こえるものによっても生起せず、日常慣れ親しんでいるいかなる名称によっても把握されえない。それは「眼がそれを見ず、耳が聞かず、人の心に通常入り込んでくるものでもないのである」(一コリント二・九、イザヤ六四・四)。それゆえ、より高い知に登ろうとする人は、あらかじめすべての感覚的、非理性的な営みから生の方式を浄化し、何らかの先入見に由来するすべての知見を思惟から洗い浄め、さらには、自分が慣れ親しんでいる連れ添いとの通常の交わりから身を離さなければならない。ここに、われわれの連れ添いとはほかならぬ感覚のことであるが、それはわれわれの本性に何らか結合してある連れ添いとなっているのだ。このように浄められたときはじめて、果敢にもモーセはかの山に登りゆくことができるのである。

一五八　神の学び・知（神学）とはまことに険しく登るにむずかしい山である。大多数の人々は、その山の麓にすら容易には達することがない。モーセのような人にしてはじめて、登攀のより高みに至り、ラッパの音を聞き取ることができよう(32)。その音は聖書の言うごとく、人が高く登るにつれてますます強くなるのであった。まことに神的な本性についての宣教・叫びは、耳打つラッパのごとく、始めもすでに大きいが、その完成にあってはますますより大なる響きとなるのである。

一六〇　ところで大多数の民衆は天から生じた声を受容せずに、モーセが自ら神の語りえざる秘義を知り、かつ上からの教えを通して学んだ限りを人々に授けるようモーセに委ねるのである。これは現に今も、神的な交わり（教会、エクレシア）にあって遂行されていることである(33)。すなわち、神秘的なものを把握するためにすべての人が自分に拠り頼むことなく、むしろ自分たちの中から神的なことを受容し聞き分ける人を択んで、その人に信頼して聴従してゆくということである。そして、神的なものに参与した人から彼らが聞く限りのすべては、信ずるに足るものとして保持されるのである。

神的な闇

一六二　ところで、「モーセは闇のうちに入り、そこにおいて神を見た」（出エジプト二〇・二一）とあるのは、一体何を意味するのか。なぜなら、そのような表現は、最初の神の顕現と何らか反対のことであると思われるからである。つまり、かつては光のうちで神的なものが見られたが、今は闇のうちでとされている。だが、このことは、霊的に観想されてきた一連の事柄と矛盾すると看做されてはならない。聖書の言葉はこれによって次のことを教えているのである。すなわち、敬虔の知はその最初の現れにあっては、それが生じる者において光として生起する。それゆえ、敬虔に対立すると考えられるのは闇である。従って、闇から向き直ること（回心）は光の分有によって生じるのだ。

しかし、理性がより大で、より完全な志向を通して前進し、諸々の存在者についての知・把握を思惟のうちで生み出そうとするとき、神的本性の観想に接近すればするほど、それだけいっそう、かの神的本性の観想されざるものたることを明白に見るに至るのである。

一六三　確かに、すべての現象を、つまり感覚が把握する限りのものだけでなく、思惟が見ていると思う限りのものも、いずれをも後にして、つねによりうちなるものに入りゆき、ついには思惟の真摯な憧憬によって、見られえず知られえぬかのものに参与するに至るならば、そこにおいて神を見るということになろう。[34] このことのうちに、探し求められているものの真の知・観想があるが、それは「見ぬことにおいて見ること」である。なぜなら、探究されているものはあらゆる知を超えており、何らか闇によってであるかのごとく、把握されないというそのことによって回りを囲まれている。それゆえ、この輝く[35]闇に参入した人たる崇高なヨハネも、「何人も未だかつて神を見たことがない」(ヨハネ一・一八)と言うのである。この表現によってヨハネは、神的本性についての知は、単に人間にとってだけではなく、あらゆる可知的本性にとっても到達されえぬものだと主張しているのだ。

一六四　それゆえ、モーセが知においてより大なる者と成ったとき、彼は闇のうちで神を見たと語るのである。すなわち、すべての知と把握とを超えているかのものこそ、本性上神的なものだということをモーセは覚知する。聖書に、「モーセは神の存在する闇のうちに入った」(出エジプト二〇・二一)とされるゆえんである。では、神とは何なのか。ダビデの言うには、「神は暗闇を自らの隠れ場所とした」(詩編一七・一二)。そしてダビデその人も、同じ聖所において、語りえざる神秘に参入させられたのである。

一六五　さて、モーセがそこに達したとき、彼は闇を通してあらかじめ教えられていたことを、神的な言葉によって教えられる。思うにそれは、そうした教えが神的な声によって証示せられることによって、それがわれわれにとってより確かなものとならんがためであった。事実、神的な言葉は初め、人間によって知られるいかなるものにも神的なものが似せられてはならないと禁じていた。なぜなら、何らか把握されうる像に即して思惟せられたものは、神的本性に関しての何らかの臆見や想像によって神の偶像を造り出すだけであって、それらは決して、真に神を表現するものではないからである。

一六六　さて、敬虔にもとづくアレテー（人間的本性の完成、徳）を成り立たせているのは、神的なるものと、行為・習性における正しさとの二つである。（確かに、生の浄化とは敬虔・宗教の部分である。）すなわち、モーセはまず神に関して知るべきことを学び（ここに、神を知るとは、人間的な把握・知によって知られるいかなることも、神に関して何ら知ったことにならぬということであるが）、次に、アレテーを形成する他のかたちを学ぶ。つまり、いかなる探究の道行きにおいてアレテーある生が正しく成立させられるかを学び知るのである。

一六七　この後、モーセは人の手にて造られぬ幕屋に達する。これらの階梯を通って歩み、このような高みにまで自らの精神を高めるモーセに、誰が従いゆくであろうか。モーセはあたかも一つの峰から他の峰に移行するかのように、高みへの登攀を通してつねに自己よりもより高く成るのである。[36] その際、モーセはまずその登攀に耐ええぬ弱い人々から離れて、麓を後にし、次に高みへの登攀を為すにつれて一層かのラッパの音を聞くのである。

かくして、モーセはついに、見られえぬ神の知という内奥の聖所にまで参入させられるが、そこに留まることなく、さらには人の手によって造られぬ幕屋に移りゆく（ヘブル九・一一）。こうした登攀を通して高められる人は、その境位において達しうる限界に至るのである。

天上の幕屋

一七〇　では、モーセが山上で啓示された、手にて造られぬかの幕屋とは何であったのか。それにまみえたモーセは、まさにそれを原型として、手によって造られるものを通して手にて造られぬ驚くべきものを表現するよう命じられる（出エジプト二五・二七）。神の言うには「今や山にてあなたに示された原型に即してすべてを造らねばならない」（同二五・四〇）。すなわちそこでは、金の柱が銀の台によって支えられ、同じく銀の柱頭によって飾られている。また他の柱にあってその頭と台は銅を素材とし、柱の中央は銀でできているのであった（イザヤ四〇・二〇）。これらすべてには朽ちることなき木が芯となっており、その回りにこうした高価な金属の輝きが放たれているのである。

一七三　では、それらのものは、手にて造られぬもののいかなる模倣であるか。そして、モーセがかの場において見たものをこのように物質的素材によって模倣することは、見る者にいかなる益をもたらすのか。これらに関する正確な意味については、神の深みを霊によって極める力を有することのできる人々に委ねるのがよいと思われる（一コリント二・一〇参照）。それはむろん、使徒の言うように、霊によって神秘を開示することのできるような人がいれば、ということである（同一四・二）。今われわれとしては、差し当たっての思惟によって推測的に捉えられたことを提示して、読者の判断にまかせるとしよう。

一七四　さて、こうした事柄における神秘をパウロは一部あらわにしているが、その説明から示唆を受けて、われわれは次のように言おう。モーセは全存在を包摂する幕屋に関する神秘を、一つの原型において教えられたのだと。この幕屋とは、神の力、神の知恵たるキリストにほかならない（一コリント一・二四）。それは固有の本性としては人の手によって造られぬものであるが、われわれのうちにその幕屋が建てられるときには、具体的に造られるということを受容するのである。すなわち、同一の幕屋が、ある意味で、造られぬものであるとともに造られうるものでもある。一方は、先在においてある創造されぬものであるが、他方それが、質料的なものに即して被造的な存在として生起するのである。(37)

一七五　以上のことは、われわれの信仰の神秘を正しく受け容れる人々にとっては明瞭であろう。まことに、万物に先立つ一なるものが存在し、それは世の始め以前に在り、かつ世の終末において生起した（コロサイ一・一七）。ただし、それは本来何か時間的に生成する必要はなかった。なぜなら、具体的な時と世々に先立って存在するものがどうして時間的に生成し始める必要があろうか。

しかし、無思慮な背反によって存在することを失ってしまったわれわれのために、われわれに即した在り方で、かの存在が誕生・生成すること（受肉）となったのである。[38]それは、存在の外に離れてしまったものを、再び存在へと甦らせるためにほかならない。これが独り子たる神であって、自らのうちに万物を包摂し、また同時に、われわれのうちに彼自身の幕屋を据えたのである（ヨハネ一・一四）。

一七六　ただ、このような善なる存在が幕屋などという名で呼ばれるからといって、キリストを愛する人々が心惑わすには及ばない。つまり、幕屋という表現の示すところが神の本性の大いさを減じるなどと思う必要はないのだ。なぜなら、たといいかなる名称を持ってきても、このような存在（＝神）の本性を表すにはふさわしくなく、かえってすべての名称は、かの本性を正確に意味表示するには不足しているからである。

一七七　事実、他のすべての名称にあっても同様であるが、次のような名称が神的な力を表示せんがために、何らかの意味合いでそれぞれ敬虔に語られている。[39]たとえば、医者、羊飼い、保護者、パン、ぶどう、道、門、家、水、岩、泉、そして神の独り子について語られている限りのすべての名がそれである。同様に、幕屋という言葉によっても、何らか神にふさわしい意味表示に即して呼ばれているのだ。つまり、すべての存在物を包摂する力は、そのうちに神性のあらゆる充溢が宿っているものである（コロサイ二・九）。そしてそれは、万物の共通の保護者であり、万物を自らのうちに包含しているので、まさに幕屋と名づけられて然るべきであろう。

地上の幕屋

一八四　預言者が上方にある幕屋を眺めるとき、彼はこれらの象徴を通して見ている。が、さらに、人が下方の幕屋を観想するなら――パウロによって教会はしばしばキリストとも呼ばれているがゆえに（一コリント一二・一二、エペ一・二三、コロサイ一・一八）――、神的な神秘のしもべに関するしるしを適切に把握することであろう。すなわち、神秘のしもべは聖書によって教会の諸々の柱とも呼ばれており、使徒、師父、預言者といった名がそれに当たる（一コリント一二・二八以下、ガラテヤ二・九）。もとより、単にペテロ、ヤコブ、ヨハネといった使徒のみが教会の柱であるのではなく、またバプテスマのヨハネのみが燃えて輝く灯なのではない（ヨハネ五・三五）。むしろ、それぞれの人は自らを捧げることによって教会を支え、それぞれに固有の働き通して輝く灯となっているのだ。それゆえ、主は使徒たちに対して「あなたたちは世の光である」（マタイ五・一四）と語り、神的な使徒は再び、他の人々が教会の柱となるよう命じて、「確固として立ち、動じてはならぬ」（一コリント一五・五八）と言っているのである。

一八五　この幕屋にあっては、賛美の犠牲と祈りの芳香とが朝夕つねに捧げられているのが見られよう。偉大な王ダビデが甘美な香りのうちで、神に対して祈りの芳香を差し向け、また腕を上げることを通して犠牲を捧げるとき（詩編一四〇・二、エフェソ五・二）、彼はそれらのことが象徴的に思惟されるようわれわれを促しているのである。

さらに、水盤という言葉から人は確かに、神秘の水を通して罪の汚れを洗う人々のことを思うであろう。洗礼者ヨハネは言わば、悔俊の洗礼によってヨルダン川で人々を浄める水盤である（マルコ一・四）。三千人を同時に悔い改めの水へと導いたペテロもそうであった（使徒二・四一）。

十戒の石板

二〇二　われわれが観想してきた登攀の道をこのように進んできた人は、神の手によって生み出された石板を手に携える。その石板は神的な法を含んでいた。しかし、それらは罪深い人たちの頑なな抵抗にあったために砕かれてしまうことになる。彼らの罪のかたちとは偶像崇拝であり、子牛に似せた形の像が偶像崇拝のために造られたのだ。だが、この像はモーセによって全面的に砕かれて粉とされ、水に混ぜ合わされて、罪ある人々の飲用に供された。そのようにして、人間の不敬虔に仕えた素材・質料は全く消滅せしめられたのである。

二〇三　歴史のこの記述は、まさに今われわれの時代に生起したことについて預言的な叫びを挙げていると考えられよう。偶像崇拝の過誤は敬虔な口によって飲み込まれ、生から完全に消滅せしめられるからである。つまり、そのような口は、よき告白を通して自分自身の不敬虔の質料を破壊する（一テモテ六・一三）。そして、偶像崇拝者によってその昔建てられた秘密の祭儀は、全く流れゆくような、実体なき水となった。それはとりも直さず、かつて偶像に狂った者の口から飲まれた水である。すなわちすべての偶像は、誤謬から敬虔に向かって回心させられる人々の口によって飲み込まれてしまうのだ。

二〇六　それゆえ、あるとき多くの人々において同じ悪が認められるのに、神の怒りはその人々全体に対してではなく、一部の人に向けられるとすれば、そのことのうちに、人間そのものへの愛を通して為される正義の実現を見て取るべきであろう。つまり、すべての人が打たれるのではなく、一つの部分に加えられる打撃によって、全体が悪から離れるべく正されるのである。

二〇七　このような理解は未だ歴史の記述に即した解釈に留まっているが、霊的解釈は次のような仕方でわれわれを益するであろう。すなわち、法の授与者はすべての人に対して共通に、「もし人が主において在るなら、わたしのもとに来させよ」（出エジプト三二・二六）と命じている。とすれば、法の声が万人に向かって命ずるところは、「もし人が神の友であらんと欲するならば、法たるわたしの友となれ」という意味にほかならない。法の友は明らかに神の友であるからである。

二一四　さて今や、罪を自らに受け容れてしまった者のことが思い起こされ、注目さるべきときであると思われる。そこからわれわれは次のことを学び知る。すなわち、既述のごとく、神によって造られた石板には神的な法が刻み込まれていたが、その石板はモーセの手によって地に投げつけられ、地の衝撃によって破壊された。そしてモーセはその石板を修復させるのだが、全く同じものをではなく、石板の上に記された文字のみが元のものと同一なのである。その際モーセは、地上の素材にもとづいて石板を造りながらも、神的な法をそこに刻み込んだ神の力にそれを委ねる。かくしてモーセは、神自身が石の上に自らの言葉を刻みつける限りで、それら真実の石板のうちに神の法を携え、神的な恵みを復原するのである。

二一五　こうした出来事に導かれて恐らく、われわれに対する神的な配慮が理解されるに至る。なぜなら、神的な使徒パウロがその石板を心つまり、「魂の主導的部分」と名づけるとき（二コリント三・三）、それが真実であるとすれば（聖霊の働きによって神の深みに達する人は完全に真実を語る）（一コリント二・一〇参照）、その帰結として次のことが学び知られよう。すなわち、人間的自然・本性は神の手によって創造されたものとして、原初にあっては不壊にして不死なるものであった。従って、われわれのうちには、法に即して悪から向き直り、神的なるもの（神性）を誉め称えようとする意志が本性的に植えつけられているのである。

二一七　さて、栄光に向かうモーセの変容は、下方にいる人の眼にはその栄光の顕現が受容されえないほどのものとして生じた（出エジプト三四・二九以下）。それゆえ、われわれの信仰に関する神的神秘を学ばしめられた人は、霊的な観想がいかに歴史に合致しているかということを知らずにはおれまい。というのは、破壊された石板を修復した存在は（既述のことからしてあなたは、われわれの破壊された本性を癒した存在を認め知るだろうが)、とりも直さず、われわれの自然・本性という破壊された石板を原初の美へと修復したのである。それはつまり、神の指によって元型的な美が甦らしめられたということである。しかし、それに適合しない人の眼は、それに与ることがなかった。すなわち、モーセは超越的な栄光に包まれ、彼を見る人にとって近づきがたい存在に変容したのである。(40)

二一八　福音書の言うごとく、まことに「キリストが自らの栄光に入るとき、すべての天使たちがキリストに伴う」(マルコ八・三八)。キリストのその姿は、正義の人にとってのみ、かろうじて受容しうるものとなる。他方、不敬虔でユダヤ主義の異端を択ぶ者は、(41)イザヤの言うように、モーセの身に生じた驚くべき変容に与ることがないのである。「不敬虔な者は取り除かれよ。主の栄光を見ることがないように」と言われているからである(イザヤ二六・一〇)。

絶えざる生成

二一九　探究の内的なつながりに従ってこれらの事柄を追求するとき、われわれは右のような聖書の箇所についての霊的な意味に導かれた。だが当面の問題に戻ることにしよう。

先に触れたような神の顕現において神を如実に見た人は、聖書の声によって証言されているように、自分の友と話すかのように面と面を合わせて神にまみえるという(出エジプト三三・一一、一コリント一三・一二参照）。ただ、だからと言って、聖書の証言では実際に達したと信じられた境地に、モーセが未だ達していなかったかのごとくに受けとめられてはなるまい。つまり、つねに現存している神が未だ見られなかったかのごとく、あるときモーセに現れた、などと考えるべきではないのである。

二二〇　天からの声は今や、愛し求める人の願いを認め、彼に恵みの助けを拒まないのだが、神は再び絶望のうちに彼を引き込む。それゆえ、彼の願い求めている存在は、人間の生には到達しがたいということが明らかとなる。しかし、神は自分にはある場所があると告げる。そこには岩があり、岩の中には穴があって、その中に入るようモーセは命じられる。次に神は、自分の手をその穴の口に入れ、前を通りかかるときモーセを呼び出す（出エジプト三三・二一―二三）。モーセは呼ばれて穴から出ると、呼ぶ者の背中を見た。かくして、モーセは願い求めていたかの存在を見たと思い、神的な声の約束が偽りのないものであったことを知るのである。[42]

二二一　さて、神の背中という先の表現を単に字義的に考えるならば、必然的な帰結として矛盾した捉え方に陥ってしまうであろう。というのは、一般に前とか背中とかは、むろん形体においてあり、形体は物体においてである。だが、こうしたものはその固有の本性からして解体しうるものである。なぜなら、複合的なものはすべて解体しうるのであり、解体しうるものは不滅ではありえないからである。従って、表面の字義的意味に隷属する人は、その思惟のおもむくところ、神的なものもまた滅亡しうるなどと考えてしまうであろう。しかし、神とはまさに不滅であり、非物体的なものであった。

二二四　では、一体何が象徴されているのか。物体が滑り落ちる場合は、もし何か下方への衝動を受けるならその最初の動きを促進するものがなくとも、自ら下方へとますます速く落ちてゆく。滑り落ちる面が形態上傾斜し、かつ下向きであって、しかも反対方向からその落下を妨げる力が見出されぬ限りは。しかし、物体の場合とは反対に、魂が地上的な執着からひとたび解き放たれ自由になるならば、それは下方から上方へと上昇しつつ、そうした上方への動きにおいて軽やかに、かつ速くなってゆく。(43)

二二五　魂の行動・志向を妨げるものが何も存在しなければ（と言うのは、美の自然・本性は、自分に眼差しを上げる者を自分の方へ惹きつけるものなのだから）、魂は天上的な欲求によって、前に在るものに向かって自己を伸展・超出させ、つねに自己よりもより高いものに成ってゆくのである。それは使徒の言う通りであって（フィリピ三・一三）、そうした魂は絶えずより高い方へとその飛躍を増大させるのだ。

二二六　その際、魂はすでに把握されたものを保ちつつも、さらに超越的な高みを見捨てることがない。すなわち、上方へ向かう欲求が止むことはなく、すでに達成されたものを通してさらなる飛躍へと緊張・志向をつねに新たにさせるのである。(44)なぜなら、アレテーに即した活動のみが労苦によって力を養うからである。それはつまり、働きの結果を生み出すことによってその緊張を弛ませず、それをかえって増大させるからである。

二二七　それゆえ、偉大なモーセも絶えずより大なるものに成りゆくのであって、決して上昇を停止させず、上方への動きに自ら何ら限界を設けることもないと言えよう。モーセは、ヤコブの言うごとく神の立てかけたはしごにひとたび足をかけるや（創世記二八・一二）、つねにより高い段階へと登ってゆき、決して登攀を止めることがない(45)。それは、すでに到達したものよりも、上昇においてより超越的な段階をつねに発見してゆくからであった。

神を見るとは、その欲求が決して満たされぬこと

二三〇　モーセは栄光に輝く。そして、こうした上昇によって高められて、なおも生気溢れる欲求・志向に促され、より大なるものを有してそれに満足することがない。すなわち、モーセはつねに可能な限り、より大なるものに満たされながら、なおも全く分け与っていないかのような渇きをもって、さらなる達成を求めた。それは、ほかならぬ神が自分に対して顕現することを希求するがゆえにであったが、単に彼が分有しうる程度においてではなく、神が存在しているがままに顕現することを願い求めるのである。

二三一　このようなことは、本性上美（善）なるものに向かう愛の働きに促されたとき、そうし

た魂に生じてくることであると思われる。まことに希望こそが、単に可視的な美からより超越的な美へと魂を惹きつける。ここに希望は、通常把握されるものを媒介として、根源に隠されているものへと欲求をつねに燃えたたせるのである。それゆえ、美を真摯に追い求める人は、つねに顕わに現象しているものを自らの愛し求めるものの似像として受容しつつ、さらにはかの原型たる美によって自己が余すところなく刻印されることを憧れ求めるのだ。(46)

二三二 だが、さらに大胆にかの欲求の限界を越え出ようとする願いは、かの原型たる美を、単に何か鏡を通して間接的な現れとしてではなく、面と面とを合わせるかのごとくに享受せんことを求めるのである(一コリント一三・一二)。しかし、神的な声は、ほんの僅かの言葉で思惟の測りがたい深みを示すことによって、モーセの根源の願いを適えつつも、ある意味では拒む。すなわち、一方で、神の大きな賜物はモーセの欲求が満たされることを認めるが、他方、その欲求が何らかの停止や満足に達してしまうことを約束しないのである。

二三三 確かに神は、神を見ることが見る者の欲求を停止させるような仕方では、自己自身の姿をそのしもべに示しはしなかった。つまり、神を真に見るということは、「神に眼差しを上げる人がその欲求を決して停止させぬということ」にほかならない。なぜなら神は言う、「あなたはわたし(神)の顔を面を合わせて見ることはできない。人間はわたしの顔を見て、なおも生き続けることはできないからである」(出エジプト三三・二〇)と。

二三四　しかし、だからといって、聖書の言葉・ロゴスは、神を見ることが見る人間にとって死の原因となるなどと言おうとしているのではない。（一体なぜ、生命の面・顔がそれに近づく者にとって死の原因になるなどということがありえようか。）むしろ逆に、神的なものは本性上生命を創り出すものである。だが、神的本性に固有の特徴とはあらゆる知を超えて存在しているということに存する。とすれば、神のことを何らか知られうるものだと看做す人は、真実に存在するものから有限な想像によって思惟されるものへと向いてしまっており、生命を持たないことになる。

二三五　なぜなら、真実の存在とは真実の生命であるが（ヨハネ一四・六）、そうした存在は知・認識にとって近づきうるものではない。さて、生命を創り出すような存在が知を超えているのならば、把握され知られたものは確かに生命ではない。そして、生命ではないものが、生命を生み出すような本性を有することはありえない。かくして、モーセによって熱心に願い求められたものは、その欲求がどこまでも満たされぬまま存続するというまさにそのことによって、その意味では満たされるのである。

二三六　こうした考察からして、さらに次のことが学び知られる。神的なるものはその本性上無限定であって、いかなる限界・限定によっても取り囲まれない[47]。なぜなら、神的なものがある一つの限定によって思惟されるならば、その限定の後なるものもまた、必然的に何らかの限定によって考えられ把握されることになる。限定されたものとは、一般的にある限度で終止せざるをえないからである。

二三七　ところで、神的なものが本性上善（美）だということは、何人も首肯するところである。他方、本性的に善とは異なっているものは、確かに善以外の何かであり、善の外にあるものは、悪の本性においてあると把握される。だが、取り囲むものは取り囲まれるものよりも遥かに大きいことがすでに示された。それゆえ必然的に、神的なものが限定のうちにあると看做す人は、神が悪によって囲まれ限定されているなどと推測するはめになるのである。

二三八　しかし、取り囲まれるものは取り囲むものの本性よりも小なるものである以上、大なるものの方が支配しているということは当然であろう。それゆえ、神的なものを何らかの限定によって取り囲む人は、善がそれとは反対のものによって支配されているという帰結を導いてしまう。が、こうしたことはむろん論外であって、無限なる本性を取り囲み把握することなど考えられない。すなわち、取り囲まれえぬ（限定されえぬ）本性が把握されるということはありえないのである。しかし、すべて善への欲求は、かの登攀へと魂を惹きつけるものであるが、そうした欲求は善へと向かうその道行きにおいて絶えず超出せしめられるのだ。

二三九　このような意味合いによれば、真に神を見るとは、その欲求の決して満たされぬということを見出すことにほかならない。しかし、人は自分に可能な限りを見ることによって、さらにより多くを見んとする欲求を燃えたたせなければならない。このように、神への登攀における増大は、いかなる限界によっても妨げられることがないのである。なぜなら、善には何の限界も見出されぬし、善への欲求という道行きには、何らかの満足によって前進が妨げられるということなどありえないからである。

二四〇　だがそれにしても、聖書の表現にある、神のそばに見出されるかの場所とは何なのか。岩とは何であり、岩の中の穴とは何なのか。岩の口を覆うところの神の手とは何なのか。神が通り過ぎるとは何なのか。そして、顔と顔とを合わせて神にまみえたいと願ったモーセに、神が与えることを約束した神の背中とは何なのか。

二四一　これらすべてはそれぞれに意味深長であり、与え手たる神の寛大な配慮にふさわしいものであった。かくして、その約束は、神の偉大なしもべモーセにすでに生じた神のあらゆる顕現よりも、より大でより高いものと信じてよい。では、既述のことからして、一体誰がこの高みを理解するだろうか。モーセは以前の登攀の後、その高みへと至らんと努めた。そして、神を愛することによって、すべてのことを善に向けて相働かせるような人も（ローマ八・二八参照）、彼の指導力によってその登攀を容易なものにするのだ。彼は言う。「見よ。わたしのそばに一つの場所がある」（出エジプト三三・二一）と。

二四二　こうした解釈は恐らく、すでに観想されたことに合致している。むろん、そこで場所と言うとき、モーセはその言葉によって何か量的なものを示そうとしているわけではない。（なぜなら、本来量的でないものに対しては、尺度・測りなど存在しないのだから。）彼はむしろ、測られうる形を象徴的に捉えることによって、その言葉を聞く者を無限なるもの、無限定なるものへと導くのである。思うに、聖書の言葉は何か次のような意味を根底に含んでいる。すなわち、「欲求・憧れは前に在るものに向かって伸展し超出するが（フィリピ三・一三）、モーセよ、あなたにとってその道行きでの完全な満足というものはなく、善の何らかの限界に達してしまうこともない。かえって、その欲求はつねにより大なるものを見つめるのである。それゆえ、わたしにとって場所とは、そのうちを走る者が決してその道行きを停止させえないような無限の場なのだ」。

二四三　だが、聖書の他の言葉によれば、その前進は静止でもある。「あなたは岩の上に拠り立たなければならぬ」（出エジプト三三・二一、詩編三九・三参照）と言われているからである。まことに、同一のことが同時に静でありかつ動であるということは、あらゆることのうちで最大の逆説である。なぜなら、上昇する者は停止することなく、逆に、立ち停まる者はもはや上に向かうことがないのがふつうであるが、ここでは、立ち停まることによって上昇することが生じてくるからである。

すなわち、人は善のうちに確固として不動なる仕方で留まれば留まるほど、それだけますます多くアレテー（徳・人間的本性の完全）の道を前進することになるのである。他方、理性的な土台に関して確固としておらず、滑りやすい者は、善のうちに堅固な支えを持っていないので、使徒の言うごとく、揺れ動き、さ迷う。そして、諸々の存在物に関する把握においてためらい、波のように動揺するため、そうした人はアレテーの高みに決して達することがないであろう（エフェソ四・一四）。

二四四　たとえば、砂の上を通って丘に登ろうとする人々は、大きく前進しようとしてどんなにもがいても、はてしなく労苦するばかりで、結局はつねに砂の中を下方へと滑り落ちてゆくものである。つまり、動きが起こされても、そこから何ら前進が生じないのだ。しかし、詩編の言うように、人が泥の深みから足を引き抜いて、岩の上に足をしかと支えるならば（ここに、岩とは全きアレテーたるキリストのことである）（一コリント一〇・四）、事態は異なる。すなわち、パウロの忠告に従って、人が善のうちに確固として、また不動なる仕方で留まれば留まるほど（一コリント一五・五八）、ますます速くその道行きを遂行することになる。それは丁度、翼を用いるかのように静止ということを支えとして用い、善における確たる存立を通して上方への動きに心をはばたかせるかのようであろう。

二四五　モーセに場所を示した存在は、彼をこうした道行きへと促す。神は岩（キリスト）の上の静止をモーセに約束しつつ、かの神的な競争の道の在り方を彼に示すのである。ところで、聖書が穴と呼んだ岩の中のくぼみを、使徒パウロは独特の言葉で説明している。それによれば、この地上的な家が解体されても、手にて造られぬ天上の家が用意されるという希望があるのである（二コリント五・一)。

神への聴従

二五〇　偉大なダビデが神の声を聞いて理解したとき、「いと高き者の庇護のもとに住む人」に語って言う。「彼はあなたを自分の肩でおおって影にする」(詩編九一・二) と。それは神の背中の後にいるというのと同じことである。(肩とは体の背後に位置しているのだから。) そして、この独り子なる神についてダビデは次のように叫んでいる。「わたしの魂はあなたの背中からあなたにしがみつき、あなたの右手はわたしを支える」(詩編六二・九) と。それゆえ、詩編がいかに歴史に合致しているかが分かるであろう。事実、それぞれのテキストに示されているように、神の背後にしがみついている者にとって神の右手が助けとなるのと同様、その手は、岩の中で神的な声を待ち、背中からつき従ってゆこうと祈る者に触れるものでもあった。

二五一　しかし、かつてモーセに語りかけた主が、自らの法を完成するために到来したとき、主は弟子たちに対して、かつては謎・喩えにおいて語ったことの意味を明瞭に示すのである。(48) すなわち、「もし人がわたしに従おうとするなら」ということであって、「わたしの前を行こうとするなら」とは言われていない。永遠の生命について尋ねる人に対しても同様に、「来たれ、わたしに従え」(ルカ八・二二) と命じられる。つまり、従いゆく者は背中をこそ見るのである。

二五二　かくして、神にまみえんと熱心に憧れ求めるモーセは、いかにして神を見ることができるかを教えられる。すなわち、何処へ導かれようとも、そこへと神に聴従すること、それこそが神を見ることとなのである。実際、神が先導してゆく道筋こそ、従う人の導きとなる。道を知らぬ人にとって、自分の導き手の背後から従いゆくことがなければ、道行きを安全に全うすることなどありえないからである。つまり、導き手は先を歩むことによって、従ってくる者に道を示す。それゆえ、従う人はつねに導き手の背中さえ見ていれば、正しい道から逸れることがないであろう。

二五四　反対の側から捉えられたものは、言わば善と向き合うものとなる。すなわち、悪は反対側からアレテー（徳）を見るのであって、アレテーはアレテーに面して前面から見られはしない。このゆえにモーセは、神に顔と顔とを合わせてまみえるのではなく、ただ神の背中を見るのである。神を直接に見る人はもはや生きられぬからであるが、それは、神的な声が「人は主の顔を見て、なお生きるということがない」（出エジプト三三・二〇）と証言している通りである。

二五五　それゆえ、神に聴従してゆくことを学ぶことは極めて大きなことである、とあなたには分かるであろう。どれほどかと言えば、神の背中に従いゆくことを学んだ人は、かの高貴な登攀を為し、畏怖と栄光に満ちた神の顕現にまみえた後、何か生の終極において初めて、かろうじてその恵みに値する、と考えられるほどなのである。

神のしもべの完全性

三〇五　わたしの思うに、モーセの全生涯をアレテーの範型として読者に提示しようとして、この論述をさらに引き延ばす必要はあるまい。なぜなら、より高い生へと自分自身を伸展させ超出させてゆく人にとって、すでに語られたことだけでも、真の愛智の旅への小さからぬ備えとなるであろうから。また、アレテーの道についての厳しさのため弱気になっている人にとっては、既述のこと以上の多くが語られたとしても、それほど大きく益することはあるまい。

三〇六　しかし、本書の序論において示された定義を忘れないためには、モーセの生の終わりにまで論述を押し進め、先にわれわれの提示した完全性の定義が確かなものであるということを示すのがふさわしいであろう。事実、その定義にわたしの論は支えられていた。すなわち、完全なる生とは、完全性の限定されたかたちがさらなる前進を決して妨げないような生なのである。そして、より善きものへと生がつねに増大してゆくことこそが、魂にとって完全性への道なのであった。

三〇七　なぜなら、こうした登攀によって自らの生を地上的ないかなるものよりも高めてゆく人は、必ずやつねに自己自身よりもより高きものに成りゆくからである。思うに、丁度鷹のごとく、彼の生はあらゆることに関して雲よりも高いところに見られ、知的な上昇の空の中を高く旋回するのである。

三一二　彼は勝利の歌を歌った。雲の柱によって導かれ、天上的な火によって照らされた。天から降ってきた糧によって食卓を用意した。岩から水を溢れさせた。アマレクを打ち破るために自分の両手を伸ばした。シナイの山に登り、闇の中に入り、ラッパの音を聞いた。そして、神的な本性に接近し、天上の幕屋によって包摂された。祭司制（犠牲）でもって飾り、自ら地上の幕屋を造った。諸々の法によって生を秩序づけ、すでに述べたような仕方で最後の戦いを正しく成功させた。

三一三　これらのことすべての後に、モーセは休息の山に向かう。つまり彼は人々が約束の地として望んだこの世の地に、自ら足を踏み入れることがなかったのである。天から流れ落ちるものによって生きることを択び取った人は、もはや地の糧を味わうことがないからである。かえって、モーセがまさに山の頂に達したとき、彼は自らの生の全体像を入念に仕上げる優れた彫刻家のごとく、そのわざの最後に当たって、それを単に終結させたのではなく、最後の完成を与えたのだ。

三一四　このことについて、歴史の物語は何を語っているであろうか。神の言によって主のしもべたるモーセは死んだのであるが、誰も彼の墓を発見した人はおらず、また、彼の眼は暗くされず、彼の顔は朽ちることがなかったという（申命記三四・五―七）。そこからわれわれが学び知るのは、このようなことが成就されたとき、モーセは神のしもべと呼ばれるという至高の名に値する者とされた、ということである（民数記一一・七、ヘブル三・一五）。それは取りも直さず、モーセがあらゆるものよりもより善い者と成ったということにほかならない。なぜなら、この世のあらゆるものよりもより善い者と成ることがなければ、何人も神に仕えることにはならないであろうから。そのことこそアレテーに即した生の目的であり、神の言葉を通して成就され指し示されているものなのである。それを歴史は死、つまり生ける死と呼んでいるその死にあっては、埋葬が伴うことなく、墓が場所をしるしづけることもなく、眼が曇らされたり顔に腐敗がもたらされることもない。(49)

三一七　ところで、目的とは、それのゆえに他のすべてが生起するところのものである。たとえば、農業の目的は収穫の喜びであり、家の建築の目的は住まうことであり、商いの目的は富であり、また、競争に勤しむ者にとっては勝利の栄冠である。それと同様に、生の至高の道行きの目的は、かの神のしもべと呼ばれることにほかならない。そこにおいて、墓に覆われることがないということの意味が観想されよう。それはすなわち、さまざまの悪しき付属物から解放された純粋な生のかたちのことである。

三一八　聖書の言葉は、神に仕えることに伴う他の特徴にも言及している。つまり、眼が曇らず、顔が朽ちることがないと。事実、つねに光のうちに在る眼は闇から切り離されているのだから、それがどうして闇によって曇らされることがあろうか。また、生の全体において不滅な在り方を成就した人は、自分のうちにいかなる腐敗をも受容することがない。というのは、真に神の似像に即して誕生し、決して神的な性質から逸れることのない人は、自らその卓越したしるしを担い、あらゆることにおいてかの原型への類似性を証示するからである。(50) そしてその人は、不滅で不可変なるものによって、またあらゆる悪の汚れに与ることのないものによって、自らの魂を美しく飾るのである。

結語

三一九　神の人よ、これらのことがアレテーに即した生の完全性について、われわれが簡潔に提示したところである。そこにおいては、かの偉大なモーセの生が何か善（美）の第一の範型として受けとめられた。それは、われわれの各々がモーセの生の足跡を模倣することによって、われわれにあらかじめ示されていた善（美）のかたちを、自らに刻印してゆかんがためであったのである。というのは、モーセが人間に可能な限りの完全性を成就したということの証拠として、次のような神的な声以上に信頼に値するものが見出されようか。すなわち、「わたしはすべての者に勝って、あなたを知った」（出エジプト三三・一二、一七）と語られている。

モーセはまた、神自身によって神の友と呼ばれている（出エジプト三三・一一）。さらに、誤りに陥った者たちのためにモーセの善き意志によって神がなだめられないのならば、モーセは他の人々が存続することの代償としてむしろ自分が滅びることを択び、かくしてイスラエルの民に対する神の怒りを押し止めたという[51]。そして神は、自らの友を傷つけることのないように、固有の裁きを逸らしたのであった。こうしたことすべては、モーセの生が完全性の最高の頂にまで達するものであったことの明瞭な証拠であり証明である。

三二〇　さて、「アレテーある生の完全性とは何であるか」ということがわれわれの探求してきたことであったが、その完全なるかたちは既述のことを通して見出されよう。それゆえよき友よ、今やあなたにとって、かの生の範型を注視し、歴史的に物語られたことのより高い霊的な解釈を通して観想されたものを、自分自身の生へと移し入れながら、神によって知られ、かつ神の友と成るべきときである(52)。

なぜなら、次のことこそまことの完全性なのだ。それはすなわち、単に懲らしめを恐れるあまり悪しき生から離れるというのではなく、また、何か実際上の、利害のからんだ営みによってアレテーの生を取引の対象とするかのように、褒美を当てにして善きことを為すというのでもない。かえって、完全性とは、希望において約束されているすべてのことをいたずらに顧慮することなく、神の友でなくなってしまうことをただ一つ恐れるべきものと考え、神の友と成ることだけを誉れと願望に値するものだと判断することなのである。これこそが、わたしの思うに、生の完成にほかならない。

三二一　さらに、あなたの精神がより偉大でより神的なるものへと高められるならば（わたしはあなたが多くのことを見出したことを確信しているが）、何であれあなた自身によって見出されたものは、すべての人にとって共通の益となるであろう。

訳注

（1）　旧約聖書を象徴的に解釈することによって、そこに新約の予表を読み取るという方法は、アンクサンドリアのクレメンス、オリゲネス以来の学統であった。以下においては、モーセの生涯の全体が、時代、民族、風土などを超えておよそ人間の生の普遍的な範型として観想されているのである。

（2）　ロゴスはグレゴリオスにあって、文脈により言葉、概念、教え、聖書の記述、神的な言葉などの多様な意味を有するが、それらすべては言葉（神の独り子）たるロゴス・キリストに極まるのである。

（3）　詩編からの引用はグレゴリオスにあっていわゆる七十人訳（セプチュアギンタ）によるので、現行のヘブライ語聖書と一致しない箇所が多い。なおこの部分については詩編一四・五を参照。

（4）　アレテーは徳、卓越性、器量などと訳されるが、グレゴリオスにあってはとりわけ、「人間的自然・本性の完成した姿」を意味した。しかもそれは、超越的な善に向かう（より善き方への絶えざる生成）という動的なかたちを有するものとして把握されている。それゆえ、この根源語は一つの訳語でもっては表現しえぬ意味の広がりを有しており、拙訳ではあえてアレテーと表記したところが多い。なお、こうしたアレテー把握に関して、フィリピ三・一三は、グレゴリオスの全論述の拠り所ともなっている聖句であった。

（5）　超越的な存在（善）はそれ自体として現象してくることがなく、何らか限定されたかたちを介して誕生・生成してくるほかはないのである。

（6）　美（カロン）と善（アガトン）とは、グレゴリオスにあって根本的には同義語として用いられている。この点、古代ギリシア哲学と異なるが、それは、超越的存在そのもの（＝神）が現成・受肉した姿（キリスト）においてすべてが観想されているということと無縁ではあるまい。

（7）　アレテーの道行きは「絶えざる生成」という動的なかたちを有することになるが、その根拠は「神的な善の無限性」ということに存する。

（8）　モーセの生の全体は、単に過ぎ去った特殊な歴史に属するものとしてではなく、われわれすべてが時代、民族、風土などを超えて与りゆくべき普遍的なものとして語られる。自由なる択び（プロアイレシス）は、そうした生の全一なる交わりの成立に不可欠のものであり、そこに神的な働きとの協働という性格が認められるという。

(9)　自然・本性（ピュシス）は自己完結的に閉じられたものではなく、超越的な善に対して無限に開かれている。万物は多様にして一なる「善（美）の顕現」――それは神的な交わりとしての教会の内実であるとされるが――にそれぞれの分に応じて参与してゆくのであるが、そこに中心的な役割を果たすのが人間の魂・精神なのである。それゆえ、可変性は必ずしも悪しきものではなく、より善きものへの絶えざる生成という可能性自身が、人間的自然・本性の本質を形成しているのである。

(10)　エジプトの王ファラオは悪を象徴している。

(11)　プロアイレシスは「自由なる択び」、「自由・意志」などの意味を有するが、グレゴリオスにあって、アレテー、エペクタシスと並ぶ重要な言葉の一つである。それは、以下に語られているように、単に客体的対象的なものの二者択一に留まるものではなく、自己自身の存在様式の択びにまで関わってゆくものとして捉えられていた。言い換えれば、プロアイレシスの働きを介して、人間的自然・本性の超越的な善に与りゆく動的なかたち（アレテー）が生成してくるのである。

(12)　情念のさまざまな悪しき流れは罪に由来するという。

(13)　箱舟はここでは勝義に、さまざまの教育なり学知なりの調和した在り方を示す。

(14)　「覆い」とはさまざまな情念や死の性のことで、それは本来「神の似像」として、またそれに向けて創られた人間的自然・本性に、罪の結果まとわりついてきたものであった（創世記三・二一参照）。

(15)　真理（神）を直視しうる力は、人間に与えられていない。人は有限性、時間性を脱却したかのようなある種の神秘的な直接知を持ちえないのである。存在の知とはわれわれにとって、虚偽と悪からの浄化という何らか間接的な仕方で生起してくるほかはない。それゆえにまた、アレテーの道行きは絶えざる生成という動的なかたちを取ってこざるをえないのである。

(16)　出エジプト三・一四がこうした把握の根底にある。グレゴリオスは神を「存在するもの」、「存在」、「同一なるもの」、「真に存在するもの」などと呼んでいる。
(17) こうした「分有」「関与」については、むろんプラトンに同様の表現があるが、グレゴリオスにあって「人間が神に与る」(分有する)とは、「神の友となること」であり、そこに人間的自然・本性の完全性が存するという。
(18) いわゆる受肉とは、神が人間に変化したということではなく、神性が人間という姿・かたちにおいて顕現したと言うべきであろう。とすれば、人間とは、それ自体として完結した形相を有しているというよりはむしろ、神性を受容する器なのであり、神性の受容に向かって無限に開かれている何ものかなのである。
(19) パトス(情念)は「蒙る」から来る語であるから、受動性の意味を持つ。それゆえ、不受動心は「情念から自由な、不受動なる在り方」という意味で用いられている。それは元来、ストア派に由来する言葉であったが、アレクサンドリアのクレメンス、オリゲネスによって、人間的本性の完全なる姿を表示するものとして援用された。
(20) 杖が蛇に変容したことは、すでにエイレナイオスによって、主の受肉のしるしと看做されている。
(21) れんが造りの労働は、悪しき欲望の不毛で循環的な性格を象徴している。それに対して、アレテーの道行きは、到達したところがつねに次の前進のための礎となり、より善きものに向かう絶えざる生成という性格を有するのである。
(22) 後に、「神にまみえる」とは、その欲求を決して停止させぬことだとされるが、そうしたアレテーの道行きは悪しきもの、限定されたものに終極を見出し、それに閉じてしまうことからの否定、浄化として生起してくる。知、認識の問題と倫理的な問題とは、グレゴリオスにあってそのような構造において結びついているのである。
(23) 人間の魂・精神は自己完結的に閉じられたものではなく、また他方、自己以外の何ものか(悪魔であれ運命であれ)に全く服属しているのでもない。自由な択び(プロアイレシス)が自己の存在そのものの択びに関わるということは、右の二つのことがらの間道を意味する。ただ、「自分の意志するものが何であれ、自分自身をそのことにおいて産み出す」という表現は、「意志する対象」が直ちに「自己の姿（形相）」であるということではない。そこには、善の超越性に与りゆく微妙な構造が存するであろう。

(24) 万物はそれぞれの自然・本性に応じて超越的な本性（＝存在そのものたる神）を表現し、指し示している。人間は超越的本性を志向し、それに心披く度合に応じて、超越的本性をそれぞれの仕方で宿すのである。それゆえ、自由なる択び（プロアイレシス）の在り方は、それ自体が神性の顕現のかたちであると言えよう。神性は万物の一木一草のうちに宿るとはいえ、勝義には神性を志向し受容せんとする人間の何らか自己否定的、自己超越的な姿として顕現するのである。

(25) プラトン『パイドロス』253C参照。その著名な表現は、早くからアレクサンドリアのフィロンによって聖書的な文脈に結びつけられていた。

(26) 洗礼は初代教会において、信仰、霊、木（十字架の血）と結合させられていた。

(27) ここに挙げられたさまざまな悪しき情念は、人間の本性のうちに何か固定した対象として、あるいは客体として存在しているのではない。それらはむしろ、魂・精神の、そしてプロアイレシスの悪しき働きがさまざまに限定された形で現象してきたものなのである。だが自然・本性がそのように変容を蒙りうるということは、それがより善きものに成りゆき、神性を受容する器となりうるということに何らか伴う影のごときものとも考えられよう。悪への可能性の全く存在しないところには、アレテー（人間的自然・本性の完全性）も生起しない。それゆえ、より善きものへの絶えざる志向としてのアレテーは、悪しき情念の、そしてその可能性の絶えざる否定、浄化として何らか間接的に成立してこざるをえないのである。それは、有限な存在者たる人間の時間性、身体性の謎に関わることであると考えられよう。

(28) 異郷の民は「七十人訳」ではペリシテ人を、一般的にはイスラエルに敵するすべての民を指すが、グレゴリオスはその語を象徴的に罪や情念のしるしとして用いているのである。

(29) 闇（暗黒）は、神の知がわれわれにとってすべての把握・知を超えた否定の極みであることの象徴であった。

(30)「手で切り取られた」とは、人間的知性が何らか感覚的なものを媒介として霊的な存在の把握へと上昇してゆかざるをえぬことを暗示している。

(31) 浄化と否定は、グレゴリオスの言うアレテーの道行きにあって極めて重要な意味を持っている。すなわち、存在(=神)、善はそれ自体無限なるもの、あらゆる限定を超えた超越的なものであるが、われわれにとってのその顕現は、決して超越的な本性のままにではなく、何らかの限定された形を伴ってこざるをえない。しかし、限定された形はそれ自身が切り取られ、抽象されて、あたかも自体的に存在するかのごとく看做されるとき、悪しきもの、非存在と化す。それゆえ基本的な方向のみ示すとすれば、超越的な本性(存在そのものたる神)とは、限定された形を、そして知性による対象措定の働きそのものを、浄化し否定することとして生起するほかないのである。このことは、この時間的有限な世界において、存在が何らか顕現・受肉してくることの機微に関わるのである。

(32)「ラッパの音」とは神的な啓示の象徴であるが、神秘の域に接近するにつれて視覚的なものよりも聴覚的な比喩が重視されてくる。さらに、そのラッパの音がだんだん強くなるということは、「より善きものに向かう絶えざる生成」というアレテーの道の基本性格を暗示している。なお、エイレナイオスとオリゲネスはグノーシス主義に抗して、ラッパの音についてのその叙述に、旧約と新約の連続性と、新約の優越性を読み取っている。人間は「ロゴスの受肉」という大いなる新しさに徐々に近づかねばならないのである

(33) 個人の個人としての自己完成や救いという観点は、グレゴリオスには無縁である。人間はある意味で集合人格的に、歴史を貫く総体としての神の像(エイコーン)であり、かつそれに成りゆくのである。それゆえ、神的な全一的な交わり(教会)において、その全体の美にそれぞれの仕方で参与する者としてはじめて、各々の人の存立意味が語られることになろう。

(34) 感覚的なものであれ、思惟的なものであれ、何らか限定され把握された対象は、その都度後にされてゆく。しかも、それは、そうした対象措定を為す自己自身を、より善き無限なるものにつねに委ねてゆくことであった。

(35) グレゴリオスは一義的な限定を超えた神秘の境を表すのに、しばしば「醒めた酩酊」、「生ける死」、「覚めている眠り」などの撞着語法を用いている。
(36) 「つねに自己よりもより高く成る」という表現は、アレテーの動的なかたちを如実に示している。そこでは、ある主語的存在の同一性（モーセなり人間なり）が前提された上で、それが「自己よりも高く（より大に）成る」というよりは、むしろ、「より高く成りゆくこと（より善きものへの絶えざる生成）」それ自身が、人間という存在の意味なのである。
(37) グレゴリオスは、四世紀における教義的関心を反映していることだが、「手にて造られぬ幕屋」と「手で造られる幕屋」をそれぞれ、キリストの神性と人性の象徴としている（ヘブライ一〇・二〇を参照）。これは、両者を可知的世界と可感的世界の象徴と捉えたフィロンの説の継承、発展であった。
(38) 無思慮は、神への背反というアダムの罪の原因と看做されている。ただ、アダムとは端的に人間を意味するのであり、それゆえ、アダムの罪とは、われわれにとって無縁な過去のことなのではなく、むしろわれわれ自身が罪を犯しうるその構造自体に関わると考えられよう。
(39) 神的な力はそれ自体無限であるが、有限なる世界にあってはさまざまな限定されたかたちを通して働く。以下に列挙された、キリストを表示するさまざまの名は、神的な力の多様にして一なる働きを名づけたものである。
(40) モーセについてのこの記述は、復活後のキリストの変容した姿の予表として語られている（二コリント三・一二以下参照）。
(41) ここでのユダヤ主義という言葉は、キリストの神性を否定したアリウス派、サベリウス主義などを指す。
(42) 神はその本質（ウーシア）においては、人間の把握を絶しているが、その働き（エネルゲイア）の足跡を通して、すなわち神の背中を見て聴従してゆくことを通して、人間が何らか与りうる存在である。
(43) プラトン『パイドロス』246b-d 参照。ただし、グレゴリオスにあっては、超越的な善によって惹きつけられる魂の翼とは聖霊を意味し、神的な働きは単に外力から働きかけるのではなく、より善きものを志向する人間の意志自身として、いわば内側から働くのである。

(44) エペクタシス(志向、超出)は人間的自然・本性の基本性格を表現する言葉である。注目すべきは、より高いものに成るということが、魂なり本性なりの主語的存在を同一なるものとして前提するものではなく、むしろ、絶えずより高く(より善く)成りゆくという動的なかたちそれ自体が魂であるということであろう。より善きものへの絶えざる生成というかたちにおいて、無限なる存在(善、神性)は何らか間接的に顕現してくるほかないのである。

(45) 魂は無限なる存在を受容することにおいて限界を持たない。同様の論述として、後に取り上げる「雅歌講話」第八講話など参照。

(46) アレテーの道行きは、無限なる神性に何か直接的に没入し融合してしまうのではなく、万物を超越的な美(善)の似像として受容することを通して、万物が多様なる姿を保ちつつ、しかも全一なる神的な交わりに与るよう統べてゆくのである。

(47) 古代ギリシアでは一般的に言えば、無限定とは消極的な概念として空虚や質料に帰属させられ、ほとんど非存在に近いものであった。が、プロティノスは神の無限性について述べている。そしてニュッサのグレゴリオスはバシレイオス、ナジアンゾスのグレゴリオスの後を承けて、無限なる神性に与りゆくアレテー(人間的本性の完全な姿)の動的な構造を解明したのである。

(48) シナイ山においてモーセに顕現し語りかけた神(ヤーウェ)は、ここに明瞭に新約のロゴス・キリストと同一視されている。

(49) 「生ける死」という表現は撞着語法だが、その語には終わり、終局と完成という二重の意味が含まれている。

(50) 神は自らの似像(エイコーン)と類似性(ホモイオーシス)に即して、またそれに向けて人間を創ったという(創世記一・二六―二七)。だが、そのことは創造の根源(=ロゴス・キリスト)においてすでに成立したこととはいえ、単なる過去に属することと考えられてはなるまい。したがって、人間的自然・本性の完全性（アレテー）への道行きは「すでに、かつ未だ」という緊張を有し、自己超越的な動的かたちを有するが、その究極の目的（＝全一なる神的な交わり）は、同時にアレテーの道行きという動きの成立根拠でもあろう。そこに時間と歴史の秘密が存すると言えよう。

(51) 個人の個人としての救いということはほとんど背理であり、人間にとっての究極の目的は各々の人が己れを捧げつつ全一な神的交わり（キリストの体としての教会）に与りゆくことに存するからである。

(52) 神の友と成るという表現は、創造の目的が、神の一性に人間が完全に融解してしまうことではないことを示している。神の顕現、神の現存（パルーシア）とは、グレゴリオスにあって、何らか多様なる一、全一的な交わりの動的な生成として捉えられていたのである。

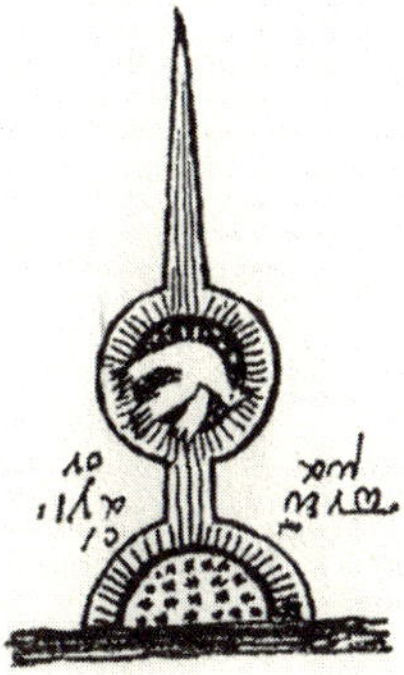

三　『雅歌講話』

解題

この作品は、一言で言うなら、旧約聖書に収められた『雅歌（歌の中の歌）』の言葉を徹底して霊的かつ象徴的に解釈したものである。それは「神（神的な知恵）への人間の道行き」たる「愛智（＝哲学）」の姿を語り出したものであり、『モーセの生涯』と並んで、ニュッサのグレゴリオスの修道的生における観想と思索との結晶であった。

『雅歌』とは、イスラエル民族に古くから伝えられてきた恋愛詩ないし相聞歌である。だが、それがことさらに正典の一つとして聖書に収められるに至ったということには、深い意味が隠されていた。実際、ユダヤ教とキリスト教との古い伝統は、『雅歌』の表現のうちに「花婿たる神」と「花嫁たる人間」との愛（アガペー）の秘義を見出し、聖書全体の中でもとりわけ深遠な内容を有した文書として『雅歌』を受けとめてきたのだ。

そのように『雅歌』を霊的象徴的に解釈する伝統は、東方教父のオリゲネスやニュッサのグレゴリオスなどにおいて見事に開花した。またそうした思想伝統は、西方・ラテン教父以来の伝統、とくにベルナルドゥス（クレルヴォーのベルナール、一〇九〇頃―一一五三）、エックハルト（一二六〇頃―一三二八頃）やドイツ神秘主義の系譜、さらにはスペインの十字架のヨハネ（一五四二―

一五九一）などに対しても影響を与え、西欧精神史の奥深い底流ともなっているのである。

ところでグレゴリオスは、自らの『雅歌講話』の冒頭、「テキストの深い流れを読み取る観想によって言葉の奥に隠されている愛智があらわになるように」という態度を示し、そうした解釈の営みが「魂の霊的非質料的次元への導き手となるよう願っている。」というのは、パウロも「文字は殺し、霊は生かす」（二コリント三・六）と言うように、聖書の言葉はその字義的な意味のうちに、「謎と暗示とを通して」、霊的な意味の次元を遥かに指し示しているからである。この点グレゴリオスは、『雅歌』を『箴言』や『コーヘレトの言葉（伝道の書）』と対比して、次のように秩序づけている。

「〔神的ロゴスは〕ソロモンを道具として用い、その声を通してまずは『箴言』において、次に『コーヘレトの言葉』においてわれわれに語り、この二つの後に、『雅歌』に表明されている愛智によって導き、完全さへの登り道を言葉を整えて示してくれる。……つまり『雅歌』の愛智は、より高い教えで前の二者を凌駕しているのである。」

そしてまた、「霊感を受けた聖書全体は、明らかな戒めを通してだけではなく、歴史物語を通して、傾聴する人々を神秘の知と浄い生き方へと教育する」とも言われている。

さて本書においては、先に取り上げた『モーセの生涯』の内容との釣り合いを考慮し、『雅歌講話』の第七講話から第九講話までの主要部分を収めた。そこに展開されている主な論点は次の通りである。

（i）ソロモンの輿についての象徴的解釈、すなわち全一的な交わりという霊的かたち
（ii）自由・意志による択びと自己変容
（iii）キリストの体としてのエクレシア（教会）
（iv）キリストとともに没薬（受難）に与る人は、乳香（神性）にも参与してゆくこと
（v）より善き方への絶えざる自己超越（エペクタシス）
（vi）神に対する真実の犠牲とは、砕かれた霊であること
（vii）キリストの死を模倣することによって、それと同じかたちに形成され、神の栄光に与る者となること

これらのことは、いずれもキリスト教の伝統において中心的な主題であるが、ニュッサのグレゴリオスはそうした事柄をしも、単に特殊な宗教の枠内のことである以上に、普遍的な「人間探究＝神探究」の文脈の中で解き明かしている。そこにあっては、「人間的自然・本性の開花・成就の道」は同時にまた、「他者との全一的な交わり・愛」として顕現してくることが洞察されている。そしてその成立根拠として、「キリストの受難に与る人はその神性にも参与する」という事態が語られるのだ。が、そのことには、ありきたりのキリスト理解を超えて、人間という存在者が「神の似

像」となりゆく謎・神秘を指し示していると考えられよう。

第七講話

三・9 ソロモン王は自分のために輿を造らせた。
レバノンの木でもって。
10 その柱は銀、その座は金、踏み段は紫色で造り、
その内側には宝石が敷かれている、
エルサレムの乙女娘たちの愛のしるしとして。
11 シオンの乙女娘たちよ、出できたって、
ソロモン王を、その王冠を見るがよい。
王の婚礼の日、その心の喜びの日に、
その母の被らせた王冠を。

四・1 見よ、あなたは美しい、わたしの愛しい女人よ、
見よ、あなたは美しい。
その目は鳩、あなたの沈黙は別として。

6 日が風を吹かせ、影が消え失せるまで、
わたしは自ら、没薬の山へ、
そして乳香の丘へ進みゆこう。
7 愛しい女人よ、あなたのすべては美しく、
あなたには一点の汚れもない。

ソロモンの輿についての象徴的解釈

ソロモン王は多くの点で、真実の王たる者の典型（tupos）として捉えられているが、わたしの思うに、聖書中の数多くの歴史記述が、ソロモンのことをより善き方に向かう存在として語っている（ヘブライ七・二）。

そうした例を幾つか挙げるならば、ソロモンは先ず平和な者と呼ばれ、神殿を建築し（列上六）、測り難いほどの知恵（sophia）を有し（同五・一二）、イスラエルを統治して正義において国民を裁いた（同二章以下、三・一六―二八）また彼は、ダビデの子であり（サムエル後一二・二四）、エチオピアのシバの女王までがソロモンを敬して彼のもとを訪れたのである（列王記上一〇・一―一三）。ソロモンについてのこうした記述、およびそれに類する記述は、すべて象徴的に語られているのであって（コロサイ二・一四）、新約の福音の力を先取的に予表している（prodiagraphei）と考えられ

よう。(1)

象徴的に語られているとわたしが言うのは、次の理由による。すなわち平和なる者と言われる人の一体誰が、敵を殺したり、ついには十字架に釘付けしたりするであろうか（エフェソ二・一六、コロサイ二・一四）。ソロモンは彼の敵たるわれわれを十字架につけるのか。あるいはむしろ、この世全体を彼自身に和解させ、隔たりの仕切りたる壁を打ち壊したのではなかったか（コロサイ二・一四）。それはすなわち、二人の人間を彼自身のうちで一人の新しい人間へと創り変えんがためであった（同二・一五）。平和を作り出すとは実はこのことなのであり、彼は遠くにいる者に対しても近くにいる者に対しても、善きものを宣べ伝えることによって、平和を宣言したのである（同二・一七）。

ところで、こうした意味合いにおける神殿の真の建設者とは誰なのか。誰がその上台を聖なる山の上に、すなわち預言者と使徒たちの上に据えたのか。使徒の言うように、彼（真の建設者）は「使徒や預言者たちという土台の上に」（同二・二〇）。魂のこめられた生ける石を建てたのである（一ペトロ二・五）。その石とはつまり、預言者自ら言うところによれば、壁の調和と秩序のため、周りに並べられているのだ（ゼカリア九・一六）。それは、われわれが信仰（pietas）の一性と平和の絆とにおいて調和を得て、自分自身が聖なる神殿として、神の住まい給う場、住居となること（＝受肉）（katoikētērion）へと成長してゆかんがためであった(2)（エフェソ二・二一―二二）。

ところで主がイスラエルの王であることは、主に敵対する者によってすら証しされていた。つまり「この者はユダヤ人の王である」（マタイ二七・三七、ルカ二三・三八）と十字架上に記されているのは、主の王国の支配を承認している言葉であるからである。しかし、たといこの証言が主の王国の主権をイスラエル一国に限定して、主の力の大きさを減じているように思われようとも、実はそうではない。

十字架上のその記述は、主がユダヤ人だけの王であるとは言っていない。従ってそれは、一見部分の支配を述べているかに見えて、実は主の全体への支配を証示しているのである。なぜなら、その言葉は、ユダヤ人に対する支配を予め証示した上で、その字義的な意味を超えて、万物に対する支配を十字架に記された承認によって暗黙のうちに合意している。言うまでもなく、主は全地の王であり、そのすべての部分に対する支配権を全き仕方で有しているからである。そして、正しい審きに対するソロモンの熱情は、この世のすべてに対する真の裁き手を、象徴的に示しているのだ。すなわち、「父は何人をも審かず、かえってすべての裁きを子に委ねた」（ヨハネ五・二二）という。しかもまた、「わたしは自分自身によっては何事をも為しえない。ただ、わが父から聴くがままに審くのであり、そうしたわたしの裁きは正しい」（ヨハネ五・三〇）と語られている。

神の顕現の全一的なかたち

さて他方、エチオピアの女王に関する神秘(3)(mustērion)は、福音の奇跡に心の眼を抜き、それを知る人にとっては明らかなものとなろう。その女王は、エチオピアの国を離れ、ソロモンの知恵の評判のゆえに彼にまみえようとして旅に出た。そして、宝石、金、甘美な香料の数々を携えて、ソロモンに誉れを帰したのである(列上一〇・一―一三)。というのは、誰知らぬことがあろうか、諸民族の集まり(ekklēsia)は、最初は偶像崇拝のために黒かったと解釈されるべきであるということを(4)。すなわち、それらの集まりは、真の教会(ekklēsia)に成る以前、無知の大きな深淵によって真実の神に関する知(gnōsis)から切り離されてしまっていたのである。

しかるに、神の恵みが現れ、その知恵が輝き(ヨハネ一・九)、死の間と影に座する者たちを真実の光が照らし出した(ルカ一・七九)。だが、そのとき、イスラエルの民は光に対して眼を塞ぎ、諸々の善に分け与ること(metousia)を自ら拒んだのに対して、エチオピア人は光の方に来るのであった。彼らは諸国民の間から信仰へと馳せ参じ、神秘の水によって自分の黒さを洗い流して、光に遥かに近いところまで来るのである(エフェソ二・一七、イザヤ五七・一九)。エチオピア人はこうして神のもとに導かれ、王たる神にさまざまの贈物を捧げる。それはすなわち、敬虔(eusebeia)という香料、神的な知という金、諸々の掟やアレテー(徳)(arete)の働き・実り(ergasia)という宝石等々であった。

さて、何を見つめて、語られた言葉の観想（theoria）を始めようとしているのかということを、以下のような神的な言葉（テキスト）を引くことによって言葉・ロゴスにおいて明らかにしたい。

すなわち聖書には次のように記されている。「ソロモン王は、レバノンの木を用いて自分のために輿を作らせた（雅歌三・九）。その柱は銀、その座は金、踏み段は紫であり、内側にはエルサレムの乙女たちが愛（agape）をもって備えた石を敷きつめた（雅歌三・一〇）」と。ここに聖書が語り明かしているのは、ソロモンに関する先に引用した記述には神秘が存しているということである。つまり、ソロモンという人においては、主に関する神秘が言わば予表として記されているのである。[5]同様に、われわれに対する神の摂理、宿り（oikonomia）は、ソロモンを乗せた馬車の具体的な構成というかたちで指し示されているのだ。

なぜなら、神は多くの仕方で、神にふさわしい人々のうちに現前してくるからである。つまり、それぞれの人の力と適合性、尊厳に応じて神は人のうちに、また、人として現前・誕生するのである。[6]言うなれば、ある人は神の在ます場（topos）、ある人は神の住む家、ある人は輿、ある人は踏み段となる。また、ある人は馬車となり、自らのよき乗り手（神）を受け容れる気性の柔和な馬ともなって、先なるもの（より善きもの）に向かって神に導かれ、前進の道行きを全うするのである（フィリピ三・一二―一四）。

ところで、こうした馬車についてはさらに、次のことが学び知られよう。ソロモンの知恵を体現した馬車は、単にレバノンの木で造られているばかりではなくて、金、銀、紫、そして宝石によって、各部分がそれぞれにふさわしい仕方で美しく装われていた。そこにはいかなる意味が隠されているのか。それはつまり、神の愛というものは、その愛の働きを必ずしもすべての人々が〔ひとしく〕受容して現実に生じてくるというわけではなくて、そのようなことが生起するのはあくまで、人間が天上の自由なエルサレムの娘たることを、自らの生活を通して神に知られる限りにおいてなのである。

さて、神を自らのうちに運ぶ人は、既述のことからして明らかなように、神の座る輿である。聖なるパウロによれば、そうした人はもはや自分が生きているのではなくて、その人のうちには「キリストが生きている」からである（ガラテア二・二〇）。そのように言うとき、パウロはまさに彼自身のうちに語りかけているキリストを証ししているのである（二コリント一三・三）。このような人にしてはじめて、本来的に輿と呼ばれ、かつ、自分のうちに運ばれ担われる方（キリスト）の輿と成ると言えよう。

自由な意志・択びによる自己変容

ただ、このことを探究するのは当面の課題ではない。ここではむしろ、輿を形作っている多様な素材がそれぞれ何を象徴的に意味しているのか、そして木の自然・本性が、金、銀、紫、石などと結合されて一つの輿を構成するのはいかなる意味においてであるのかが、細心の注意をもって考察されなければならないのである。

建築の知者パウロも、確かに、草や葦と並んで木というものが家の建設のためには価値がないと看做している（一コリント三・一二）。火の破壊的と見られる力が一度び働くや、木でできた家はたちまちにして燃え尽きてしまうからである。われわれは、木の本性が何らそれ自身に留まるものではなくて、金、銀その他、何か価値あるものへと変容してゆくものたることを知っている。というのは、使徒の言うごとく（二テモテ二・二〇）、神の大きな家には、本性上金や銀の器もあり、木や陶土の器もある。思うに前者によっては、非物体的、思惟的被造物が象徴的に示されており、また後者によっては、神への不服従のゆえに地上的な器に作られてしまったものが暗示されている。すなわち木という在り方を通して、罪（hamartia）はわれわれを、金の代わりに木製の器にしてしまう（創世記三・一―七）。それぞれの器の用途もまた、その素材の価値に応じて決定されており、価高き素材の器は価高き用途に、また価なきものは価なき用途に供せられるのである。

では、こうした事柄についてパウロは何と語っているだろうか。各々の器は、自分自身の自由なる択び（proairesis）によって、木から金になったり、陶土から銀になったりする力を有しているとされている。(7)「なぜなら、もし誰かが自分を浄めるならば、その人は主のためにふさわしい器、すべての善き行為・わざ（erga）に向かって備えられた器になるのであるから」（二テモテ二・

二一）。してみれば、恐らく、すでに語られたことを通して、当の言葉のより善き観想に向かうことができよう。

先ず、レバノン山とは聖書の多くの箇所において、敵対する力を表示せんがために言及されている。例えば、預言者は次のように言う、「主はレバノンの杉を切り倒し、粉々に砕く、レバノンが偶像の子牛であるかのように」（詩編二八・五）と。ここには、モーセによって荒野で粉々にされた金の子牛のことが暗示されている。そしてその細々になった小片が水に撒かれたとき、その水はイスラエル人にとって飲料に適するものとなったのである（出エジプト三二・二〇）。

こうした表現を通して観想するなら、次のことは明らかであろう。敵対する力によって生じた悪しきものだけではなく、レバノン杉という素材を産出するところのレバノン山そのもの、すなわち悪の第一の根元もまた、非存在へと解体されるであろう。そしてこのように、悪しき生と偶像崇拝との誤謬によって言わばレバノン山に根づいていた限りでは、われわれはかつてレバノンの杉に等しい存在であった。しかし、理性的な斧によってレバノン山から切り離され、職工の手に委ねられたとき以来、神はわれわれを自分のための輿とされたのだ。つまり、そこにあってわれわれのうちなる木の本性（physis）は、再生（paliggenesia）という仕方によって、銀や金、ゆたかな紫、輝く宝石などへと変容せしめられたのである。

エクレシア（教会）の全一的かたち

かくして「神は各々の人にそれぞれ聖霊の賜物を分かち与えた」（ローマ一二・三）と使徒も語っている。すなわち、信仰という眺めで見たとき、ある人には預言者たることが与えられ、他の人には恵み（charis）を受容しうる本性と力とに応じて、それぞれ異なった働き・役割が与えられる。すなわち、ある人は教会という一つの身体にあって眼となり、また他の人は手となるべく定められ、或いは足として体の支柱となる。

このように、神の輿の構成に際しても、ある人は柱に、他の人は踏み段となり、また、頭を持たせ掛ける部分となったり、内部の飾りのために取り立てられたりする。ある意味で、建築家というものはすべての素材が単調な仕方で美の構成に与かることを意図してはいない。かえって、すべての素材、すべての部分が、それぞれ互いに異なった美しさを保ちつつも、全体として一つの美に参与してゆくのである。であればこそ、輿の柱は銀、その踏み段は紫、そして花婿が自分の頭を持たせかける部分は金で造られ多様な構成となっている。また他方、数々の宝石によって玉座の内部が多彩に飾られているのである。(8)

ここに輿の柱とはまさに教会の柱を象徴していると考えられるが（ガラテア二・九、黙示三・一二）、『雅歌』の記述はその柱に対して正確にも、純粋で火のような銀をあてがっている。柱とはこの場合、王国の高みにまで達しているのだ（また、紫色はその王国の際立った特徴・性格を表していると考えられよう）。

以上のさまざまな部分にあって最も主要なものは、輿を造らせた王が自分の頭を持たせかける部分であって、それはいわば清浄な教え（dogma）という金でできている。そして、それは隠された秘密の部分であって、高価な宝石という浄い良心によって飾られており（一テモテ三・九）、そのすべてには、エルサレムの乙女たちの愛がこめられているのである。このような輿が全教会のことを象徴していると考えるなら、それぞれの部分は、その働きの違いに応じて、それぞれの役割を果たす人々（prosōpa）へと分けられているということになろう。

すなわち、すでに述べたごとく、輿の各部分は教会のそれぞれの秩序を形成し、全体として一つの調和が成り立っているものたること、聖書の多くの表現が見事に語り出しているところである。それゆえ使徒は言う、「神は教会のうちに、まず最初に使徒を、次に預言者を、第二に諸々の師父たち（教師）を、さらには聖なる人々の交わりの完成（和解）のためにすべての人々を配置したのである」（一コリント一二・二八）と。つまり、輿の構成に寄与しているこれらすべての名を通して、司祭、教師、聖なる乙女らが考えられている。ここに乙女たちとは、輿の内部を、さまざまなアレテー（徳）の浄らかさによって、丁度宝石の輝きによるかのように照らし出している人々のことなのである。

あらゆる名は神の本性を遥かに表示している

輿についてはこれくらいに留めておこう。次に続く記述は、エルサレムの乙女に対する花婿からの勧告を含んでいる。偉大なパウロはもし自分の諸々の善きものをすべての人々と分かち合うことがないならば、罪を蒙ることも辞さないとしている（一コリント一〇・三三、フィリピ三・七）。それゆえ、パウロは聴衆に向かって、「わたしのようになれ。というのは、わたしもかつてあなた方のようであったのだから」（ガラテア四・一二）。すなわち、「わたしがキリストに倣うように、わたしに倣う者となれ」（一コリント一一・一）と語っている。

それと同様に、人を愛する花嫁も、その花婿の神的な秘義（mustērion）にふさわしいものとされた。そして、彼女が玉座（寝台）を見て王の輿となったとき、自分に仕える若い娘たちに向かって叫び声を上げるのであった（ここに娘たちというのは救われるべき者の魂（psychē）のことであろう）。すなわち、「一体いつまで、あなたはこの生のほら穴の中に閉ざされたままでいるのか。人間の自然・本性の覆を超えてゆき、この驚くべき光景を見よ。シオンの娘となって、王の頭にある麗しく調和のとれた王冠に目を留めよ。」

右の言葉の表面的な意味に捉われていると、神（theos）に関するその用語を何人も適切に把握しがたい。そこには「母」という言葉が「父」の代わりに用いられているが、この場合いずれも同じ意味を有しているからである。というのは、神的なるもの（theion）は男性でも女性でもないからである。なぜなら、神的なるものに何かそうした区別があるなどとどうして思惟されうるであろうか。(9) 確かに、われわれ人間にあって、そのこと〈男性、女性という差異〉は永遠に持続するというわけではなくて、キリストにあって万物が一に成るとき（ガラテア三・二八）、その区別（diaphora）のしるしは、古き人間の全体もろとも脱ぎ捨てられてしまうのである（コロサイ三・九、マタイ二二・三〇）。

それゆえ逆に言えば、人によって見出されたあらゆる名（onoma）は、神の不滅の本性を表示することに対して等しく力あるものなのである。少なくとも、男性とか女性とかいうことは純粋な神的本性の意味を汚すものではない。父は福音書において息子の婚姻（gamos）を準備すると語られ（マタイ二二・二）、預言者が神に向かって「あなたは彼の頭に宝石から成る王冠を被せた」（詩編二〇・四）と言われているのも同様である。かくして『雅歌』には、「王冠が母の手によって花婿に被せられた」とあるのである。

ところで婚姻、花嫁という語は、この場合同義であり、一人の者によって王冠が花婿に被せられたと考えられる。従って、神の子を独り子たる神と言おうと、パウロのように神の愛の子と言おうと（コロサイ一・一三）、何ら異なるところはない。いずれの名に関しても、花婿をわれわれのもとに住まわせるよう導く一つの力が表示されているのである。かくして、神の言葉（ロゴス・キリスト）は、花嫁の人間愛を受容するのである。なぜなら、彼女もまた主に倣い、すべての人の救われて真理の知（epignōsis）に与りゆくことを願い求めるからである（一テモテ二・四）。

さらに、花嫁の美しさを称揚するくだりは、より厳粛に、またより明瞭に描写されている。なぜならば、花嫁の美を讃美することは、単に美の全体的な称讃を意味するのではなくて、花嫁の各肢体に及んでいるからである。つまり、各々の肢体に固有の讃辞は、何らかの対比と類似（homoiōsis）を有しているがゆえに、それぞれの肢体について語られ、恵みを受けているのだ。すなわち花嫁に対して『雅歌』は言う、「見よ、あなたは美しい、わたしの愛しい女人よ。見よあなたは美しい」（雅歌四・一）と。花嫁は人間に対する主の愛に倣おうとするが、アブラハムの場合と同様（創世記一二・一）、若い連れの娘たちは各々自分の祖国や肉親からひとたび離れ出ることを命じられるのである。それは、教会という王冠を戴く浄い花婿を見んがためにであった。誠に、花嫁は隣人への愛を通して神に近づき、主の善性（agatotēs）に与かる者となるのである。

エクレシア（教会）はキリストの体

さて、教会全体（ekklēsia）はキリストの一なる体である。だが、使徒の言うごとく、一つの体には多数の部分があり、しかもそうした各部分は同一の働きを有しているわけではない。すなわち、神はある人を体のうちで眼に相当する者として創り、またある人を耳のごとき者とした。ある人は手の働きを為す者となり、また〔言わば教会という〕体の重さを支える者は足と呼ばれる。その他、味、臭いの感覚など、人間的身体を形成しているさまざまの要素のすべては、つまり唇、歯、舌、肺、胃、喉などであるが、それらすべての部分が教会という共通の一なる体にあっても見出されるのである（一コリント一二・一二―一七）。そしてパウロも言うように、体のうちには貴ばしくないと思われる部分もある（同一二・二三）。それゆえ、美の際立った判定者たるパウロは、体全体のうちでそれぞれの誉められるべき部分に、それぞれふさわしい讃美を与えているのである(10)。

そこで、これら肢体のうち最も尊い部分から讃美を始めよう。すなわち、われわれの体のうち、眼以上に尊いものがあろうか。と言うのは、光を把握するのも、友と敵とを見分けるのも、自分のものと他人のものとを正しく識別するのも、すべて眼によって為されるからである。眼は他のすべての働きの導き手であり、教え手なのだ。眼はさらに、生の安全な道行きのためにふさわしい、不可欠の案内者である。眼が他の感覚器官より体の上部に置かれていること自体、眼が生にとって、他のすべてに勝る役割を果たしていることを物語っている。このような言い方に耳を傾ける人にとっては、眼に対する右のような讃美が、教会のどの部分・肢体に向けられたものであるのか、全く明らかであろう。

すなわち、サムエルの眼は先見者であったし（彼はこのように呼ばれた）（サムエル前書九・九、一六・四）、エゼキエルの眼は彼に委ねられた人々の救いを目指すべく神から定め置かれたものであった（エゼキエル三・一七、三三・七）。また、ミカの眼は見渡す者であり（アモス七・一二）、モーセの洞察する眼（theomenos）はその語の由来からして神（theos）と呼ばれ、民を導くことへと秩序づけられていたのである。このように彼らはかつて「見る人」と名づけられたのだが、さらには、今もまた、教会という体のうちで同じ役割・場を全うする人々は、まさに眼と呼ばれよう。

彼らがもし闇のわざによって盲目になることなく、正義という太陽をまっすぐに見るならば、そしてまた、彼ら自身の固有のものを彼らと無縁の外なるもの（異国のもの）から識別するならば、そのために、単なる現象はすべてわれわれの自然・本性（physis）とは異質なものであり、過ぎ去りゆくものでしかないと知るべきである。だが他方、希望を通してであるにせよ、自然・本性に固有なものとして遥かに望み見られるものは、本性に固有なものであって、その所有は消滅することなく永遠に存続するのである。

霊的な生の形成

ところで、すべて可視的なるものの似像（eikōn）は、瞳の浄きところに働きかけて、視覚的な働きを生じさせる。従って、人が見るもの（対象）は全くその形を目に対して刻印する。そのようにして眼に生じた（刻印された）形とは、見られるもの（対象）の形相・形象（eidos）が、丁度鏡を通してであるかのように、眼を通して受け取られてきたものなのである。そして教会にあって、こうした視力（視る権威）を有する人はいかなる質料的なもの、物体的なものにも目を向けることがない。そのときはじめて、そのような人のうちに、霊的で非質料的な生（bios）が正しく形成されてくることになる。が、こうした生命はただ、聖霊の賜物・恵みによって形作られてくるのである。従って、眼に対する最上の讃美は聖霊の恵みによって人間のうちに生命のかたち（eidos）が形作られるということにほかならない。なぜなら、聖霊は鳩によって表示されるものであるのだから。

没薬（受難）と乳香（神性）　キリストとともに苦しむ人は、キリストの栄光にも与る

ここまでは教会の肢体について讃えられていたのだが、それに続く聖書の言葉は、教会の体全体に讃美が向けられている。それは、キリストがまさに死を通して、死の力を打ち破り、神性（theotes）の固有の栄光（doxa）へと、自ら再び昇ったそのときのことを語っているのである。そして、その神性の栄光を、キリストはこの世の存在に先んじて、はじめから有していたのだ。[11] なぜなら、花婿は「わたしは没薬の山、乳香の岡へ行こう」（雅歌四・六）と言うが、没薬によってはキリストの受難（pathos）が、乳香によっては神性（theotes）の栄光が象徴的に表されているからである。そこにさらに、「愛しい女人よ、あなたのすべては美しく、あなたには一点の汚れもない」（同四・七）という表現が付け加えられている。

これらの言葉からまず、次のことが学び知られよう。何人も自分の魂を自分の力によって受け取

るのではなくて、キリストこそが人の魂を取り去ったり、再び存立させたりする力・権威（exousia）を有しているということを（ヨハネ一〇・一八）。もとより、キリストはわれわれのわざによってではなく、自分で没薬の山に登るのだが、それは人が自ら誇ることのないようにであった。すなわち、キリストは罪人の上に課せられた死を自ら受容しつつ、固有の恵みによって没薬の山に登るのである（ローマ五・八）。それゆえに、もし神の子羊の血が世の罪を引き受け、すべての悪を自ら破壊しなければ、人間の本性（physis）は汚れから浄められえない（ヨハネ一・二九）。それゆえ『雅歌』は言う、「愛しい女人よ、あなたのすべては美しく、あなたには一点の汚れもない」と。このように、受難（pathos）の神秘は没薬の象徴によって讃えられ、続いて神的なるものを表す乳香について言及されているのである。

　ここからわれわれが知りうるのは、キリストとともに没薬（受難）に与る人は、確かに乳香（神性）にも参与してゆくということである。なぜなら、キリストとともに苦しむ人（sympathos）は、キリストの栄光にも与るからである（ローマ八・一七）。そして一度び神的な栄光のうちに生まれるならば、人は対立する汚れから切り離されて、まことに全体として美しい者となるであろう（エフェソ五・二七）。そのとき、われわれのために死んで甦ったキリストを通して、われわれもまた、そうした汚れ・罪から離れられるのである。主キリストに栄光が世々とこしえにあらんことを。アーメン。

四・8 レバノンより出できたれ、花嫁よ、
レバノンより出できたれ。
信仰の端緒から、出できたるがよい、
サニルとヘルモンの頂から、
獅子の洞穴から、豹の山から下りてくるがよい。
9 われわれの姉妹よ、花嫁よ、
あなたはわれわれの心を生々とさせた。
あなたの片方の眼によって、
一つによって、その首の飾りによって、
われわれの心を生々とさせた。
10 あなたの両の乳房は、何と美しくなったことか。
わが姉妹よ、花嫁よ。
その乳房は、何とぶどう酒に優って美しくなったことか。

あなたの香油の香りはすべての香料よりも芳しい。
11 花嫁よ、あなたの唇は蜜を滴らせ、
その舌の下には蜂蜜と乳とが潜む。
そしてあなたの衣の香りは
乳香の香りのようだ。
12 わが姉妹、花嫁は、閉ざされた園、
閉ざされた園、封印された泉。
13 あなたから湧き出たものは、
多くの果樹の実もたわわな、ざくろのパラダイス、
ナルドとともにヘンナ樹、
14 ナルドとサフラン、レバノンのすべての木とともなる
葦とシナモン。
すべての素晴らしい香料とともなる
没薬、アロエ。
15 あなたは園の泉、
レバノンから流れ来たる、生ける水の井戸。

絶えざる伸展・超出（エペクタシス）

偉大なる使徒パウロは、自らの見神体験（optasia）をコリント人に語り告げているが、第三の天（パラダイス）にまで参入せしめられたとき、自分の人間的自然・本性が肉体において在るのか、精神において在るのか疑わしいほどであったという（二コリント一二・一―四）。そして、その神秘体験を証ししてさらに、次のように言っている。「わたし自身すでに捉えたとは思っていない。むしろ、すでに到達したところのものを忘れ、絶えず、より先なるものに向かって、自らを超出（エペクタシス）させてゆく」（フィリピ三・一三）と。[12]

この表現から明らかなことは、パウロだけが知りえた第三の天の背後に向かって（モーセですら、世界創造を語る際、かの第三の天については何も言及していない）、なおもより高い方へとパウロが参入してゆくということである。すなわち、かれは天国（パラダイス）の語りえざる神秘について聞いた後、なおもより高い境地へと登りゆくことを止めず、また、すでに達成された善（agathon）が自らの志向・欲求の限界となることを決してゆるさない。

思うに、このことによって、パウロは次のことをわれわれに教えている。諸々の善きものの至福の本性とは、つねに新たに発見されるということに存し、そして、すでに獲得されたものより超越的なるものは、無限であるということを。こうしたことは永遠なるものの存在様式に何らか分け与る人にとって、持続的なものとなる。つまり、そのように永遠なるものに何らか与る人には、その都度つねにより大なるものが現前してくるので、増大・伸展の道行きが止まることがないのである。ところで、主の偽りなき声によれば、心の清い人は神を見るという（マタイ五・八）。ただその際、受容する能力に応じて、有限な仕方においてであれ、為しうる限りのものを思惟によって受容してゆくのである。しかし、神性（theotēa）の限定なき把握しえざるものは、すべての限定された知の彼方にあるのであって、神性の偉大なる栄光には限りがない。それは預言者の証する通りであるが（詩編一四四・五）、他方、神性とはそれ自体いかなる観点から観想しても、自らの高みにあって全く同一に留まるのである。

それと同様に、偉大なダビデも心において美しい登攀を為したのだが、今可能なことからさらに可能なことへと歩を進めて、「主よ、あなたは永遠に至高なる方である」（詩編一四四・五）という叫びを、神に向かって発している。この言葉によって次のことが意味されているであろう。すなわち、永劫というものの終わることなき持続の全体にわたってあなた（神）に向かって走る人は、絶えず自らより大なるものに、またより高いものに成りゆく。そうした人は善きものへの登攀を絶えず遂行しつつ、類比的に増大・成長するのだ。しかるに他方、あなた（神）は永遠にわたって最も高きところに自ら留まり給う。それゆえ、あなたはあなたに近づく人に対してより近く現れることなく、登攀してくる人の力よりもつねに同じ度合いでより崇高で、より高いのである。

無限なる善への絶えざる上昇と変容

それにつけても、われわれは、使徒が善の語りえざる本性（physis）について次のように言明しているのを知る。かの善は、たとい眼がつねにそれを見ようとしてはいても、現に見ることのできないものなのだ。（なぜなら、眼は善をその在るがままに見ることなく、ただ自分に可能な仕方で善を受け容れるにすぎないからである。）また耳は、たとい神的な言葉を受け取ってはいても、それ自体の明証なるがままに〔直接的に〕その言葉に聴従することができない。それゆえ、「心の清い人は確かに、可能な限りでつねにかのものを見てはいても、それは人の心に完全には入りはしない」（一コリント二・九）と言われる。なぜなら、絶えざる登攀にあって、すでに把握されたものは、それ以前に把握されたものよりも大であって、探究されているもの（＝善）が有限な把握のうちに限定されてしまうことはないからである。

かえって、あるとき発見されたもののその限界・限度（peras）は、善への絶えざる登攀を為す人にとって、より高いものの発見のための端緒（archē）となるのである。それゆえ、登攀する人は決して立ち止まることなく、ある端緒へと変容して動きゆく。その際、つねにより大なるものへの端緒・根拠はそれ自身において終わりに至ることがないのだ。というのも、上昇する人の欲求・憧憬（epithumia）は、すでに知られ到達されたものに決して停まることなく、超越的なものへの新たなより大なる欲求を通して、次々と魂は上昇し、より高きものを通って無限なるものに絶えず進みゆくのであるから。

信仰の端緒　より大なる欲求への促し

さて、こうした事態を見定めた上で、今や聖書の具体的な言葉の観想（theōria）に入ってゆくことにしよう。すなわち、「レバノンより出できたれ花嫁よ、レバノンより出できたれ。信仰（pistis）の端緒から出できたるがよい、サニルとヘルモンとの頂から、獅子の洞穴、豹の山から下りてくるがよい」（雅歌四・八）という。この表現にあって何が象徴的に意味されているのだろうか。思うに、善きもの・恵みの泉は、それに渇く者を自分のもとに惹きつけるのである。「もし人が渇くならば、わたしのところに来させよ。わたしが彼に飲ませよう」（ヨハネ七・三七）と、福音書に語られている通りである。だが、この表現において、泉たるキリストは、われわれの渇きに対しても、泉に向かっての欲求に対しても、さらには飲むことの満足や充足に対しても、何ら限度を設けなかった。かえって、命令の言葉を繰り返し示すことによって、キリストは渇くこと、飲むこと、その欲求を持つことへと絶えずわれわれを励まし導くのである。

だが、一度びその泉の水を味わう人は、次のことを如実に経験するであろう。すなわち、主は善き方であって、あるときその水を味わうならば、それはわれわれにとってさらに大なる分有への促しとなり励みとなるのである（一ペトロ二・三）。従って、神に向かって登りゆく人にとって、神への促しというものは絶えずより大なるものへと惹きつけられるのであって、決して停止することがない。「雅歌」にあって、花嫁に対する言葉として一つの励まし（parormēsis）が記されているのがここに想起されよう。すなわち、「来たれ、我が友よ」と言われ、再度、「来たれ、我が鳩よ、岩の隠れ家・保護に逃れよ」（雅歌二・一〇、一三）と語られているのであった。

そこに見られるごとく、聖書の言葉は魂に対する、より大なる欲求への励ましと勧告の声なのである。また、神に登りゆく人にとっては、すべてにわたって汚れないことを証して、「あなたは全く美しく、あなたのうちには汚れがない」（雅歌四・七）と告げている。ただ、こうした証言のために魂が自惚れて、より大なる登攀への妨げとならぬよう、再び次のような励ましの言葉が発せられている。「レバノンより出で来たれ、花嫁よ」と。それによって花嫁は、より超越的なるものの欲求へとつねに登りゆくよう命じられているのである。

つまり、花婿の言っているのは次のことである。すなわち、呼びかけの声によくあなたは聴従し、没薬の山へとわたしとともに来た。（この表現は、洗礼を通して死のうちにわたしとともに葬られた〔ローマ六・四〕ということの象徴である）。また、あなたは、乳香の丘にも登り来たった。（なぜなら、レバノンの名が表示しているところの「神性（theotēs）の交わり（koinōnia）」に、花嫁は花婿とともに登り来たったからである。）これらの頂から他の頂へと登りゆくがよい、充足した働きに満ちた知（gnōaia）を通して、さらなる高みへと超出しつつ。花婿が花嫁に対して「レバノンより出で来たれ」と語るのは、以上のような意味合いにおいてであろう。それはもはや婚約者としてではなくて、花嫁として来たれ、の意であった。なぜならば、何人も、死の香り（没薬）を通してレバノン（乳香）の神性へと変容せしめられなければ、わたし（花婿たる神）とともに住むことはできないからである。

かくして花嫁としてあなたがこの高みに達したとき、それによってすでに完全性に到達したかのように、さらに登攀することを止めてはならない。なぜなら、かの没薬とはいわば信仰の始まりであり端緒なのだから。その端緒にあなたは再生（復活）（anastasis）を通して分け与るのである。こうした端緒からしてはじめて、「下りてくるがよい」とされることになる。すなわち、あなたは今にも達するであろうし、しかもなお、こうした上昇の道行きを絶えず前進してゆくのである。

なお、『雅歌』本文の言葉は、既述のごとく、「あなたは信仰の端緒から、サニルとヘルモンの頂から出できたるがよい」と言われていた。この表現には、われわれが上から生まれるという神秘が隠されていると考えられよう。ちなみに、ヨルダンの流れは実際、サニル、ヘルモンの頂に端を発するのであり、上方に位置している山はサニル、ヘルモンという二つの峰に分かれているのであった。そして確かに、こうした源泉（泉）に発する流れは、われわれにとって神的なるものに向かって変容する端緒となる。それゆえに、花嫁は花婿が自分の方へと彼女を呼ぶ声を聞く「レバノンから、信仰の頂から、そしてこれらの山の頂から来たれ」と。ここに、頂とは、そこからかの神秘の泉が、あなたにとって湧き出る場にほかならない。

罪からの人間本性の回復

さて、人間の自然・本性（physis）は、偶像崇拝や、ユダヤ的な迷誤、あるいは罪深いさまざまな悪などによって迷わされて、これらの汚れのうちにあったのだが、後にはヨルダン、没薬、そして乳香を経て、今や神とともに歩むほどの高みに達した。それゆえ、聖書の言葉は、花嫁がかつてそのうちに囚われ困惑していた汚れに比して、今現前している善きものの享受（euphrosynē）がどれほど美しいものであるかということを強調している。つまり、レバノンという信仰の端緒以前には、そしてまた、今言及したヨルダン川の神秘に与る前には、魂はさまざまの汚れのうちに置かれていたのである。

比喩的に言えば、平和な生とは、戦いの後にそれが得られれば、いっそう甘美なものとなる。それはつまり、悲しい困惑の日々を想起し、今の平和な状態を喜ばしいものと受け取るからである。また、健康という賜物・善きもの（agathon）は、もし何らかの病の痛ましさから身体の自然・本性が再び回復されるときには、身体の感覚を一層甘美なものとする。それと同様に、善なる花婿は、彼に向かって登り来る魂に、諸々の善きものにおける喜びを志向せしめ、また充足を与えるのである。すなわち、彼は花嫁に彼自身の美しさを示すばかりではなく、彼女のかつての忌まわしい獣の形を、言葉によって想起させる。それは、かつて彼女が陥って変形していたその形と比較することによって、今現前している美を学び知り、一層喜ばんがためであった。

神の言葉（ロゴス）による魂の変容

ところで、神の言葉はそれ自体として力に満ちている。すなわち、光は神の言葉（ロゴス）の命令と同時に創造（ktisis）の初めに輝き、天空が存立させられ、さらにその他の被造物のすべては、同じく創造力のある神の言葉によって出現した（創世記一・三―二四）。丁度そのように、今もまた同じ仕方で魂が神の言葉の方に来たり、より善きものとなるよう命じられたとき、まさにその命令の言葉によって魂は力あるものとされて、花婿の欲したような者となる。すなわち、そのようにして魂は神的なものに変容せしめられ、かつて享受していた栄光からより高い栄光へと、善き変容のかたちを自らのうちに宿すのである(13)（一コリント三・一八）。

それゆえ、花婿の回りの天使的な合唱に驚きが生じ、花嫁の姿に対して感嘆の叫びが発せられる。「あなたはわれわれの心を生々とさせた、われわれの姉妹なる花嫁よ」（雅歌四・九）と。なぜなら、情念から解放された美しい姿が、花嫁と天使にあって等しく輝いており、非物体的なものとの同族性（syngeneia）と兄弟性とに花嫁を導いているからである。つまり、花嫁は身体のうちにおいてありながら、情念から解放された姿（apatheia）へと正しく変容せしめられているのだ。天使たちによって「あなたはわれわれの心を生々とさせた、われわれの姉妹、花嫁よ」と、各々の名によって正当にも誉れが与えられているゆえんである。つまり、姉妹と呼ばれたのは情念（魂の病）から解放され自由にされたということによって誕生を同じうするからであり、花嫁と呼ばれたのは神の言葉との一体性（sunapheia）が存しているからである。

キリストの宿り（受肉）と摂理の働き

ところで、「あなたはわれわれの心を生々とさせた」という表現は、「あなたはわれわれに生命を吹き込んだ」の意だと考えられる。だが、より明らかに解釈するために、この神秘については神的な使徒の言葉に委ねることにしよう。「エフェソ人の手紙」のある箇所で、肉を通して生じた神の顕現（受肉）の偉大な摂理（oikonomia）を、パウロはわれわれに語り明かしてくれているからである。すなわち、それは、単に人間の自然・本性が恵みによって神的な神秘を学び知ったということに留まるのではなく、神の多様な知恵（sophia）が人間の内なるキリストの宿り（摂理）を通して天上の諸々の権能と力とに対しても知らしめられた、ということなのである。

実際、パウロは次のように続けている。「神の多様な知恵が教会を通して、われわれの主イエス・キリストにおいて神の創った永遠の計画に従い、今や天上の諸々の権能と力とに知らしめられた。キリストにおいてわれわれは、キリスト自らの信仰を通して、われわれ自身が臆することなく信仰において神を言い表す者（神の現前する者）となり、また確信において神に近づく者となるのである」（エフェソ三・一〇―一二）。なぜならば、まことにキリストの体たる教会を通してはじめて、神の多様な知恵が天上の諸力に知らしめられるからである。ここに、神の知恵とはそれ自身は永遠不動でありながら、自らに反するものを通して大きな奇蹟を生み出してくるものなのだ。

キリストによる生命

しかるに他方、対立物との交わりから生じた知恵のかたちは、今や教会（ekklēsia）を通して明瞭に学び知られる。(14) すなわち、いかに神の言葉が肉となり、生命が死と交わるか（ヨハネ一・一四）、いかにキリストが自らの傷によってわれわれの傷を癒すか（一ペテロ二・二四）、またいかに十字架の弱さによって、それに対立する力を打ち倒すか、いかに不可視のものが肉において顕となり、囚われたる者を救うか、そしていかにキリスト自身あがなう者であり、あがないの値そのものとなるか、といったことが知られるのである。なぜなら、キリストは自分自身を、われわれのために犠牲の捧げものとして死に渡したからである（マタイ二〇・二八、イザヤ五三・一二）。

そしてまた、キリストがいかに死に渡されながら、生命を離れることがなかったか、いかに奴隷となりながら王であり続けるかが知られよう。これらすべては、そして他の同様のことがらは、知恵の豊かで多様な働き・わざ（ergon）である。花婿の友人たちは教会（霊の交わり）を通してそれらを学び、そのようにして心を生々とさせられたのであった。かくして彼らは神的な知恵の多様な姿・かたちを神秘のうちに思惟する者となるのである。

もしさらに大胆に言うとすれば、彼らは恐らく、花嫁を通して花婿の美（kallos）を観想しつつ、すべての存在物においてかの不可視な把握しえざるものが現存していることに驚きの眼を見張る。ヨハネの言うように、「何人も神を見た者はいない」（ヨハネ一・一八）からであり、またパウロの証言する通り、「何人も神を見ることはできない」（一テモテ六・一六）からである。すなわち、キリストは自分の体を教会とし、救われた者を一つに集めることによって、愛（agape）のうちに自らを建てるのである（エフェソ四・一二、一六）。それは、われわれすべてがキリストの充ち溢れの日に従って（同四・一三）、全一なる完全な人間に与るに至るまで働く。

それゆえ、もし教会がキリストを頭とするキリストの体であるのならば、キリストは彼自身の姿によって、教会の顔・かたちを形作るのである。恐らく花婿の友人たちは、こうした教会の体を見て、生々とさせられたと考えられよう。なぜなら、彼らはそうした教会のうちにこそ、不可視的なるもの（神）をより間近なものとして見るからである。丁度、丸い太陽を見ることができない者が、それを水中での反射を通して見ることができるように、彼らは浄い鏡において見るかのごとく、教会において正義の太陽を見るのだ（マラキ三・二〇）。正義（dikaiosunē）とは、見られるもの・現象（phainomenon）を通して何らか思惟されるほかないからである。花嫁に対して友人たちから、「あなたはわれわれの心を生々とさせた」という言葉が三度繰り返されるゆえんもそこにある。（生々とさせたとは、花嫁自身を通して光を把握せんがために、わたしたちに魂と思惟とを造り与えたということであった。）つまり、彼らはそうした言葉を三度繰り返すことによって、一つの確実性を与えている。「あなたはわれわれに、あなたの片方の眼によって生々とさせた」と。

キリストのくびきを担う魂

ところで次に、あの一つとは何なのか、そして花嫁の首に掛けられた飾りとは何なのか。これについては、簡潔に過ぎてやや不明瞭な言葉と思われようとも、今まで吟味してきたことからして解釈するのに困難ではないであろう。そこでは次のように言われていた。つまり、「あなたはあなたの片方の眼によって、われわれの心を生々とさせた、一つによって、あなたの首の飾りによって」（雅歌四・九）と。ここに「一つによって」とは「一つの魂によって」ということと考えられるので、先の「あなたの片方の眼によって」という表現と呼応している。すなわち、鈍く教養のない者には、いわば多くの魂が生じるのであって、彼らの情念（pathos）はその支配力によって魂の場を席捲してしまう。そして、魂の姿・存在様式は苦痛や快楽、気概や恐怖、臆病や大胆といったさまざまな情念によって支配され変化を蒙ることになる。

しかし、神の言葉に眼を向ける人は、アレテー（徳）（aretē）に即した生の一なるかたちにより、一つの魂による生を証している。このように、「一つによって」という聖書の語句は、確かにそのように区切って読むと、既述のことに適合してくるのであって、それは「一つの魂によって」とか、「一つの生の方式・かたちによって」を意味すると解釈されよう。ただ、「あなたの首の飾りによって」という表現には、今一つの意味が含まれている。つまり、その語句は全体としてより明瞭な表現にもたらされて、次のように言われよう。あなたには一なるものを見る一つの眼があり、また、さまざまな状態（情念）へと分散してしまわない一つの魂があるのだと。つまり、あなたの首の姿は完全であって、神的なるくびき（zugon）を自ら担っているのである（マタイ一一・二九）。

さて、われわれはあなたの首の飾りのうちにキリストのくびきを見るのだが、他方、真の善に対するあなたの心構えのうちに、一つの眼、一つの魂を見出す。それゆえに、「あなたはわたしの心を生々とさせた」と驚きをもって語られているのは、あなたの首の飾りのうちに一つの眼、一つの魂を発見してのことであると解釈されるのである（ここに、花嫁の首の飾りとは、既述のごとくキリストのくびきであり、一なる結合のことであった）。

このように天使たちの讃美は花嫁の美（kallos）にむけられていた（花婿の友人たちとは天使のことと捉えられたので）。しかし、その讃美が的外れで誤ったものとならぬように、聖書の言葉は花嫁の美に対する友人たちの判断に確証を与えている。つまり、花嫁の美の証しのため、より大きな驚きが附加されているのだ。なぜなら、花婿自身が、花嫁の肢体の美を言祝ぎ、あらわに示しているからである。われわれは、神の赦しがあれば、この点については次に続く論述に委ねることにしよう。もしまことに天からの助け（symmachia）によってこれらの神秘を解明するための力が与えられるならば、そのことは、教会の美を知り、われらの主なるイエス・キリストにあって、神の恵みの栄光（doxa）を讃美するものとなろう。

主に栄光が世々とこしえにあらんことを。アーメン。

第九講話

四 10 あなたの両の乳房は、何と美しくなったことか。
わが姉妹よ、花嫁よ。
その乳房は、何とぶどう酒に優って美しくなったことか。
あなたの香油の香りは、すべての香料よりも芳わしい。
11 花嫁よ、あなたの唇は蜜を滴らせ、
その舌の下に蜂蜜と乳が潜む。
そして、あなたの衣の香りは
乳香の香りのようだ。

12　わが姉妹、花嫁は、閉ざされた園、
閉ざされた園、封印された泉。
13　あなたから湧き出たものは、
多くの果樹の実もたわわな、ざくろのパラダイス、
ナルドとともにヘンナ樹、
14　ナルドとサフラン、レバノンのすべての木とともなる
華とシナモン。
すべての素晴らしい香料とともなる
没薬、アロエ。
15　あなたは園の泉、
レバノンから流れ来たる、生ける水の井戸。

キリストとともなる甦りと生命

「あなたたちがもしキリストとともに甦えらせられたならば、地に在るものをではなく、上に在るものを思慮せよ」（コロサイ三・一―四）。パウロのうちで語る方（神）はわれわれにこのように語っている。なぜならそれに続けて、「あなたたちはいわば一度び死んだ者であって、その生

命（zoē）はキリストとともに神（theos）のうちに隠されている。われわれの生命たるキリストが現れるとき、あなたたちもまた、キリストとともに栄光のうちに現れるであろう」（同三・三―四）と言われているからである。

それゆえ、もしわれわれが下方の本性に死んで、生命の希望という住まいを地から天へと移すならば、そしてまた、「知者は感覚を隠す」と語る『箴言』の言葉に従って（箴言一〇・一四）、肉においてある生命がわれわれから隠されるならば、その際、真実の生命たるキリストが自分のうちに顕現してくるのをわれわれは忍んで待つのである。それは、われわれもまたより神的なるものに変容せしめられて、栄光のうちに現れんためであった。

丁度そのように、われわれは今、肉に死んでいて、もはや語られた言葉から肉的な思惟へと引きずり下されることがない者として、『雅歌』の言葉に耳を傾けることにしよう。なぜなら、諸々の情念（pathos）や欲求（epithymia）に対して死んでいる人は、上に在るもののことを思慮しつつ、語られた言葉の外的な意味を、浄化された混じり気のない意味へと移し変容させてゆくからである。その上なるところ、父の右にキリストは座しているのだが、キリストにあって卑しく地上的な思惟（noema）は忘れ去られており、情念（pathos）は存在しない。さて今や、花嫁の汚れなき美を（kailos）描き出している神的な言葉・ロゴスに耳傾けるべきときである。ただし、それは、肉（sarkos）と血（haima）の自然的な思いの外にいて、霊的な自然・本性（physis）のうちに変容さ

せられた者としてである。(15)

自由なる択びによる神的なものの現前

さて、他の典拠のうちに、われわれは神的な愛智(philosophia)によって次の教え(dogma)を学ぶ。すなわち、われわれが自由なる択び(proairesis)によって自らを神にあらわに委ねるとき、神的なものはそうしたわれわれに現前してくるということを。(16) ダビデは預言において、「神は諸々の善き人々に対して善である〈憐れみ深い〉」(詩編一一七・一—四)と証言している。また、他の預言者は、獣的な生(bios)を送る人々を熊とも豹とも呼んでいるが、そうした謎・しるしを通して新約の福音の教えが予表されている。つまり、王たる神の言葉の特徴は、王の右にいる者と左にいる者とが異なるということによって観取されるのである。右には善良にして慎しい羊が、左には恐ろしい粗暴な山羊がいるのだが、王はそのような裁かれた者たちの自由なる択び(proairesis)に応じて、それぞれに適った仕方で自分自身を彼らに適応させることになる。かくして、今や花嫁が花婿の美を称え、また同様の言葉で主に対する讃美が為されたので、それにふさわしい返答が言葉(ロゴス)から彼女に与えられるのであった。

神に対する真実の犠牲は砕かれた霊である

さて、花嫁の香りが、あらゆる香料に優って評価に値すると聞くとき、われわれは真理（alētheia）の神秘のみが、すなわち福音の教えによって成就し顕現した神秘のみが、神にとって芳しい香りであるということを、神の言葉（ロゴス）自身によって学び知るのである。そのような神秘は、律法のあらゆる香りに優っている。それはもはやいかなるしるしや影によっても覆われておらず、真理が顕現していることによってよき香りとなっているのだ。なぜなら、もし既述のような香料のいずれかを主がよき香りとして嗅ぐのならば、そのことは、生じていることがらにおいてあらわになった霊的な意味に即して受け取られるべきなのであって、決してことがらの表面的、物体的なかたちに即してではないからである。

こうした意味合いは、預言者の大いなる声からしても明らかである。つまり「わたしはあなたの家から雄牛を受け取らず、またあなたの飼っている群から雄山羊を取らない。わたしは雄牛の肉を食べず、雄山羊の血を飲まないからである」（詩編四九・九、一三）という。確かに動物の犠牲は古来数多く捧げられてきた。だが、事実はそうであるとしても、それらによって謎・しるし（ainigma）としてあなたに定められているのは、実はあなたの情念や欲望こそが犠牲として捧げられなければならないということである。なぜなら、「神に対する真実の犠牲（thusia）とは、砕かれた霊（pneuma）であり、神はそうした砕かれ、へりくだった心（kardia）を無にはしない」[17]（詩編五〇・一九）からである。

この意味で、神への讃美というわれわれの犠牲・捧げもの（thysia）は、その芳しい香りを嗅ぐ方（神）に栄光を帰すものとなるのだ。それゆえ、パウロの魂（psychē）は「キリストのよき香り」であったが（二コリント二・一五）、そうしたパウロに倣って霊的に麗しい香りを発する人は、律法のあらゆる象徴的な香りを超えているのである。

そのような魂は自らの生を通して祭司の香油となり、多様な徳（aretē）が調和ある仕方で混合して、没薬となり、芳しい香りを漂わせることになろう。そして、その人の生は花婿の嗅覚にとってよき香りとなる。かくして、ソロモンの言う「神的な感覚」は、律法という物体的な香料よりも、諸々の徳によって構成されたかの非質料的で浄い芳香を遥かに優れたものとするのである。「あなたの香油の香りはあらゆる香料よりも芳しい」（雅歌四・一〇）と語られているゆえんである。

善き生の範型

さて、それに続くテキストは一層高いところへと讃美を導いている。それは、魂の志向と祈りとによって花嫁の身に生じた霊的な賜物（charisma）の満ち溢れを、言葉に託して証しているのである。ちなみに、「箴言」の言葉は知恵（sophia）の弟子たる者が蜜蜂のもとに行くことを望んでいる（師が誰であるかは全く弟子たちから見分けられる）。すなわち、知恵を愛する者に言う、「蜜蜂のところに行って、そのわざがどのようなものであり、また蜜を持ち運ぶその仕事がいかに尊いものであるかを学べ」（箴言六・八）と。というのは、王も平民も蜂の労苦の結果たる蜜を健康のために用いているからである。つまり『箴言』は、蜂が万人にとって望ましい在り方を保持していて、讃えられるべきであると言う。蜂は自分自身は体の弱い存在であっても、知恵を尊重しており、それゆえに、アレテー（徳）ある者にとっての生の範型（hypodeigma）となっているのである。[18] かくして蜂蜜の例によって、知恵を尊重する姿が提示されている。

そのテキストを通して『箴言』は、われわれが諸々の善き教えから外れることのないよう戒告している。かえって、われわれは神的な霊感を受けた野原を飛び回って、その各々の花から何か知恵の創造に資する蜜を引き出し、取り集めるべきなのである。それはあたかも自分の心（kardia）という巣の中に、愛の勤勉さを貯えることに喩えられよう。それはつまり、さまざまな種類の教えを蜜蜂の巣ならぬわれわれの朽ちざる記憶のうちに貯えることである。

また、蜜蜂の貯えた蜜は甘美だが、その刺し傷は軽微である。そんな賢い蜜蜂を模倣してわれわれもまた、アレテー（徳）（aretē）の尊い働き（ergasia）を万事に渡って為すべきであろう。なぜなら、労苦と引き換えに永遠の善きものを得る人こそ真実に生の歩みを為しており、しかも自分の労苦を王と民との魂の健康に寄与するものとしている。そのような魂は、かくして花婿にとって望ましい存在となり、天使によって讃えられる。それは、魂が知恵を尊ぶことによって、弱さ

（asteneia）のうちにかえってその力を完全なものとしているからであった。

神的なかたちの刻印　キリストの死の模倣によって、キリストと同じかたちに形成される

そのような人になり、またそうした諸々の讃美の高みに達した人は、つねに自らの生を通して、自己のうちに神の似像（eikōn）の姿・かたちを宿し、体現させている。「レバノンのすべての木によって」という表現はこのことを示していると考えられよう。なぜなら、そこに注意を払う人は、乳香が流れ出すのは単にレバノンの一種類の木からであるのではなく、さまざまな木には異なりがあって、木の種類に応じてそれぞれの香りが多様に存することを言い当てているからである。それゆえ、生のあらゆる営みにおいて自己のうちに神的なかたち（theieidēs）を刻印する人は、そうした自分の姿のうちいわばレバノンのさまざまな木の美しさ（kallos）を、それらを通して神的なかたち・似像（eidos）が象られているものとして、証示しているのである。(19)

しかるに、何人も、先ずキリストの死を模倣すること（homoiōma）によってそれと同じかたちに形成されることなくしては、神の栄光（doxa）に与る者と成ることはない。それゆえ、香料の目録を示す際、花嫁への讃美はざくろの果樹が香料の残りの名であるとしている。つまり、テキストはそれらのうちに没薬、アロエ、乳香を数え上げているが、没薬とアロエの名によってはキリストの墓に共通する何かが象徴的に示されているのである。(20)（気高い福音の語るごとく、墓に葬られた方

は没薬とアロエを通してわれわれのための死の香りを味わったという。）（ヨハネ一九・三九）。しかし、他方、乳香の名によって、聖書はあらゆる無思慮な振舞いからの浄化と純化を指し示しているのだ。

丁度アモスも、次のように言って柔弱なる者たちにその行状をあらわに告げて言う。つまり「上質のぶどう酒を飲み、最上の乳香を塗る人々」（アモス六・六）、そして少し前で「群の中から子羊を取り、牛舎から子牛を取って食べ、琴の音に合わせて唱い騒ぐ人々」と。ここに出てくるぶどう酒は沈澱物によって濁されておらず、また、よき香りの浄さは香油の混合によって腐敗させられてはいない。だが、この預言者がイスラエルの人々を非難するのは全く当然であった。なぜなら、彼らはいわばあらゆる沈澱物を漉したかのような純粋な聖書の言葉に刃向かうからである。彼らはまた、香油の純粋なよき香りを有し、つねに霊的な宴会を享受してはいるが、悪の余りの柔弱さや放埒を楽しもうとする自分たちの意志・自由を拒みはしなかった。そして、ぶどう酒の透明さを陰気な泥に変え、香料の浄さを諸々の悪しき思惟の混合によって消滅させてしまう。しかし、それに対して『雅歌』の言葉は、花嫁が香料をゆたかに生み出したため、彼女が神的な教えの犯しがたさと浄らかさを有していることを、如実に証しているのである。

生ける水、ロゴス・キリスト

続いて、聖書の言葉は花嫁のことをレバノンから流れ出る生ける水の泉と名づけ、讃美の頂にまで導く（雅歌四・一五）。こうした生命を作り出す自然・本性（ピュシス）については、これをすでに聖書から学び知っている。つまり、預言者は神自身に代わって言う、「彼らは生ける水の泉たるわたし（神）を見捨てた」（エレミア二・一三）と。そして再び、主はサマリアの女に告げて次のように言う、「もしあなたが神の賜物を知り、わたしに飲ませよとあなたに語っている者が誰であるがを知っていたならば、あなたの方がその人に頼み、かくしてその人はあなたに生ける水を与えたことであろう」（ヨハネ四・一〇）と。

また他の箇所では、「もし人が渇くならば、わたしのもとに来させよ。わたしが彼に飲ませよう。なぜなら聖書の言うごとく、わたしを信ずる人は、その腹から生ける水が河となって流れ出すからである」（同七・三七―三九）とある。だが、ロゴスはこのことを、ロゴスを信ずる人々が受けるであろう聖霊に関することとして語ったのである。それゆえ、これらいずれの箇所にあっても、生ける水という象徴を通して神的な自然・本性のことが意味されており、かくして『雅歌』の言葉の偽りなき証言は、花嫁のことをレバノンから流れ出る生ける水の井戸と名づけていたのである。

しかし、このことは全く逆説的な事柄である。なぜなら、すべて井戸は静止した水を蓄えているはずであるのに、花嫁のみは自らのうちに流れ出る水を有しているからである。すなわち、水をあふれさせる井戸の深みと、水の流れ（河）の絶えざる動きとを。ここに暗示されている驚異を、今や花嫁において誕生・生成している或る類似（homoiōsis）を通して、一体誰がふさわしい仕方で把握することができようか。

ともあれ、花嫁がすべてに渡ってかの原型たる美（kallos）に似たものとされたならば、恐らくそうした自己の姿を超えてゆくべきより先なるものはもはや存在しない。なぜなら、そのとき彼女は自分の泉によって花婿の泉そのものを、自分の生命によってかの生命そのものを、そしてまた、自分の水によってかの水そのものを、正しく模倣する者となったからである。すなわち、神の言葉は生きているので、その言葉を受容する魂もまた生きるであろう。

そしてかの水は神から流れ出るのであって、その泉自身（花婿）が「わたしは神から出て、ここに来た」（ヨハネ八・四二）と語っている。同様に、花嫁もまた自らの魂の井戸のうちに、花婿の水の流れを宿し、かくして、レバノンから流れ出る――否むしろ、流れ出ると聖書は名づけているが――かの生ける水の宝庫となるのである。われわれもそのような井戸を所有することによって、かの生ける水に与る者とならねばならない。それはわれわれが知恵（sophia）の戒めに従って、他の水をではなく、キリスト・イエスにおいてあるわれわれ自身の水を飲まんがためである。

われわれの主に栄光が世々とこしえにあらんことを。アーメン。

訳　注

（1）「予表する」とは、グレゴリオスの聖書解釈の基本を示す言葉の一つであった。旧約の記述に新約の啓示に関わるものを読み取るという解釈の仕方は、文献学的な聖書学の立場からは容認しがたいものであろう。だがグレゴリオスにあって、聖書の言葉は永遠なる神（存在そのもの）の働き（エネルゲイア）が、その都度の「今」を具体化したものとして、いわば同根源的に、また同時性の眼差しのもとで観想されているのである。

（2）katoikētērion は「住うこと、住居」の意味であるが、「神が人間を住まいとして、そのうちに住う」という把握は、神の子の受肉（神性が人間本性を受容するという事態）に通じるであろう。言い換えれば、神は万有の一木一草においても何らか働いていると同時に、人間というかたちにおいて最もよく自らを発現させているのである。

（3）「神秘」と訳した mystērion という言葉は、奥義、秘義などという意味合いを有する。それは元来、耳、目を閉じるという語に由来することから窺えるように、感覚や思惟による人間的なあらゆる限定を超えた事態を指し示す言葉であった。

（4）「集まり」（ekkēsia）は「呼ぶ」（ekkaoeō）に由来し、「呼び集められた人々の全一的な交わり」の意味となる。そこからさらに「教会、神的な交わり、愛の共同体」といった意味を表す言葉となる。

（5）oikonomia は註（2）の katoikētērion と同じく oikos「家、住居」という言葉に由来する。ここでは「摂理、宿り」と訳したが、受肉をも意味している。

（6）超越的な存在（神）はいかなる限定をも超えているが、この時間的な世における神の顕現は、必ずや何らか限定されたかたちで生起せざるをえない。神はそれぞれのかたちにおいて宿りつつ、勝義にはそれら多様なるかたちの、全体として一である姿に現前してくる。このことは ekkrēsia（集まり、全一的な交わり、教会）が歴史を貫いて誕生し、形成されゆくという中心的な理念に関わっているのである。

（7）「自由なる択び」と訳した proairesis という言葉は「自由・意志」「選択意志」などとも訳しうるが、グレゴリオスにあってとりわけ重要な役割を演ずる言葉である。それは単に対象的な二つのものの択びに関わる以上に、自己自身の存在様式それ自身の択びに関わるのである。そのことに対応して、われわれの「自然・本性」（physis）は自己完結的に閉じられてはおらず、神的なる存在の多様にして全一なる宿り、顕現に参与してゆくべきダイナミックな性格を有するものとして捉えられている。プロアイレシスはそうした自己の変容と、全体の一性への参与とを実現してゆく働きを示す言葉であった。
（8） このことはグレゴリオスの中心的理念として、本書において繰り返し語られている。超越的な美（善）は――それは存在そのものたる神を表す言葉であるが――、多様で有限な部分が何らか全一なる美を形成していることとして顕現してくるほかないのである。
（9） 因みに「性」はラテン語（sexus）にあって seco「切り離す、分割する」という語に由来し、いわば有限性をしるしづける言葉であった。
（10） 部分はそれぞれの仕方で全体の成立に与っているのであって、部分だけの完成はありえない。グレゴリオスの教会（全一的な交わり）理念は、個体、個人を何らか自己完結的な存在として捉える西欧近代的な知、認識の方式に根本的な反省を迫るものであろう。
（11） キリストを頭とする神秘体の形成へとすべての人は招かれているとされるが、そうした再生、再創造ということの根拠は、歴史における実現の道に先立ってすでに据えられているのである。と同時に、創造とは単に過去において完結した出来事としてでなく、今、現にわれわれのうちで、われわれが一つの死を介して絶えずキリストの神性に与りゆくこととして生起してくるべきものだと考えられよう。
（12） パウロのこの表現中の epekteinomai（身を差し出してゆく、志向し超出する）という言葉は、その名詞形 **epektasis**（エペクタシス）とともに、グレゴリオスの愛智の道行きにあって中心的な役割を与えられている。その要は、以下の文脈に語られているように、超越的な善（存在そのものたる神）に向かって無限に自己を越え、自己を無にし、志向の限りを働かせてゆくということが、とりも直さず、人間的本性の完全性の成立に再帰的に与ってくる、という動的な構造に存するであろう。
（13） 変容やその可能性はそれ自体としては、永遠性の欠如であるが、われわれにとって悪への可能性の全くないというところには善の顕現・生成ということもない。（善の顕現は、グレゴリオスにあって、徳ある生の成立とか、神性の受容、あるいは多様にして一なる神的交わりへの参与といった表現によって示される。）つまり、悪への可能性が絶えず浄化されるという間接的な、また動的な仕方としてしか善の具体的な顕現の道はないことになろう。そこに、人間的な自由と悪の不思議さがある。

（14）「教会」ekklēsia という言葉の元の意味合いは「呼び集められたもの」であるが、そこからしてエクレシアはさらに神的な集まり、交わりを示す言葉となる。この文脈にはそうした全一なる交わり（エクレシア）の成立というわれわれにとっての究極の目的が、すでに根拠として与えられていること、しかしわれわれの現実の道行きにおいては「すでに、かつ未だ」という緊張した動的な構造が存していることが窺われるのである。それは、創造と時間、そして歴史の謎、神秘に関わっている。

（15）人間の自然・本性（physis）はグレゴリオスにあって、決して完結した、閉じられたものとしてではなく、神性を受容し、神に似ることへと無限に披かれたものとして捉えられていた。

（16）プロアイレシスはこのように対象的な事物の選択に関わる以上に、自己自身の存在様式そのものの成立に関わる。すでに見たように「モーセの生涯」においても、この点が詳しく論じられている。

（17）神性の受容、全体として一なる神的交わり（教会）への参与は、必ずやこうした自己否定を媒介とする。

（18）「モーセの生涯」において、徳（アレテー）は人間的本性の完全な姿として捉えられている。それゆえアレテーは神性の受容ということなしに生起しない。すなわち、人間が人間として存在するということは、それ自体完結した事実であるのではなく、神性の受容へと披かれゆく徹底した動的な構造のもとに捉えられるべきなのである。

（19）創世記（一・二六―二七）の周知の箇所によれば、神は人間を似像（eikōn）と類似性（homoiōsis）に即して、またそれに向けて創ったという。それゆえ、ここでの文脈において、根拠は同時に目的でもあり、われわれが「神的なるものに似ること」へと向かう道行きは、「すでに、かつ未だ」という緊張のもとにあるのである。この意味で、神による創造と再創造は、単に過去及び未来のこととしてではなく、われわれ自身の、今、ここなる営みのうちに観想されなければならないであろう。

（20） それぞれの人は、自らに与えられた分に応じて神的なかたちを何らか象り、自らのうちに宿す。だが、人は個々の閉じられたものとしてはそれ自身ですらありえず、全一なる交わり（教会）の構成にキリストの死を模倣することによって与りゆくという仕方で、はじめて自らの存立意味を得るのである。こうしたグレゴリオスの論はむろん、狭義の教会論という枠組を越えて、有限なる存在者における存在と知の根源的な意味に関わっている。

Ⅱ　証聖者マクシモス

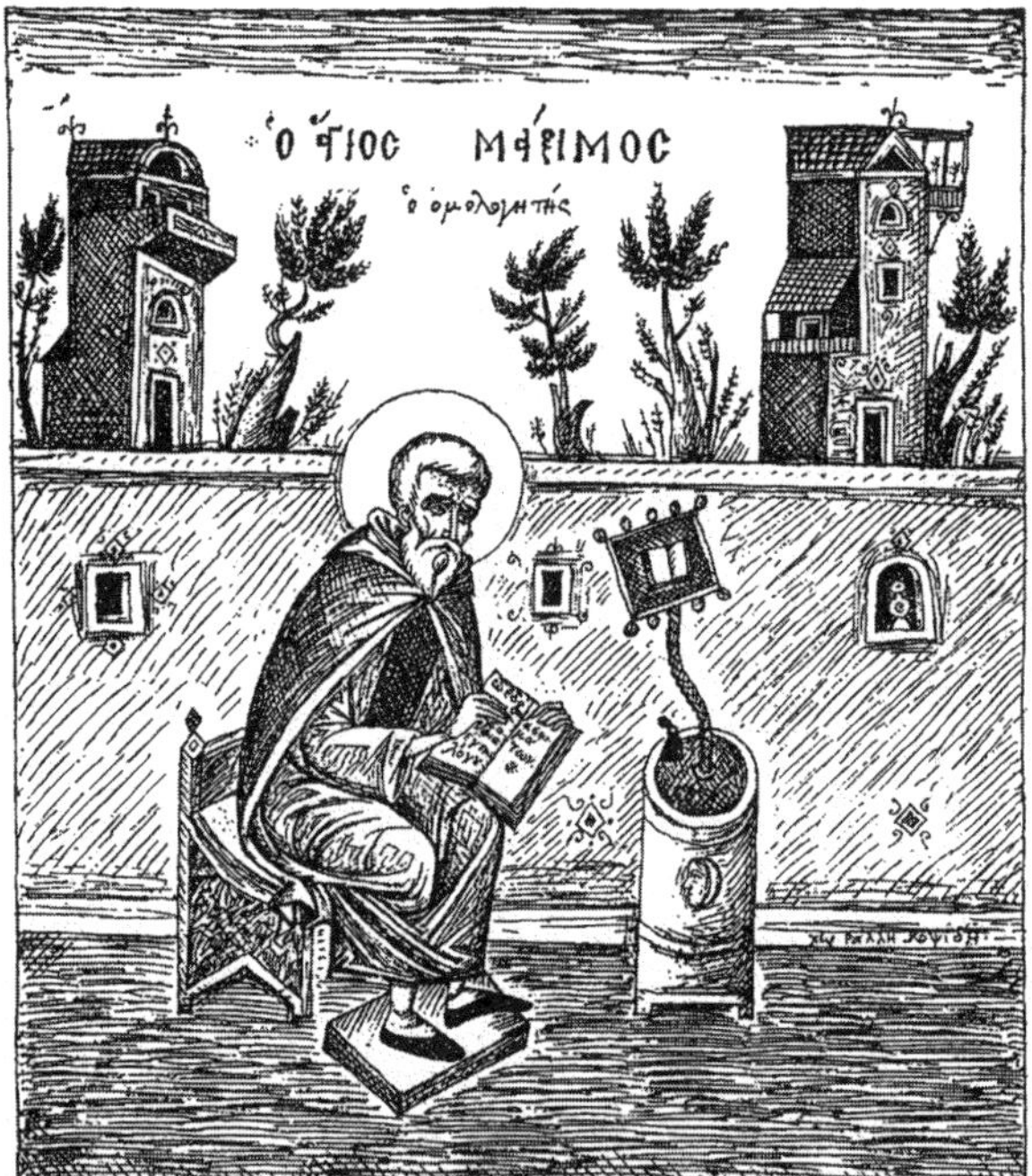
Ο ΑΓΙΟC ΜΑΞΙΜΟC
ὁ ὁμολογητής

四　『愛についての四百の断章』

解　題

この作品は、ΦΙΛΟΚΑΛΙΑ（Philokalia, ΑΣΤΗΡ, ΑΘΗΝΑΙ, 1957-1963）（全五巻）のB巻（邦訳では『フィロカリア』Ⅲ、新世社、二〇〇六年）に収められている。次の『神学と受肉の摂理とについて』という、より大きな作品も同様である。翻訳の底本としてそれを用いた。

そこで、まず『フィロカリア』についてであるが、それは全体として、四世紀から十五世紀にわたる数多くの教父や師父たちの、とくに修徳に関する著作を集成したアンソロジー（詞華集）である。『フィロカリア』とは、原語のギリシア語では「美なるもの（善なるもの）への愛」という意味合いの著作であって、そうした表題は、人間が超越的な善そのものたる神をどこまでも愛し求める道行きを示している。その書は、キリスト教的霊性の歴史における源流とその継承・展開の姿を如実に表しているのだ。そしてそれは、東方キリスト教世界に広く迎えられ、「霊的な修業」と「神への道行き」とを志す人々にとって、最上の教えと導きを提供する書物となったのである。

ところでそこに含まれた数多くの著作が著されたのは、千年以上もの期間にわたる。が、それらが現に『フィロカリア』という題名でまとめられて世に出たのは、十八世紀のことである。すなわちそれは、聖山アトスのニコデモスとコリントの府主教マカリオスの手によって、東方修道制の霊性運動たるヘシュカズム（静寂主義）の伝統に即して編纂され、はじめヴェネツィアで、後にアテナイで出版された。（この間の事情について、詳しくは後の文献表に挙げた邦訳書を参照。）

さて、『愛についての四百の断章』という作品は元来、百ずつの断章が四つ並べられ「四百の断章」となっている。本書では最初の「二百の断章」の中から適宜択んで、「愛（アガペー）」という根本問題をめぐる証聖者マクシモスの洞察を、ほぼ全体として窺いうるように配慮した。

愛（アガペー）とは、証聖者マクシモスによれば、神的知を宿すことへと開かれた「魂の善きかたち、秩序」だという。つまり愛は、無限なる神性・善性へと定位されており、神への愛に極まる。そしてまた、「神は愛である」（一ヨハネ四・八）とすら言われる。もとより有限なわれわれにとっては、超越的な神との直接的な合一はありえない。しかしわれわれは言語（ロゴス）的知性的な存在者として、いわばロゴス的根拠たる神から呼びかけられている。そして、そうした本源的な呼びかけに心披き、自由に応答してゆくことこそ、愛という言葉の本義として捉えられているのである。

マクシモスが先行の教父たちと一致して語り告げるところによれば、魂・人間が諸々の悪しき情念を超え、何らか己れに死んで祈りと謙遜とに導かれるとき、自己自身が無限なる神性の働く場となり、あるいは聖霊の宿る器ともなろう。他者との真実の愛と交わりが成立してくるのも、ただそこにおいてである。そのようなとき、自己は恐らく、根底での自己否定を介して他者のうちに甦り、自己と他者とが相俟って「神的ロゴスの宿り」となってゆくと考えられよう。

とはいえ、現に在るわれわれは、かかる真実の愛の姿からはほど遠く、さまざまな情念や執着に多少とも捉われているであろう。それゆえ、その名に値する「愛の道行き」は、諸々の絶えざる否定と浄化を介して現に生成し具体化してくるほかない。それゆえマクシモスにあって、キリストの「受肉、受難、復活」という事態は、単に特殊な信仰箇条に属することである以上に、かかる愛の道行きの根底にその成立根拠として、また人間本性の開花・成就の動きにつねに現前する範型として観想されているのだ。そしてそこに、「受肉の現在」とも呼ぶべきものが見出されることになろう。

証聖者マクシモスは、二世紀から八世紀半ばに及ぶ東方・ギリシア教父の伝統の後期に属する人であって、（体系的な著作があるわけではないのだが）実質的な集大成者であり「ビザンティン神学の父」と称えられる。すなわちマクシモスは、「カッパドキアの三つの光」たるバシレイオス、ナジアンゾスのグレゴリオス、そしてニュッサのグレゴリオスをはじめとして、擬ディオニュシオス・アレオパギテース、偽マカリオスなど、東方教父や師父たちの神学・哲学的かつ霊的な遺産をゆたかに継承し、また「カルケドン信条」（四五一年）などの精神を遵守しつつ、それらすべてを集大成した人と目される。

また、より大局的に見ればマクシモスにおいて、ヘブライ・キリスト教の伝統と古代ギリシア哲学の伝統という二大思想潮流は、ある種の緊張のもとに統合されている。すなわちマクシモスは、旧・新約聖書と教父たちとの伝統を礎としつつ、古代ギリシア的諸伝統を摂取し、根本的な拮抗のもとにそれらを変容させ超克していったと考えられよう。

さて、証聖者マクシモスの生涯について基本的なことのみ記しておく。

マクシモスは五八〇年頃、東ローマ帝国の首都コンスタンティノポリス（現在、トルコ共和国のイスタンブール）に生まれた。その家系には、代々ビザンティンの宮廷に重用された人が多かったという。マクシモス自身、皇帝ヘラクレイオスの筆頭書記官に任ぜられた。が、三年後にはその職を辞して、六一四年、帝都クリュソポリスの修道院に入り、東方キリスト教的霊性の道に身を捧げた。その後、ペルシア、スラブなどの侵入とともに放浪の旅を余儀なくされ、六三〇年に北アフリカのカルタゴに辿り着く。その地で反単意説論者のソフロニオス（五六〇頃―六三六）に出会った。マクシモスの神学・哲学的著作の大部分は、その地での十五年ほどの間に著されている。

しかし後に、険しい教理論争にも関わることになり、キリスト単意説（キリストのうちに神的意志のみ認め、人間的意志はことごとく排除する説）に抗して、キリスト両意説を主張した。そうした中で教皇マルティヌスが捕えられて、クリミア地方に流刑に処された。また六六二年マクシモスも捕えられて拷問を受けたが、キリストの神人性（神性の受肉）と両意説との信仰を貫き通した。

そのため、その信を卓越した仕方で語りかつ記した舌と右手とが切り落とされたという。そして黒海の南カフカスの地に追放され、そこで客死した。「証聖者」（コンフェッソル）の称号は、そうした受難と証しによるのである。

ちなみに、マクシモスのキリスト両意説は、奇しくも六八〇／八一年の第三回コンスタンティノポリス公会議において正統として確立された。そしてそれは、「ビザンティンの勝利」として永く歴史に記憶されてゆくことになる。

われわれの聖なる証聖者マクシモスの生涯・略伝

われわれの聖なる父、証聖者マクシモスは、あごひげのコンスタンティノス帝の頃[1]、キリスト御自身の時代から六六〇年余のときまで生き、単意説論者の異端的教説を打ち破った第一人者であった[2]。マクシモスはまず、宮廷で際立った存在として最も尊敬を受けたが、やがてそうした世俗的な権威を捨てて、禁欲的修行の道に向かった。彼は、知恵の泉に口を近づけ、神的な書の生命あふれる水をあまねく飲んで、まことに自分の口から神的な教えと著作を溢れ出させる河となった。そしてその河は、世のすべての限界を定めるような海となったのである。

そこで、われわれもそこから再生の力ある甘美な水を引いて、現存する頭〔たるキリスト〕[3]を通して一巻の書へと運河のように導き、知恵へのよき渇きにある人々のもとにもたらした。それは、彼らがその流れからゆたかに飲んで、もはや永遠に渇くことがないためである。なぜならば、それらのうちには、神化[4] (theōsis) の力ある聖なる愛の知とわざとが[5]、愛智として息づいているからである。すなわちそこには、高貴な神学の躓くことなき教えが確固たるものとなっており、言葉・ロゴスの摂理[6]についての神秘が敬虔に開示され、さらには諸々の神的かたちの徳(アレテー)[7]についての実践的な観想が、知的に明らかにされているのだ。他方、それらに対立する諸々の悪や情念の忌むべき仲間たちは断罪され、一口で言えば、諸々の習性の秩序が照らし出されている。そして、魂についての多くの多様な命題が提示されているので、それらを通して人は容易にあらゆる悪から解放され、徳の習性に与る者となって、天使的な存在になるべく強められ、神的な栄光にまみえることになる。

というのも、われわれの父（マクシモス）における御父自身の釈義のわざは、他の人々よりも秀でたものであって、まず指導者たちに提供され、そうした知らんとする人々に多くの益をもたらす。知者たるフォティオスは[8]、この神的な父を想起し、高貴な照らしを知るに至るであろう。そして、心を伸展させ、喜んでこの道をゆく人々は、さまざまな庇護で満たされ、主の名を呼ぶことになろう。……ただしそのことは、上昇と観想から知性[9]（nous）を後戻りさせて、さまざまなことに思い煩ったり、それらにいたずらに気持を傾けたりしない限りにおいてなのである。

序　言

尊敬するエルピディオス神父よ、『修道の生について』の論述に加えて「愛について」の論述を、福音書の数に倣い、四つの百ずつの断章にまとめてお送りいたします[10]。それは恐らくあなたのご期待に添いうるようなものではないでしょうが、わたしとしては能う限りの努力を傾けて成ったものであります。ただ、この著作が必ずしもわたし自身の思惟の所産ではないことに、あなたは気づかれるでありましょう。すなわち、わたしは聖なる師父たちの言葉を渉猟し、そこから「愛」（agapē）という主題にふさわしいものを選び出して、読者の記憶に適したかたちに為すべく、それらの多くを短い断章にまとめたに過ぎないのです。

これらの断章をあなたのもとに送るに当ってお願いしたいのは、それらを虚心坦懐に味読し、そこから有益なものだけをひたすら探し求めて頂きたいということです。そして、文体の貧しさは大目に見て、霊的な有益さを欠いたわたしの限られた能力のために祈ってくだされば幸いです。

このように申し上げたからといって、どうかあなたがいたずらに困惑されないよう、お願いします。わたしはただ自分に与えられた務めを果たしたにすぎないのですから。というのも、今日、言葉によって人の心を騒がせている人々は数多くいるのですが、真に行為によって人に教えたり教えられたりする例は、まことに少ないからです。従って、以下、各々の章に細心の注意を払って下さい。思うに、それらは確かに、必ずしもすべてが誰にとっても理解しやすいとは言えません。むしろ逆に、多くの章句は、たとい一見単純に見えようとも、大部分の読者にとってやはり探究を必要とします。かくして、おそらく魂（psychē）にとって真に有益なことが、それらの言葉から引き出されてくるでしょう。(11)

けれども、そのことは、純粋な心、神への畏れ、そして愛をもってそれらの言葉を受容し読み解く人々において、ひたすら神の恵みにより生起してくるのであります。しかし、この著作であれ他のものであれ、霊的な益のためにではなく、著者を非難するためにいろいろな章句をかき集めるような人々にとっては――彼らは自分が著者よりも知恵ある者だということを虚偽なる仕方で示そうとしているのでしょうが――、いかなる益も決して生じることがないでありましょう(12)。

第一の百の断章

一　愛とは魂の善き在り方・秩序であって、それにおいては、いかなる存在者も神の知(gnōsis)に優って尊ばれることがない(13)。そして、地上的な何ものかへの執着を持っている人は、右のような愛によって秩序づけられた姿に達することができないのである。

二　不受動心(情念からの解放)(apatheia)は、愛を生みだす。神への希望は、そうした不受動心を生み出す。忍耐と寛大な心は、神への希望を生む。全き自制・克己は、忍耐と寛大な心を生み出す。神への畏れは、自制を生む。そして、主への信・信仰(pistis)は、そうした畏れを生み出すのである。

四　神を愛する人は、神の知を、神によって創られたあらゆるものよりも価値あるものと看做し、憧れ・欲求によって絶えず神の知を追い求める。

五 もしあらゆる存在者が、神から、また神のために創られたとすれば、神は、神によって創られたいかなるものにも優ってより善い。それゆえ、より善きものを捨ててより悪しきものに執着してしまう人は、自分が、神自身よりも神によって創られたものの方を価値あるものとしていることを、自ら露呈させているのである。

七 もし魂が身体よりもより善きものであり、世界を創った神が世界よりも比較を絶してより善いのであれば、魂よりも身体を尊び、神によって創られた世界を神よりも尊ぶ人は、偶像を拝する者と何ら異なるところがない(14)。

八 知性を神への愛と献身とから引き離して、何か感覚的なものに結びつけてしまうような人は、魂よりも身体を尊び、神によって生じたものを創り手たる神よりも尊んでいるのである。

九 もし知性(ヌース)の生命が知の照らしであり、神への愛こそがそうした知の照らしを生むのであれば、まさに、神的な愛よりも大いなるものは何もないと言えよう(一コリント一三・一三)。

一〇 知性が神への愛に燃え立って自己の外に出るとき(15)、自己自身をも他のいかなる存在者をも全く感知しない。なぜならば、神的な無限の光に照らされた人は、神によって生ぜしめられたすべてのものに対して、何ら感ずるところがないからである。それは丁度、太陽が高く昇ったときには、日の感覚が星を何ら感覚しえないのと同様である。

一一 すべてのアレテー(善きかたち、徳)は神的な愛に向けて知性を促す。が、とりわけ純粋な祈りは、すべてに優ってそうした働きを為す。というのは、純粋な祈りによってこそ、知性は神へとはばたく翼を得て、あらゆる存在者の外に出るからである。

一二　知性が愛を通していわば神的な知によって奪い去られ、諸々の存在者の外に出て神的な無限性を感得するとき、神的なイザヤによれば、知性はまさに自己自身の卑小な姿を思い知り、かの預言者の言葉を自らのものとして次のように叫ぶのである。「おお、わたしは何と憐れなことか。わたしは心貫かれ、汚れた唇の者。わたしは汚れた唇の民の中に住んでいる。しかも、わたしの目は万軍の王なる主を仰ぎ見た」（イザヤ六・五）。

一三　神を愛する人は、たとい未だ浄められていない人々の情念のゆえに悲嘆に暮れるようなことがあっても、自己自身を愛するかのようにすべての人を愛さずにはおれない。それゆえ、彼らが回心して正しい生を送るようになるのを見るならば、限りなくまた言い尽くしえぬ喜びを享受するのである。

一五　何らかの過ちを犯した他の人に対して、憎しみのほんの痕跡なりとも自分の心に抱く人は、神への愛から全く離れてしまっている。なぜならば、神への愛は、およそ人間への憎しみと全く相容れないからである。

一六　「わたしを愛する人はわたしの掟を守る。すなわち、互いに愛し合うようにということこそ、わたしの掟である」（ヨハネ一四・一五）と主は言う。それゆえ、隣人を愛さない人は、その掟を守らないのだが、その掟を守らない人は主を愛することもできない(16)。

一七 すべての人を等しく愛しうる人は、幸福である。

一九 すべての存在者を超えゆき、絶えず神的な美を喜ぶ知性は、幸福である。

二〇 欲望を満足させようとして肉の思いを抱き(ローマ一三・一四)、移りゆく事柄のゆえに隣人に対して邪心を抱くような人は、創造主の代わりに被造物を拝しているのである(ローマ一・二五)。

二一 自分の身体(sōma)を快楽と病とから解放された在り方に保つ人は、身体というものをより善きものに仕える協働者と為すのである(17)。

二五 神は本性的に善であり、また情念なき存在であって、すべての人を自らの働きの果として等しく愛する。ただ、神は徳ある人に対しては、その意志によって神と一体となった者として栄光を与えるのだが、邪悪な者に対しては、神の善性によって憐れみを垂れ、この生において彼を教育しつつ回心せしめるのである。丁度そのように、意志によって善であり、情念から解放されている人は、すべての人間を等しく愛する。その際、彼は徳ある人をその本性と善き意志・択びのゆえに愛し、他方、邪悪な人をその本性のゆえに、そして、彼が思慮に乏しく暗黒をさまよっているのを憐れに思い、同苦・共感(synpatheia)のゆえに愛するのである。

二九 他の人から侮辱されたり、何らかのことで傷付けられたりしたとき、怒りの思いに囚われないようによく警戒するがよい。それは、苦しみによってあなたが愛から切り離され、憎しみの領域に身を置くことにならないためである。

三〇　あなたが何らかの侮辱や不名誉によってはなはだしく傷つけられたとき、それはかえって、あなた自身にとって大いに有益なことだと知るがよい。というのも、不名誉な屈辱を受けることによって、神の摂理によりあなたから虚栄心が追放されるからである。(18)

三一　火の観念が身体を暖めることがないように、愛なき信は、魂のうちに知の照らしを実らせることがない。

三四　情念から自由になって、神的な愛から絶えず喜びを受ける魂は、純粋で清い。(19)

三五　咎むべき情念とは、自然・本性（ピュシス）に背反する魂の動きのことである。

三六　不受動心（情念からの解放）とは、魂の平和な状態のことであって、そこにあって魂は、悪へと動かされがたいものとなっているのである。

三七　愛の実りを熱心に獲得する人は、たとい幾多の悪を蒙ろうとも、愛から遠ざかることがない。このことについては、キリストの弟子ステファノスや彼に倣う人々が証しとなろう（使徒七・五九―六〇）。すなわち、実に主自身も、主を殺そうとする人々のために祈り、彼らがそのわざの重大さを知らないがゆえに、彼らの赦しを父なる神に請い求めたのである。(20)

三八　愛には寛大さと憐れみの心とが伴うとすれば、怒りや悪意をもってことを為す人は、明らかに愛から遠ざけられることになる。そして、愛から遠ざかる人は、実は神から遠ざかるのだ。「神は愛である」（一ヨハネ四・八）からである。

三九　「自分が主の宮であると語ってはならない」と、神的なエレミヤは言う（エレミア七・四）。あなたはまた、「われわれの主イエス・キリストへの信仰のみが、わたしを救うことができる」と言ってはならない。なぜならそのことは、もしあなたが善きわざを通してキリストへの愛を獲得することがなければ、決して達成されえないからである。(21) つまり、単に信じることだけなら、「悪霊すら信じかつ震える」（ヤコブ二・一九）のである。

四〇　愛の果・実りとは、隣人に対して秩序ある善きわざを為すこと、寛大で忍耐強くあること、そしてあらゆる事物を正しい判断・ロゴスのもとに使用することにほかならない。

四一　神を愛する人は、何か移ろいゆくことのために他の人を苦しめたり、自ら苦しんだりしない。彼はただ、救いに関わる唯一の苦しみを〔兄弟に〕苦しませ、自らもまた蒙るのである。それこそは、恵まれたパウロが苦しみ、かつコリント人に与えたところのものである（二コリント七・八以下）。

四三　もし人が何ごとかを欲するならば、その人はそれに到達しようと苦心を重ねる。だが、あらゆる善きもの、欲求すべきもののなかで、神的なものこそは比較を絶してより善く、より欲求されるべきものである。従って、まさに自然・本性として善であり欲求さるべきものに到達するため

に、われわれは能う限りの努力を払うべきである。(22)

四六　神的な知にふさわしい者とされ、愛を通してかの知の照らしを得た人は、虚栄の霊によって翻弄されることがない。が、他方、そうした神的な知に未だふさわしい者とされぬ人は、たやすく悪霊に惑わされる。しかし、その人がもし、自分のすべての行為において、それらすべてを神のために為しつつ神へと眼差しを据えるならば、彼は神に助けられて容易に神へと逃れるであろう。

四八　主を畏れる人は、つねに謙遜（tapeinoprosynē）を友とし、謙遜から来る促しによって神的な愛と感謝へと導かれる。(23)なぜならば、彼は、この世に倣ったかつての生の流儀、さまざまな種類の逸脱、罪、そして若き日より自分を襲った誘惑の数々を想起し、さらには、いかに主がそれらすべてのことから自分を救い出し、情念に囚われた生から神に即した生へと自分を回心せしめたかということを思い知るからである。かくして、彼は主への畏れとともに愛をも受け取り、深い謙遜でもって、われわれの生の守り手、導き手たる神に絶えず感謝を捧げるのである。

五三　もしあなたが神に適った愛から落下したくなければ、あなたから苦しみを受けたまま兄弟を眠りに就かせてはならず、またあなたも兄弟から苦しみを受けたまま眠りに就いてはならない。むしろ、「行って兄弟と和解し」、清い良心とともに、熱い祈りによって愛の贈り物をキリストに捧げるがよい（マタイ五・二四）。

五四　もし人が霊のすべての賜物を持っていても、愛がなければ、神的な使徒の言うごとく、何ら益するところがない（一コリント一三・一—三）。それゆえ、愛を獲得するために、われわれは能う限りの熱意を傾けるべきである。

五五　もし、「愛というものが、隣人に対していかなる悪をも為さないのだとすれば」（ローマ一三・一〇）、兄弟のことを妬み、その名声に苛立ち、彼が称賛を受けるのを嘲りでもって汚したり、あるいは何らかの悪意を抱いたりする人は、まさに自分自身を愛の外に追いやり、永遠の審判を受けるべき者としているのである。

五六　もし、「愛が法の完成であるならば」（ローマ一三・一〇）、兄弟に対して恨みを抱いたり、計略をめぐらせたり、呪ったり、さらには彼の失敗を喜んだりする人は、法に背いており、永遠の罰を受けるにふさわしいのである。

五七　もし、「人が兄弟を中傷し、彼を裁くならば、そしてつまりは法を中傷し、法を裁くならば」（ヤコブ四・一一）——キリストの法とは愛である——、およそ中傷する人は、キリストの愛から落下し、自分が自分の永遠の罰の原因となっているのである。

五八　隣人を安易に悪しざまに語ったり、そうした言葉に耳を傾けたりすることによって、中傷する人の言葉に耳を貸してはならず、また、あら捜しをする人の耳にあなたの言葉を吹き込んではならない。さもなければ、あなたは神的な愛から落下し、永遠の生命から切り離されてしまうであろう。(24)

六一　「わたしはあなたたちに言う」と主は語る、「あなたたちの敵を愛し、あなたたちを憎む人々に善きことを為し、あなたたちを侮辱する人々のために祈れ」（ルカ六・二七―二八）。しかし、何ゆえこうしたことを主は命じたのか。それは、主があなたを憎しみ、苦悩、怒り、恨みから解放し、すべての財産のうちで最大のものたる全き愛にふさわしい者と為すためである。すなわち、すべての人間を神に倣って等しく愛する人でなければ、全き愛を持つことはできない(25)。実に神は、すべての人間を等しく愛し、「彼らが救われて、真理の知に至ることを望んでいる」（一テモテ二・四）のである。

六三　われわれは、自らがかつて経験した事柄についての、情念による像を持ち運んでいる。そうした情念の像を克服する人は、その像が生じる元の事柄をも克服する。実に、さまざまな事柄の想念・記憶に対する闘いは、その事柄に対する闘いよりもいっそう困難なのだ。というのも、心の中での罪のほうが、具体的行為における罪よりもたやすく犯されるからである(26)。

六五　情念のあるものは魂の気概的部分に属し、他のものは欲望的部分に属する。が、いずれも感覚によって動かされる。すなわち、魂が愛と節制との外に出てしまうとき、情念が引き起こされるのである。

六七　忘却や無知といった他の情念はすべて、魂の気概的部分、欲望的部分、そしてロゴス的部分のいずれかに関わる(27)。しかし、倦怠だけは魂のすべての力を虜にして、ほとんどすべての情念を一緒に駆り立てる。従って倦怠は、他のすべての情念に勝って、最も厄介な代物なのである。そこで主は、それに抗する治療を与えるべく、美しくも次のように言う、「あなたたちの忍耐のうちに、あなたたちの魂を保持せよ」(ルカ二一・一九)と。

七〇 人についてのさまざまな判断によって未だに左右されている人、つまり、あれこれの理由である人を愛し、かつ他の人を憎んだり、また同じ人を同一の動機から、あるときは愛するが別のときは憎んだりする人は、決して完全な愛を有してはいないのである。

七一 完全な愛というものは、人間のさまざまに異なった特徴に目を留める余りに、人間の一つの自然・本性を分裂させはしない。それはかえって、人間の一つの自然・本性を注視して、すべての人間を等しく愛するのである。すなわち、全き愛は、真摯な人々を友として、邪悪な人々を敵としてそれぞれに愛し、彼らに善きことを為し、寛大な心で彼らの為すことをすべて耐え忍ぶ。その際、悪しきことを全く考えず、彼らのためにすべてを受容するのである。それは、もし時が与えられて、可能ならば彼らも友とならんがためである。そのためにこそ、われわれの主なる神、イエス・キリストは、自らの愛をわれわれに示しつつ、人類のすべてのために受難し、すべての人々に復活(anastasis)の希望を恵み与えたのだ。もとより、各々の人は自己自身を〔自らの自由にもとづいて〕栄光か罰かにふさわしい者と定めるのである(28)。

七二 名誉や不名誉、富や貧困、快楽や苦痛といったことを蔑せぬ人は、未だ完全な愛を獲得してはいない。つまり、完全な愛とは、単にこれらのことを蔑するだけではなくて、この移ろいゆく生それ自体と死とをも越えゆくものなのである。

七三　完全な愛を与えられるに至った人の語るところに、よくよく耳を傾けるがよい。すなわち「一体誰が、キリストの愛からわれわれを引き離すことができようか。艱難か、苦しみか、迫害か、飢えか、裸か、危険か、剣か。『あなたのために、われわれは日々死にさらされて、屠られるべき羊のごときものとされている』（詩編四四・二三）と記されている通りである。しかし、これらすべてのことにおいてわれわれは、われわれを愛する方によって輝かしい勝利を収めている。すなわち、わたしは確信している。死も生命も、天使も、支配する者も力ある者も、現在のものも未来のものも、高いところにあるものも低いところにあるものも、他のいかなる被造物も、われわれの主キリスト・イエスにおける神の愛からわれわれを引き離すことはできない」（ローマ八・三五―三九）。聖人とはまさに、神への愛についてこのように語り、かつ為す人々のことである。[29]

七六　謙遜と受苦とは、あらゆる罪（hamartia）から人間を解放する。すなわち、謙遜は魂の情念を、受苦は身体の情念を切り捨てるのである。このことは、至福なるダビデが、神への祈りにおいて語っているところであった。「わたしの卑しさ（謙遜）と労苦を見そなわしたまえ。そして、わたしのすべての罪を赦したまえ」（詩編二五・一八）。

七七　掟を通してこそ、主はその掟を実行する人々を情念から浄められた者とする。また、神的な教えを通してこそ、主はわれわれに知の照らしを恵み与えるのである。

八〇 「わたしに学ぶがよい」と主は語る。「わたしは心の柔和で謙遜な者だからである」（マタイ一一・二九）。柔和さは魂を静けさのうちに守り、謙遜は自惚れと虚栄とから知性（ヌース）を解放するのである。

八一 神への畏れには二種ある。一つは、罰への恐れからわれわれのうちに生じてくるものである。そうした神への畏れから、固有の秩序によって、自制、忍耐、神への希望、情念からの解放〔不受動心〕が生じ、最後のものからは神への愛が生じるのだ。他の一つは、愛そのものと結びついている畏れであって、それは魂のうちにつねに畏敬の念を生む。愛の親密さに依らなければ、神を侮る結果となってしまうからである。

八二 完全な愛は、魂から第一の種類の畏れを取り除く。そうした愛を有するとき、魂はもはや罰を畏れることがないのである。また第二の種類の畏れは、以下に語られるように、つねに愛に結びついている。すなわち、まず第一の畏れには、次の文章がふさわしい。「主を畏れることによって、すべての人は悪から離れる」（七十人訳、箴言一五・二七）。「主を畏れることは知恵の始めである」（同一・七）。また第二の畏れに対しては、次の言葉がある。「主を畏れることは聖なることであって、代々に長く存続する」（詩編一九・一〇）。そして「主を畏れる人には欠けるところがない」（同三四・一〇）。

八四　第一に、記憶が知性に端的な想念・思惟をもたらす。想念がしばし止まると、情念が引き起こされる。情念が除去されなければ、それは知性を同意へと促す。そして、同意が一度び生ずれば、そのとき現実の罪が結果してくることになるのである。(30) それゆえ、最高の知恵に恵まれたパウロは、異邦人の改宗者に宛てた手紙の中で、まず最初に罪の行為を止めるように命じ、次に順を追って遡行して、罪の原因を除去するよう命じている。すなわち、すでに述べたように、罪の原因となるのは貪欲であって、それが情念を生み出し増大させる。思うに、そこにおいて貪欲とは、食への執のことであって、それが姦淫の母とも糧ともなる(コロサイ三・五)。なぜならば、貪欲は単に財だけに関わるものではなく、悪しき食の在り方にも関わるからである。それは丁度、自制が食に関してだけでなく、財にも関わるのと同様である。

八五　足を縛られた燕は、たとい飛び立とうとしても、綱に引っ張られて地に落ちてしまう。それと同様に、情念からの解放(不受動心)を達成していない知性は、天的な知に向かって飛び立とうとしても、情念に引き寄せられて地に落ちてしまうのである。

八八　祈りにあって、この世のいかなる観念も知性を乱すことがないならば、あなたは情念からの解放の境地にあると知るがよい。

九一　事物から何も蒙らないのは大きなことである。しかし、事物の像から自由で不受動のままに留まるのは、いっそう大きなことである。それゆえ、われわれに対する悪霊の闘いとしては、事物を媒介とするよりも、思考を媒介とする闘いのほうが、より厳しい。

九二　アレテー（徳）をよく形成し、知において豊かな者となった人は、さまざまな事物をその自然・本性に適った仕方で見る。彼は正しい理に即してすべてのことを為しかつ考察し、決して惑わされることがない。実際、われわれは事物を正しく用いるか、誤って用いるかに従って、アレテーある者とも邪悪な者ともなるのである。

九四　諸々の掟を実行することによって、知性は情念を脱ぎ捨ててゆく。また、見えるものを霊的に観想してゆくことによって、知性は諸々の事物についての情念に満ちた思惟を脱ぎ捨てる。そして見えざるものの知によって、およそ見えるものの観想をも脱ぎ捨てるのだが、それは聖なる三位一体の知によるのである。

九六　われわれは神を、その実体（ウーシア）からしてではなく、神の大いなるわざ・働き（エネルゲイア）と諸々の存在者に対する摂理の姿とからかろうじて知る。(31) すなわち、あたかも鏡を通してみるごとく、神の諸々のわざと摂理を通して、われわれは神の無限の善性と知恵と力とを感得するのである。(32)

一〇〇　神のうちに誕生したとき、知性は愛の欲求に燃え立たしめられて、まず神の存在そのものについての諸々の意味・根拠を探究する。が、神に固有なものを、何ら満足のいく仕方で見出すことはない。なぜならば、そのことはあらゆる被造的本性にとって不可能であり、等しく拒否されているからである。しかし、神の属性に関わることからは、探究の励みを得るのである。それはすなわち、神の永遠性、無限性、無限定性、善性、知恵、そして存在者を創造し主宰し裁く力といったもののことである。従って、神について十全に把握されうるのは、ただ「無限ということ」である。すなわち、神について何も知りえないということそれ自体が、知性を超えて知ることなのだ。それは、「神学者」グレゴリオスやディオニュシオスが語っている通りである。(33)

第二の百の断章

一 真実に神を愛する人は、迷いなく全き仕方で祈りを捧げる。また、迷いなく全き仕方で祈る人は、真実に神を愛している。しかし、何か地上的なものに知性を囚われている人は、迷いなく祈ることがない。それゆえ、地上的なものに知性を縛られている人は、神を愛していないのである。

二 知性(ヌース)は、感覚的なものに思いを奪われていると、確かに欲望や悲哀や怒りや悪意といった情念をそれらに対して抱いてしまう。そして、そうした事物をないがしろにすることがなければ、知性はその情念から解放されて自由になることがないのである。(34)

三 諸々の情念が知性を支配しているとき、情念は知性を質料的なものに結びつけ、神から引き離して、質料的なものによって占領されたものになってしまう。他方、神の愛が支配するとき、それは精神を束縛から解放し、感覚的な事柄だけでなく、われわれの過ぎゆく生それ自体をも蔑するように導き諭すのである。

四 掟の働き・実りとは、さまざまな事柄についての思惟を純粋なものにすることである。霊的読書や観想の実りとは、知性を質料や形象から浄められたものにすることである。こうしたことからして、迷いなく祈ることが結果として生じるのである。

七 人は自分の愛する対象に甚しく執着し、それを失ってしまうことのないよう、妨げとなるものをすべて疎ましく思う。しかし、神を愛する人は純粋な祈りに専念し、その妨げとなるすべての情念を自分から遠ざけるのである。

八 諸々の情念の母たる自己愛を放棄する人は、神の助けによって怒りや苦しみや悪意といった他の情念をたやすく捨てる。しかし、最初のものたる自己愛に囚われている人は、たといそれと意識していなくとも、その他の情念によって傷つけられている。ここに自己愛とは、身体に執着する情念である。

一〇 あなたがある人を憎み、他の人を愛することも憎むこともないならば、そして、ある人々をただほどよく愛し、他の人々を熱烈に愛するならば、こうした愛の不等性からして、あなたは完全な愛から遥か遠いと知るがよい。実に完全な愛とは、すべての人を等しく愛するというところに存する(35)。

一三　悪霊は、彼ら自身を通してわれわれを試みたり、主を畏れぬ人々をわれわれに敵対させたりする。悪霊自身によるのは、砂漠（荒野）で主を試みたように（マタイ四・一―一〇）、われわれが人々から離れて孤独に過ごしているときである。人々を通してとは、主をファリサイ人を通して試みたように、われわれが人々に交わっているときである。しかし、われわれは、われわれの範型たる存在を仰ぎ見ることによって、どのような仕方で悪霊が来ようとも、彼らを撃退しうるであろう。

一六　情念（パトス）とは自然・本性に背反する「魂の動き」であって(36)、それは、非理性的な愛、あるいは何らか感覚的な事柄ゆえの分別のない憎しみといったさまざまな仕方で現れる。たとえば食物、女性、富、過ぎゆく栄光、あるいは何か他の感覚的な事柄、ないしそれを介しての他のものに対する非理性的な愛においてであり、また他方、右に述べたようなもの、ないしそれを介しての他のものに対する分別なき憎しみにおいてである。

一七　ところで、悪とは、諸々の思惟について誤った仕方で判断することであるが、その結果として、事物の背反する使用（誤用）が生じてくる(37)。たとえば女性に関しては、交わり〔婚姻〕についての正しい判断は子どもを儲けるということに向けられている。だが、快楽の方に目を向ける人は、善でないものを善だと看做すことによって、誤って判断しているのである。それゆえ、こうした人は女性との交わりにおいて誤っていると言わざるをえない。以上のことは、他の事柄や思惟に関しても同様に当てはまる。
二〇　われわれの魂をつねに狙っている者たち（悪霊）は、情念に満ちた思いを介して機を窺っている。それは、思いや行いにおける罪に魂を引き込まんがためである。彼らは、知性がそうした誘いを受け入れないのを見ると、恥を覚え、混乱してしまう。さらにまた、知性が霊的観想に専心しているのを見ると、彼らはただちに撃退され、はなはだしく辱められるのである。
二三　ある人々は人間的な恐れによって諸々の情念を抑える。他の人々は虚栄によって、あるいは自制心によってそのように為す。しかしさらに、他の人々は神的な判断によって情念から解放されるのである。
二七　神学に関わろうとするとき、神自身の実体・本質（ウーシア）を探索しようとしてはならない。なぜならば、人間的な知性（ヌース）も他の被造物の知性も、端的に神そのものの本質を見出すことはできないからである。むしろ、ただ可能な限りで、神についてのさまざまな事柄を考察しうるに過ぎない。それはすなわち、神の永遠性、無限性、無限定性、善性、知恵、そして存在者を造り主宰し裁く力といった事柄である。なぜならば、ほんの限られた仕方においてであるとしても、右のような事柄の意味を見出す人は、確かに偉大な神学者なのである。
二九　主が「わたしと父は一つである」（ヨハネ一〇・三〇）と語るときには、実体・本質の同一性が意味されている。他方、「わたしは父のうちにある」（ヨハネ一〇・三八）と語るときには、ヒュポスタシス（ペルソナ）の不可分性が示されている。(38) それゆえ、いわゆる三神論者は、父から子を分離することによって、いずれを向いても崖の上に立っている。なぜならば、一方で彼らは、子が父とともに永遠的であるとするが、父から子を引き離すことによって、必然的に次のような帰結に陥ることになるからである。すなわち、子は父から生まれたのではなく、三つの神と三つの根拠・始源が存するというわけである。さもなければ他方、彼らは、子が父から生まれたとしつつ、両者の分離・独立を主張することによって、結局、子は父とともに永遠的ではなく、時間の主でありながら時間に従属している、などと言わざるをえなくなるのである。

それゆえ確かに、一なる神ということを保持しつつ、偉大なグレゴリオスの言うごとく、三つのヒュポスタシスが存し、それぞれが固有性を有していると告白しなければならない。すなわち「神学者」グレゴリオスによれば、各々は「分けられている」が「不可分な仕方において」であり、「一に結びつけられている」が「区別ある仕方において」である。従って、この区別と一性とはまさに逆説だと言うほかはない。つまり、ある人が他の人と一つでありかつ区別されているかのように、子と父が一つでありかつ区別されていて、それ以上でないとするならば、そのことは何たる逆説であろうか。

三〇　愛において完全で、不受動心の頂に達している人は、自分に属するものと他の人に属するもの、信と不信、奴隷と自由人、男性と女性などの異なりを設けない。そうした人はむしろ、諸々の情念という暴君の上に昇って、人間の一なる自然・本性（ピュシス）を注視しつつ、すべての人を等しく見つめ、すべての人に等しく身を置くのである。なぜならば、その人にあってはギリシア人とユダヤ人、男性と女性、奴隷と自由人といった区別はなく、キリストがすべてにおいてすべてとなっているからである（コロサイ三・一一、ガラテア三・二八、エフェソ一・二三）。

三二　善きものへとわれわれを動かす三つのものがある。すなわち、自然・本性的な傾向性、聖なる諸々の力、そして善き択び・意志の三つである。自然・本性的傾向性というのは、たとえば、われわれが他の人々からしてほしいと思うことを同じくその人々に為すという場合、あるいは誰かが苦しみと困惑のうちにあるのを見て、自然に憐れむような場合である。他方、聖なる力というのは、たとえば、われわれが善き行為に突き動かされるとき、それらの善き助けを見出し、成功するという場合である。そして善き択びというのは、たとえば、われわれが悪から善を識別し、善を択ぶという場合である。

三三　悪しきものへとわれわれを動かす三つのものがある。すなわち情念、悪霊、そして悪しき択びの三つである。情念というのは、われわれがロゴスに背反してものごとを欲求する場合である。たとえば、食物を然るべきとき以外に、必要もなくむやみに欲したり、子どもを儲けること以外の目的でか、あるいは掟に外れた仕方で女性を欲したりするように、あるいはまた、われわれを軽んじたり害したりする人に対して節度なく怒ったり苦しんだりするように。第二に悪霊というのは、たとえば、それがわれわれの不注意に乗じて突然大いに激しくわれわれに襲いかかるような場合である。つまりその際、悪霊はすでに述べたような、そしてそれらと同様の情念を突き動かすのだ。そして悪しき択びというのは、たとえば、われわれが善なるものを知っていながら、悪を択ぶという場合である。

三五　人によって為されることのうちで、自然・本性的には善きものであっても原因によってはそうでないものが数多くある。たとえば、断食、徹夜の行、祈り、詩編の朗唱、施し、旅人のもてなしなどは、確かに善き行為である。が、虚栄のゆえに為されるなら、それらはもはや善きものではない。

三六　神は、われわれの為すあらゆる行為の意図・目的を探索する。つまり、われわれがそれらを神のために為すか、他の理由のために為すかということを。

三七　「あなたは自分の行為に従って、それぞれの報いを得るであろう」（詩編六二・一三）と聖書が語るのを聞くとき、次のことを知るがよい。すなわち、神が人間の善き行為に対してその報いを与えるのは、見かけは善いが実は正しい意図を欠くような行為に対してではなく、明らかに正しい意図でもって為された行為に対してである。なぜならば、神の裁きは、単に為されたことを見るだけではなくて、為されたことの隠れた意図を見るからである。

三八　傲慢の悪霊は、二重の邪悪さを有する。すなわち悪霊は、修道者を唆して、彼自身の正しい行為が神にではなく自分に帰すると思わせる。しかし実は、神こそが善きものの与え主であり、正しい行為へと導く助け手なのだ。また悪霊は、こうした唆しに失敗すると、今度は修道者が自分よりも不完全な域にある兄弟を見下すようにさせる。だが、そのように振舞う人は、自分が神の助けを否定することに引き込まれているということを知らないのだ。

なぜならば、もし彼が他の兄弟たちのことを正しい行為を為しえない者として見下すならば、明らかに自分自身は固有の力で正しい行為を為しえた者と看做していることになるからである。だが、それは不可能なのだ。主が、「わたしを離れては、あなたたちは何も為しえない」(ヨハネ一五・五)と語る通りである。というのも、われわれの弱さは、たとい善きわざへと動かされても、あらゆる善きものの与え主なしには、その善きわざを全うすることができないからである。

三九　人間的自然・本性の弱さを知るに至った人は、神的な力を経験したのである。そうした人は、神的な力によって正しい行為を為そうと熱心に努め、決して他の人を見下したりしない。なぜなら彼は、神が彼を助けて多くの情念と苦難とから解放してくれたように、神が意志するならば、神はすべての人々を、とくに神を求めて苦闘する人々を助けることができるということを知っているからである。つまり、たとい神が何らかの配慮からして、すべての人を一度に諸々の情念から救い出すことがなく、然るべきときに、善にして人間愛に満ちた癒し手として、熱心に努力する人々のうちにそれぞれの人を癒すのだとしても。

四一　ほとんどすべての罪は、快楽のために生じる。そして快楽の克服は、苦行や悲しみによって生じる。すなわち、意図的な悔い改めによるか、あるいは摂理によって引き起こされた神的な試練によるのである。実に、「もしわれわれが自分自身を裁くなら、われわれは裁かれることがない。だが他方、主によって裁かれるときには、われわれがこの世とともに断罪されぬように、主によって懲らしめられているのである」（一コリント一一・三一―三二）。

四二　予期せぬ仕方であなたに試練が降りかかったとき、それが由来する元となった人を責めるのではなく、真の原因を探らなければならない。そうすれば、正しい癒しの道を見出すであろう。というのも、試練が誰を通して生じるにせよ、あなたは神の裁きの苦い汁を完全に飲み干さなければならないからである。

四五　試練が到来するのは、過去の罪、そして現在生じている罪を除去するためであり、あるいはまた、将来生じる罪を未然に防ぐためである。ただし、ヨブに加えられたような試練のための出来事はこの限りではない。

四六　神的な裁きの含む治療について熟考する思慮深い人は、神の裁きによって自分に降りかかった苦難を感謝しつつ耐え忍び、決して自分自身の罪以外の他の原因があると考えない。だが他方、思慮なき人は、神の摂理・予知の測り知れぬ知恵に無知であって、自分が罪を犯して懲らしめられたとき、己れの蒙った悪の原因として神や他の人々のことを考えてしまうのである。

四八　知性（ヌース）がつねに神とともにあるような人にとって、欲望はその限度を超えて神的な欲求にまで成長し、すべての気概的なものは神的な愛へと変容せしめられる。なぜならば、神的な照明に絶えず関与することによって、知性は全体として光あるものとなり、情念を蒙る部分を自らに集約させるからである。かくして知性は、既述のごとく、絶えざる神的な欲求、終わることのない愛へと向かい、地上的なものから神的なものへと完全に変容してゆくのである。(39)

四九　全く妬むことをせず、怒らず、自分に苦しみを与えた人に対して悪意を持たない人も、未だ相手の人に対して真実に愛を有してはいない。なぜならば、未だ愛していない場合でも、掟のゆえに悪に対して悪を報いたりしないということがありうるからである。その場合、彼は悪に対して自らの意志で善を報いるというところまでは、全く至っていない。つまり、自分を憎む人々に対して、おのずと善を為すということこそが、完全な霊的愛のしるしなのである。

五一　自分の知性（ヌース）が物質的な快楽で占められ、それらの想念に執着しているのを見るとき、あなたは自分が神よりもそれらのものを愛しているのだと知るがよい。すなわち、「あなたの宝のあるところに、あなたの心もあるだろう」（マタイ六・二一）と、主の言う通りである。

五三　聖書は物質的な事柄を世と呼んでいる。そうしたものによって精神を占拠される人は、この世的な人なのである。彼らに対しては、より厳しく次のように語られている。「この世とこの世にあるものとを愛してはならない。肉の欲、目の欲、生の傲りは神からのものでなく、世から出るものだからである」(一ヨハネ二・一五―一六)。

五七　諸々の徳(アレテー)のうち、あるものは身体的な徳であり、他のものは魂の徳である。身体的な徳とは、たとえば断食、徹夜の行、野宿、他者への奉仕、人に重荷を負わせないための、あるいは他者に分かち与えるための手仕事などである。また魂の徳とは、たとえば愛、受苦、柔和、自制、祈りなどである。そこで、もし病気その他何らかの必然性や身体的条件から、われわれが右のような身体的諸徳を実行しえぬようになったとしても、理由を知っている神によって許される。しかるに、魂の徳を実行しないならば、弁明の余地は全くないであろう。なぜならば、魂の徳を実行しないということには、何らの必然的理由も存しないからである。

五八　神への愛は、それを持つ人があらゆる快楽と労苦と悲嘆とをないがしろにするように導く。キリストのゆえに喜びをもってかかる苦しみを受けたすべての聖人たちが、あなたにこのことを証ししている。

五九　諸々の悪の母たる自己愛から、自分自身を守るがよい。ここに自己愛とは、身体への節度なき愛のことである。なぜならば、そこから確かに、情念に満ちた三つの主たる想念が、つまり大食、貪欲、虚栄が生じてくるからであるが、それらの起源は、身体のやむをえぬ必要に存すると思われる。そして、これら三つのものからあらゆる種類の悪が現れてくるのだ。それゆえ、既述のごとく、十分な注意を払って自己愛から断固として身を守り、かつそれと闘わなければならない。自己愛が除去されれば、それに由来する他の悪しきものも、一緒に取り去られるからである。

六二　死んだ身体がこの世のあらゆる事柄から離脱しているように、祈りの極みにあって死んでいる知性（ヌース）は、この世のあらゆる思惟から離脱している。事実、もしそうした死を死んでいないならば、知性は、神とともにあって神に生きることができない。

六三　修道者よ、快楽と虚栄とに仕えながら、なおも救われうるなどという思いに欺かれてはならない。

六四　身体は具体的な事物を通して罪を犯すものなので、節制を保つためには、身体的な徳を導き手として必要とする。それと同様に、知性は情念に満ちた思惟を通して罪を犯すのであり、それゆえ、諸々の事物を純粋にかつ情念なき仕方で眺めて節度あるものとなるために、魂の諸徳を導き手として有するのである。

六七　われわれが悪霊による攻撃に晒されることを神が許すのは、次の五つの理由によるという。すなわち、第一に、攻撃を受けたり反撃したりする経験を通して、われわれが徳と悪徳とを区別するに至るためである。第二に、そうした闘いと労苦との中からわれわれは徳を獲得し、それを確固とした揺るぎないものにするためである。第三に、徳のうちに前進しつつ、われわれが傲ることなく、かえって謙遜であることを学ぶに至るためである。第四に、悪を経験することによって、われわれがそれを全き憎しみによって憎むためである。そしてとりわけ、第五に、われわれが情念から解放された不受動心（アパテイア）に達し、自らの弱さと助け手たる神の力とを忘れることのないためである。

六九　欲望が昂じるとき、知性はさまざまな快楽の対象を夢想する。また怒りが強いときは、恐れをもたらす種々の事柄に目をやる。不浄な悪霊は、われわれの不注意を協働者として、情念を増大させ駆り立てる。他方、聖なる天使たちは、徳の訓育へとわれわれを動かしつつ、情念を減少させるのである。

七一　悪霊が闘いを仕掛けるのは、具体的な事柄を通してか、またはそれらのうちなる情念に満ちた思惟を通してかである。すなわち悪霊は、さまざまな事柄に関わっている人々をそれらの事柄を通して攻撃し、他方、それらから離れている人々を諸々の思惟を通して攻撃するのである。

七二　思惟の上で罪を犯すことは、実際の行為の上で罪を犯すことよりもたやすいが、それだけにまた、思惟を通しての戦いは、具体的な事柄を通しての闘いよりも厳しいのである。

七三　具体的な事物は精神の外にあるが、それらについての思惟のかたちはうちに形成される。そして、それらを善く用いるか悪しく用いるかは、知性（ヌース）に委ねられているのだ。なぜならば、事物の誤った使用は、それらについての思惟の誤った使用から生じてくるからである。

七五　われわれが使用するようにと神によって与えられた事物のうち、あるものは魂のうちに、あるものは身体のうちに、またあるものは身体に関わるものとして見出される。すなわち、魂のうちにはその諸々の能力があり、身体のうちには諸々の感覚器官と他のさまざまな肢体とがある。また身体に関わるものとしては、食物、富、所有などがある。そこで、これらのものやこれらを巡って生起してくるものを、善く用いるか悪しく用いるかということが、現にわれわれを徳ある者か邪悪な者かにするのである。

七八　思惟を誤った仕方で用いてはならない。それはつまり、事物を必然的に誤用することがないためである。なぜならば、人はまず思惟において罪を犯さなければ、現に行為において罪を犯すこともないからである。

八〇　もしあなたが生命に至る道を見出したいと欲するのなら、その道を求めよ。そうすれば、「わたしは道であり、真理であり、生命である」（ヨハネ一四・六）と語った方のうちに、その道を見出すであろう。しかし、とりわけ労苦の多い仕方でそれを求めるがよい。生命への道を見出す者は少なく（マタイ七・一四）、その少数の人々の中に入らなければ、あなたはそれ以外の多くの人々の中に数えられることになるからである。

八二　もしわれわれを悪へと引き寄せる何か他の力が存在しなかったならば、諸々の実体のうちにはいかなる悪もなかったであろう。ある人々は言う。そうした力とは、知性（ヌース）の自然・本性的な働きに対する不注意のことにほかならない。従って、知性の自然・本性的働きに注意を怠らない人々は、つねに善きことをなし、いかなる悪をも為さない。そこで、もしあなたがそのようにしたいと欲するならば、不注意を退け、悪を追放するがよい。悪とはまさに、さまざまな思惟の誤った使用なのであり、そこから事物の背反した使用（誤用）も結果してくるのである。

八七　修道者にあっては、三つの主要な倫理・道徳的な状態がある。第一に、行為において罪を犯さぬことである。第二に、情念に満ちた想念を魂のうちに留まらせないことである。そして第三に、いろいろな女性やわれわれを攻撃してくる人々の形象を、離脱した心で見ることである。

八八　貧しい人（離脱した人）とは、自分のすべての持ち物を否定し、身体以外のいかなるものをもこの地にあって所有しなかった人のことである。また、自分の身体への関わりすらないがしろにして、神と敬虔な人間に自らの志向を専念させる人も、貧しい人である。

八九　所有している人々のうち、ある人々は情念なき仕方で所有している。従って彼らは、財産を奪われても喜びとともに耐えた人のように（ヘブライ一〇・三四）、所有物を失っても悲しむことがない。他の人々は情念に満ちた仕方で所有しているので、福音書にあって悲しみつつ立ち去った富者のように（マタイ一九・二二）、ものを失いそうになると悲嘆に暮れた者となる。そして実際に失ってしまうと、死なんばかりに悲しむのだ。かくして、ものを失うことは、失った人自身が不受動心においてあったか、情念に捉われていたか、という内的状態をあらわに示すのである。

九〇　悪霊は祈りの極みにある人々に闘いを仕掛けるが、それは、感覚的な事物についての単純無垢な把握から人々を遠ざけるためである。悪霊はまた、智者に対しては情念に満ちた想念が彼らの心に留まるよう働きかける。かくして、そうした邪悪な霊は、あらゆる方法ですべての人々に敵対し、人々を神から引き離すべく努めているのである。

九一　この生にあって、神的な摂理によって敬神へと鍛えられ導かれる人々は、三つの種類の試練によって試される。それはすなわち、健康、美、多くの子宝、富、名声など、快い賜物を通して、また子供や富や名声などを失うといった悲しい出来事を通して、さらには病、拷問などの身体的苦痛を通してである。[40] この最初の人々に対して、主は次のように語っている。「もし人が、そのすべての持ち物を否定しなければ、わたしの弟子になることはできない」（ルカ一四・三三）。また第二、第三の人々に対しては、「あなたたちの忍耐のうちに、あなたたちの魂を獲得せよ」（ルカ二一・一九）と語っている。

九三　神から離れることは、本来的に言って死である。しかるに「罪とは死の刺にほかならない」（一コリント一五・五六）。それゆえ、罪を宿したとき、アダムは生命の樹から、楽園から、そして同時に神から追放されたのである。身体的な死も、そのことから必然的に帰結した。そして「わたしは生命である」（ヨハネ一四・六）と語る方こそ、本来的に生命なのだ。その方は、〔罪によって〕死に至らしめられた者を、自ら死に赴くことによって再び生命へと導いたのである。

九六　人間的な生は「死の蔭」である。すなわち、もし人が神とともに在り、神が彼とともに在るならば、その人は明らかに次のように語りうる。「たといわたしが死の蔭のただ中を行くときにも、わたしは災いを恐れない。あなたがわたしとともにいるからである」(詩編二三・四)。

九八　聖なる三位一体を、そしてその創造のわざと摂理とを知り、自分の魂の感覚的部分を情念なき仕方で保持している人こそ、神とともに在るのである。

九九　鞭は神の裁きを、杖は摂理・予知を表しているという。そこで、これらのものについての知を受け取る人は、次のように言う。「あなたの鞭とあなたの杖、それがわたしを慰め力づけた」(詩編二三・四)。

一〇〇　知性(ヌース)が諸々の情念を脱ぎ捨て、存在者の観想によって照らされるときにこそ、神のうちに誕生しかつ然るべき仕方で祈ることが、はじめて可能となる。

訳注

(1)　東ローマ帝国の皇帝(在位六六八―六八五)。「第三回コンスタンティノポリス公会議」(六八〇―六八一)にて、証聖者マクシモスをはじめとする正統派を復活させた。これは基本的教理においては最終的な礎の成立であり、「ビザンティンの勝利」と呼ばれる。

(2)　キリストには神的な意志のみあって人間的な意志はないとする人々。証聖者マクシモスは、ゲッセマネにおいてイエスが「父よ、わたしからこの杯を取りのけたまえ」(マルコ一四・三六)と叫んだことは、弱き人間的意志のしるしだとして、単意説論者たちを論駁した。彼らはキリストの神性を守ろうとして、かえって神の子の受肉、受難、復活という事態に託された神秘から目を逸らすことになったのである。

(3)　「教会(エクレシア)の頭」たるキリストについては、エフェソ一・二二、四・一五、コロサイ一・

一八、二一・一九など参照。「エクレシア」とは、古代ギリシアでは「規則的に召喚された市民集会」というほどの意味であったが、新約聖書においては遙かに意味が深められて、「神に呼びかけられているロゴス的存在たる人間が、自らの根拠・ロゴスに意志的に応答してゆくとき、そこに形成される霊的かつ全一的な交わり(共同体)」を意味することになる。

(4) 「神化」はマクシモスにあって最も重要な言葉の一つ。それはさしあたり言えば、人間が端的に神に化す(神になる)ということではなく、実体・本質(ウーシア)としての絶対的隔たりを抱えつつも、神的生命、その働き(エネルゲイア)に与ることと解される。

(5) 「神学」はマクシモスにあって(また教父の大方の伝統にあって)、哲学(=愛智)と対立するものではなくて、万物の根拠であり目的たる神をゆたかに称え語り出すわざであった。

(6) 「ロゴス」とはむろん、「言葉」、「音声」、「語り」、「理性」、「思考」、「根拠」、「判断」、「比率」など、多くの意味を有する言葉であり、しかも聖書的文脈では、「神の自己知」、「ロゴス・キリスト」をも指し示している。本書では多くの場合あえて一語に訳さず、「ロゴス」と表記することにする。

(7) 「徳」、「卓越性」、「器量」などと訳される aretē という言葉は、マクシモスにあって(ニュッサのグレゴリオスなどと同様)、魂・人間の静止した所有物のようなものではなくて、むしろ人間ないし人間的自然・本性の全体がより善きものへと形成されたかたちを意味し、それはさらには、無限性(無限なる神性)へと開かれた動的性格を有するものであった。この点に注意を促すべく、本書ではこの語をアレテーと表記することも多い。

(8) フォティオス(八一〇―八五九)は博識で名高いコンスタンティノポリス司教。西方ラテン世界でのいわゆる「フィリオクェ(filioque)」(子からも)という「聖霊が父からのみならず子からも発生する」とする把握に抗した最初の神学者としても知られる。

(9) nous は「知性」、「精神」、「心」などと訳しうる言葉であるが、マクシモスにあってそれは、単に部分的な知的能力ではなくて、魂・人間の知的精神的な力の全体を示す。

(10) オリゲネス(一八四/五―二五三/四)以来の伝統にあって、百という数は聖なる数と看做され、当時は百ずつの断章での著作形式がよく用いられた。この点マクシモスは、エウアグリオス(三四五/六―三九九)、ナジアンゾスのグレゴリオス(三三〇頃―三九四)、擬ディオニュシオス・アレオパギテースなどに負っている。

(11) およそ教父の伝統にあっては、学と修道とが渾然と一体化している。この点は、後期スコラそして西欧近代以降、ややもすれば両者が分離し、それとともにいわゆる神学と哲学、信と知、観想と実践などが独立してしまう余り、一なる根源への眼差しが多分に覆われてしまうのとは、著しい対照を為している。

(12) 言うまでもなく、著者と著作に対する心の抜きと信、謙遜と愛とがなければ、言葉・ロゴスのよき受容ないし宿りはなく、またよき知と解釈もありえない。

(13) 人間の愛は、神を知ることを究極の目的として、そこへと定位されている。ただ、そうした「神の知」とは、現実のわれわれにとっては神を端的に直視し知ることではありえず、むしろ魂が神(=存在)との結合へと開かれ、その姿へと無限に関与してゆくこととしてある。

(14) 神への愛と心砕かれた謙遜とを欠くならば、この世のすべてのものは、つまり権力、財、快楽、名声はもとより、ふつう善きわざと思われるさまざまの仕事や学問、人や社会との関わり等々も、いわば偶像となりうるのである。

(15) ここに「自己の外に出る」とは、諸々の事物と自己自身への執着を捨て、己れに死んでゆくことであるが、その範型として「キリストの自己無化(ケノーシス)」(フィリピ二・七)が存する。

(16) 神ないし主を愛することと隣人を愛することとは、二つの客体的対象に関わることではない。神への愛とはむしろ、人への愛が真に成立することの根拠なのであり、また神への愛(超越への信による働き)に支えられるとき、人への愛は、神への愛が宿り具現してきたものとなる。

(17) グノーシス主義やマニ教などの善悪二元論的な思想潮流とは異なり、教父の伝統にあっては、身体ないし肉体はそれ自身が悪なのではなくて、それに善く関わり、善く用いることによって、魂・人間の善きわざの成立のための素材とも道具ともなる。

(18)「たといわたしが全き信仰を持っていても……愛がなければ無に等しい」(一コリント一三・二)、「愛を通して働く信仰こそ〔大切である〕」(ガラテア五・六)とされる。

(19)「自然・本性に背反して」人やものに関わることが、悪や罪の内実なのである。

(20)十字架上でイエスは言う、「父よ、彼らを赦したまえ。彼らは自分が何をしているのか知らないからである」(ルカ二三・三四)と。

(21)これは、信・信仰と善きわざとが分離して捉えられるということではない。むしろ、その名に価する信は、おのずと善きわざとして発現してくるのである。

(22)「自然・本性として(本質として)善であるもの」とは善そのものであり、神を指し示す名である。それに対して、他のあらゆるもの(被造的なもの)は、「自然・本性として」ではなく、「分有によって」善いとされるのである。

(23)「謙遜」ないし「謙虚」などと訳されるこの言葉は、古代ギリシアでは「卑しい思い」の意であって、「高邁な魂」に反して、さげすむべきものとされた。しかし新約聖書と教父の伝統にあっては、意味が大きく変容せしめられて最も尊ぶべき徳を表す言葉となった。従ってそこには、大きな価値転換が認められるのである。

(24)周知の「ぶどうの木」の喩えにおいて、「もし人がわたし(イエス・キリスト)のうちに留まらないならば、枝のように外に捨てられて枯れる」(ヨハネ一五・六)と言われる。

(25)ある人を別の人よりも多く愛するのは世のつねであろうが、証聖者マクシモスの言う愛は、そうした通俗的な姿から大きく隔たっている。つまり真の愛は不受動心(情念からの解放)と重なり、「万人に対して等しく」ということを基本とする。

(26)これは、内と外との二つの罪を単に対立させているのではない。心においてたやすく犯される罪は、さらに外なる行いへの意志的な同意によって具体的行為となる。

(27) 魂のいわゆる三部分説については、プラトン『国家』(Respublica) 第四巻を参照。ただしマクシモスにあっては、プラトンとは異なり、気概や欲望は単に蔑され捨てられるというよりは、むしろロゴス的働きによって制御され支えられるならば、魂のより善き変容・完成のために、新たにより積極的な役割を担うものとして甦らしめられる。そこに「身体・質料の復権」とも呼ぶべき事態が窺われるのである。
(28) つとにニュッサのグレゴリオスが『モーセの生涯』、『雅歌講話』などにおいて明確に語っているように、人間の自由な意志・択び(プロアイレシス)は、神的愛に対する関わり方(つまり信・信仰の測り)に応じて、各人の「在ること」のより善き形成か否かを左右する。それゆえそこには、神的恵み・働きと人間的意志の働きとの一種の協働が認められる。
(29) 罪とは、マクシモスにあって基本的には、「もの・事物を自然・本性に背反して用いること」であった。それに対して謙遜と受苦とは、神的霊への聴従であり、ひいては自然・本性の根拠に心披くことにほかならない。
(30) 「創世記」第二章の叙述が背景にある。人間は(男性も女性も)いわばアダムとエバとの結合体であって、象徴的に情念(エバ)に対して、さらに意志的同意(アダム)が為されるとき、はじめて現実の罪が生じる。
(31) われわれは神の実体・本質(ウーシア)を決して知りえず、ただその働き・現存(エネルゲイア)を経験して、無限なる神性への愛と渇望の道をゆくのみというのは、東方・ギリシア教父の伝統に共通している根本把握であった。つまり、無限性への脱自的愛によってこそ、超越的な神の存在と善性とへの何らか実在的な与りが可能となるのである。
(32) 「善性、知恵、力」は「存在、知、愛」という三組に対応し、いずれも「父、子、聖霊」という三位一体を指し示している。
(33) こうした意味で、「無限性」ということは教父の伝統にあって、形相(エイドス)的限定を旨として無限を忌避した古代ギリシア的伝統におけるよりも、問題の中心的位相に関わる遙かに積極的な意味を担っている。なお、「神学者」グレゴリオスとは、ナジアンゾスのグレゴリオスのこと。神・神性とその受肉について一連の『神学講話』などで美しくゆたかに語り出したので、そう称えられる。そうした「神学者」という固有の呼称が与えられるのは、福音記者ヨハネ、ナジアンゾスのグレゴリオス、そして「新神学者」シメオン（九四九頃―一〇二二）の三人である。

(34)　nous（知性）は精神、心とも訳しうる語で、魂の知的ロゴス的な姿の全体を指し示す。ただ、知性（ヌース）は完結した不動のものではなくて、悪しき意志によって有限なものに縛られるとき、悪しき情念（パトス）（蒙り、受動）のかたちを自ら蒙ってしまう。

(35)　余りに厳しい言葉だが、「万人への等しさ」が愛の真相として捉えられている。われわれの現にある「愛の不等性」は真の愛からの頽落であり、それゆえわれわれは自らの自然・本性（ピュシス）の成就のためには、己れをなみしつつ真の愛へと再形成されてゆかねばならない。それは、二重否定を介した自己還帰的な道である。

(36)　これによれば情念とは、常識的な見方とは異なり、人間的自然・本性に本来帰属するものではなくて、より先んずる意志的働きを通して、自然・本性が蒙ってきたかたち（喜び、悲しみ、怒り、妬みなど）なのである。なお、physis は教父の伝統にあっては、西欧近代以降に見られるような人間と対立した客体的自然ではないので、そうした包括的な意味合いを示すべく「自然・本性」と訳出することにする。

(37)　悪とはもの・実体として在るのではなく、「自然・本性に背反してものに関わること」（誤用）である。そして悪とは、そこに生じる欠如的なかたち（善の欠如）なのである。

(38)　「ヒュポスタシス」という言葉は、とくに父と子と聖霊とが実体・本質としては一であり、ヒュポスタシスとして三である、という文脈で用いられる。それは元来は古代ギリシアにおいて、「存立」、「沈殿物」、「実体」といった意味合いを有したが、教父における三位一体論においては、ウーシア（実体）やピュシス（自然・本性）とは明確に区別されて、個的な実在ないし現実存在を意味する用語として導入された。ちなみにペルソナ（persona）という語は、ヒュポスタシスに対応する言葉として代用されるようになったのだ。

そして「ペルソナ」は元来、演劇で用いられる「仮面」の意で、「ペルソナーレ」（響く）に由来する。それが近代以降、「人格」を意味するようになったことは言うまでもない。が、マクシモスにあって、「神性と人性とのヒュポスタシス的結合」たるキリストは、人性（人間的自然・本性）の成りゆくべき究極の姿であり、そうした観点からは、自律的人格（ペルソナ）を一方的に主張することは、ややもすれば有限性に閉じて開き直るかのような傲りをも抱え込むことになろう。

(39) 欲望や気概は、単に否定され排棄されるのではなくて、神の働き（恵み）への聴従を介して神的な欲求や愛へと変容せしめられる。「身体の復権」とも呼び得ることであった。そして、こうした人間的な自然・本性（ピュシス）の開花・成就の道行きは、無限なる神性ないし善性をどこまでも脱自的に渇望し愛しゆくことであって、それは絶えざる生成、不断の創造という性格を有する。

(40) さまざまな悲しいこと、苦しいことのみならず、一般にこの世で善いとされているあらゆることもすべて、魂の生命を脅かすような試練となりうる。そして、諸々の情念（魂の受動のかたち）を巡るマクシモスの一連の言葉は、己れ自身をなみする謙遜、あるいは神への聴従という一点を指し示している。

五　『神学と受肉の摂理とについて』

この著作も『愛についての断章』と同じく、先述のΦΙΛΟΚΑΛΙΑのB巻（邦訳の『フィロカリア』Ⅲ）に収められている。翻訳の底本としたギリシア語原典（アテナイ版）では、七百の断章が一連のものとなっているが、実際には性格を異にした二つの部分から成る。はじめの二百の断章は七世紀にマクシモスの手によって、アフリカで著された。

また、後の五百の断章は、ミーニュ版（ギリシア教父全集）では「神学と摂理、そして徳と悪徳についてのさまざまなテキスト」という副題のもとに、後世の編集者（恐らく十一世紀以前）によってマクシモスの諸著作から抜粋されたものである。ちなみにその内訳は、証聖者マクシモスの主著『難問集』（ナジアンゾスのグレゴリオスや擬ディオニュシオス・アレオパギテースの著作の難解な箇所を引いて、それをいわば呼び水として諸問題を詳しく吟味し論究したもの）や『タラッシオスに宛てて』（旧・新約聖書のさまざまな箇所を象徴的に説き明かしたもの）などから、さわりの部分を引いて集成したテキストから成る。

この編訳書では、はじめの「二百の断章」からマクシモスの観想と思索との基本線を窺えるような言葉を択んだ。いずれの断章も極めて密度が高く、透徹した洞察に満ちている。それらは誰にとっても、確かに難解である。しかし、「虚心に愛をもって受容し読み解いてゆくならば」、魂にとって有益なことがそれらから引き出されてくるであろう。論述は多岐にわたるが、そこでの主な主題を提示するなら、次のようなものである。

（i）有限な自然・本性（ピュシス）の開かれた動的な構造
（ii）自由・意志による「善く在ること」（つまり魂・人間の善きかたち、徳）の成立
（iii）情念の諸相と傲慢
（iv）自然・本性への（そして神への）背反としての罪
（v）絶えざる動性（ダイナミズム）と身体性の復権
（vi）神的働き（恵み）と人間的自由の働きとの協働
（vii）自然・本性の紐帯としての人間
（viii）愛によるアレテー（徳）の統合
（ix）全一的交わり（エクレシア、教会）と他者
（x）ロゴス・キリストの受難と万物の神化（神的生命への与り）
（xi）受肉の現在

これらはいずれも哲学・神学の中心的位相に関わるものであり、時代、民族を超えてすべての

人々が本来は生涯にわたって見つめ、思いを潜めてゆくべき事柄であろう。マクシモスはそれらの多様にして一なる同根源的な問題をめぐって、卓越した規範的な論を示している。それゆえ、われわれが謙遜な姿勢でそれらを受容し味読してゆくならば、それはわれわれにとって何らか魂の糧となり、すぐれて「神への道行き」の指標ともなりうるであろう。

第一の百の断章

一　ひとり神のみが始まりなく、把握されえず、さらには、「在ること」の全体的な力を完全に有している。すなわち神は、「いつ、いかに在る」などという思惟的限定を全く後にしており、万物にとって接近しえず、いかなる存在者にとっても自然・本性的な像によって知られるものではないのである。

二　神はそれ自体としては、われわれの知りうる存在ではない。すなわち神は、原因・根拠でも中間・媒介でも目的・終極でもなくて、それ自体として自然・本性的に観想されるような類のものでは決してないのだ。なぜならば、神は限定されず、動かされず、無限なるものであって、すべての実体と力・可能性と働き・活動とを無限に超えたものとして在るからである。

三　自らの限定・限度をそれ自身のうちに含むような実体はすべて、可能性として見られた動きの根拠である。しかし、働き・現実性へのすべての自然・本性的な動きとは、実体の後、働きの前と看做され、中間のものである。すなわち動きとは、自然・本性的には両者の中間のものと考えられるのだ。そしてすべての働き（エネルゲイア）は、そのロゴス（言葉、根拠）によって自然・本性的に規定されており、それに先立つ動き、つまり思惟に即した実体的な動きの目的・終極なので

ある。(1)

四　神は、一般的ないし特殊な意味合いでは、実体ではなく原因・根拠でもない。また同じく一般的ないし特殊な意味合いでは、力・可能性でも中間のものでも働き・現実性でもなく、さらには、可能性として先んずる実体的動きの目的でもないであろう。かえって神は、実体の創り手であり、超実体的な存在性であり、可能性の創り手、力・可能性を超えた礎である。神はまた、すべての働きの活動的かつ永続的な習性である。要するに神は、実体、力、働き、そして原因、中間、目的といったすべての創造者なのである。

七　原因、中間、目的というものはすべて、関係性のカテゴリーから解放されていない。しかし、神は全体的に、あらゆる種類の関係を無限に超えており、本来は原因、中間、目的ではないのだ。そして神は、関係性のカテゴリーが適用されるようないかなるものでもないのである。

八　すべての存在物は、思惟されたもの（知の対象）だと言われる。なぜならそれは、自らの知の論理的根拠を他に仰いでいるからである。しかし、神は思惟されたものとは呼ばれず、ただその「在ること」が信じられるだけである。(2)それゆえ、いかなる思惟されたものも、決して神と比肩され得ないのである。

九　諸々の存在物の知は、論証に結びついた固有のロゴス（根拠）を本性的に有しており、それらによって自らの限定（定義）を自然・本性的に保持している。しかし神は、諸々の存在物のうちにあるロゴスを通して、ただひとり〔真に〕在ると信じられる。すなわち神は、敬虔な人々に神が「端的に在る」ということの、あらゆる論証よりも確かな承認と信とを与えるのだ。なぜなら信・信仰とは、論証し得ぬ諸原理（根拠）を有している真の知だからである。すなわち信とは、知性とロゴスとを超えた事態をしも宿すヒュポスタシス（個的な現実）なのである。(3)

一〇 神は蒙るものとしてではなく、働くものとして、諸々の存在物の原因・根拠であり、中間・媒介であり、目的・終極である。このことはまた、われわれが名づけ語る際の、他のすべての名称についても言えることである。すなわち神は、創造主として根拠であり、摂理を働かせるものとして媒介であり、終極として目的である。なぜならば、パウロの言うように、「万物は神から、神を通して、神へと帰する」（ローマ一一・三六）からである。

一二 神は「正義の太陽」だと言われ（マラキ四・二）、その善性の光をつねに万人に降り注いでいる。しかし魂（人間）は、神を愛するときには蜜ろうとなり、迷える意志によって物的なものを愛するときには泥となる性を有している。つまり、泥は本性的に太陽によって乾かされ、蜜ろうは柔らかくなる。それと同様に、物体的なものと世とを愛する魂はすべて、神から背いてしまい、自らの意志によって泥のように頑ななものとなってしまう。そして、丁度かのファラオのように、破滅へと自分を追いやってしまうのだ。しかし、神を愛する魂はすべて、蜜ろうのように柔らかくさせられ、諸々の神的なものの型と特徴とを受容して、霊において神の宿る場・住居となるのである（出エジプト七・一三）。

一三　諸々の神的な思惟によって知性を照らし、神的な讃美によって絶えず創造主を称えるために言葉を用い、そして汚れなき像によって感覚を浄める人は、神の似像（エイコーン）に即した自然・本性的な美の上に、さらに類似性（ホモイオーシス）に即した意志（グノーメー）的な善を附け加えるのである。

二三　偽善者というものは、人の目を免れていると思う限り、安らかでいる。彼はただ、見せかけで正しいと思われることから名声・栄光を得ようとしているに過ぎないのだ。しかしそのような人は、真実が暴露されると見苦しい言葉を発し、他の人々を罵ることによって自分の醜さを隠そうとする。聖書はそうした人のよこしまさをまむしの末裔になぞらえ、悔い改めにふさわしい実を結ぶよう命じた（マタイ三・七―八）。それはすなわち、外に現れた行いにふさわしく彼の心の隠れた姿を更新するように、ということであった。

二五　隣人を害せんとして友人を装う人は、羊の装いのもとに自分の邪悪さを隠している狼である。そのような人は、純粋にキリストに即した風習や言葉が為されたり語られたりした場合にも、それに言いがかりをつけて攻撃する。彼はそれらの言葉や風習に数限りない欠点を見出すのだが、それは丁度、キリストにおいて在る兄弟たちの自由をいたずらに詮索するかのようなものである。

二六　偽善者は、悪しきわざのために隣人への企みを黙って準備する。そして、それが不成功に終わると、自らの情念に捉われて苦しむのだ。しかし、隣人を益するために黙っている人は、闇を追放する光を受けたかのように、友愛を増大させて喜びの道を行くのである。

二九　人が神の恵みによってさまざまな善に分け与っているとき、彼はそれらを、他の人々に惜しみなく分かち与える義務がある。「ただで賜物を受けたのであれば、ただで人に与えよ」（マタイ一〇・八）とあるからだ。なぜならば、受けた賜物を（地中に）隠す人は、例の厳しい主人の期待を裏切っており（マタ二五・二四）、肉体を惜しむ余り徳を拒んでいるに等しいからである。また、真理を敵に売る人は、後に虚栄を愛する者たることが暴かれ、自ら恥を担いえずに首を吊ることになる（マタイ二六・一五、二七・五）。

三一　もし、神自身が降ってきて魂を捉え、自分の方へと引き上げないならば、魂は決して神の知に達することができない。なぜならば、もし、人間的な知性（ヌース）が引っ張られうるほどに神自身が魂を引っ張り、それを神的な光で照らさなければ、人間的な知性には、神的な照らしに与るほどに上昇する力がないからである。

三三　福音にのみ信を置く人は、実践を通して自分の悪の山を移すことができる（マタイ一七・二〇）。すなわち彼は、感覚物の絶えざる流れに捉われたかつての姿から、自分を解放するのだ。しかし、弟子になりうる人は、ロゴスの手から諸々の知的な糧の断片を受け取り、千人もの人々を養う（マタイ一四・一九—二〇）。彼は実践によってロゴスの増大する力を証示する。さらには、彼が使徒になる力を有しているならば、すべての病と弱さとを癒す。つまり悪霊を追い出して（マタイ一〇・八、ルカ一〇・一七）、諸々の情念の働きを消滅させる。彼は病人を癒し、敬虔を失っていた人々を希望によって敬虔の姿へと回復させるのである。そして、怠惰によって軟弱になった人々を裁きの言葉によって引っ張る。なぜならば、その人は、蛇とさそりを踏むべく命じられて、罪の始源と終極とを破るからである（ルカ一〇・一九）。

三五　時間のうちで時間に即して創られたものが完成に達したとき、それは自然・本性に即しての増大を止める。しかし、神の知によってアレテー（徳）に即して形成される限りは、完成せしめられても改めて増大へと動かされる。なぜならば、その際には、ある段階の終わりは、次の段階の始まりとなるからである。つまり、諸々のアレテーによって己れのうちに実践的に滅びの根源を阻止する人は、より神的な他の経験へと参入し始めるのだ。[4]

ところで神は、諸々の美（善）を決して休止させず、それらの根拠たることを止めることもない。すなわち、照らすことが光に固有なわざであるのと同様、善く為すことこそ、神に固有のわざである。それゆえ、生成消滅するものの時間的な存立に関わる法においては、わざを止める安息日が尊ばれるのである（出エジプト二〇・一四）。しかし、思惟的なものの存立をもたらす福音にあっては、諸々の善きわざを為すことによって安息日が輝かしめられるのだ[5]（ルカ六・九、ヨハネ五・一六―一七）。つまり、たとい無知な人が苛立とうとも、安息日が人のためにあるのであって、人が安息日のためにあるのではない。そして人の子は、安息日の主なのである（マルコ二・二七―二八）。

三七　安息日とは、ロゴス的魂の不受動心（情念からの解放）のことである。それは、実践によって罪の汚れを完全に拭い去るのである。

三八　安息日とは、ロゴス的魂の自由であって、自然・本性的に感覚へと向かう働きを、霊における自然・本性的観想によって脱ぎ捨てるのである。

四七　神の安息日とは、創造されたものが全体として神へと達することである。そこにあって神は、それらに対する自然・本性的な働きを、つまり、語りえざる仕方で働く神性の働き（エネルゲイア）を休ませるのだ。そのように神は、各々の存在物のうちなる自然・本性的働きを休ませるのだが、その働きによって、存在物の各々は元来動かされていたのだ。すなわち、〔そうした休止・安息にあって〕各々のものは類比的に神的働きに与り、自然・本性（ピュシス）に従った固有の働きを神において確立するのである。

四九　神は、分有するもの、分有されるものたるすべての存在物を、無限に超えている。なぜならば、「在る」という述語付けを有するものは何であれすべて、神のわざだからである。たといあるものは、時間的に生成し始め、他のものは恵みによって被造物に自然・本性的に植え込まれているとしても。そして、そうした内在的な力は、万物を貫いて現存する神を告げ知らせているのである（ローマ一・二〇）。

五五　六日目とは、徳を実践する人々の、自然・本性（ピュシス）に従った働きの全き完成のことである。また七日目とは、語りえざる知を観想するあらゆる自然・本性的な思惟の成就であり休息である。しかし八日目とは、それにふさわしい人々が神化へと変容し移行することである。そして主は、これら七日目と八日目とをいっそう神秘的に捉えて、すべてのものの神秘とロゴス（根拠）とを示す完成の日、完成の時と呼んだ。それらを創造した至福の神性以外には、いかなる天上と地上との諸力も、実際の経験の前にそれらの日を知ることはできないのである。

五六　六日目は、諸々の存在物の「在ること」のロゴスを明らかにする。七日目は、存在物の「善く在ること」のロゴスを指し示す。そして八日目は、「つねに善く在ること」の語られざる神秘を暗示している(6)。

五七　六日目が実践的な働きの象徴だと知るので、われわれはそこにおいて、為すべき徳の諸々のわざをすべて成就させよう。それは、「神は創造したすべてのものを見て、はなはだ善いとした」（創世記一・三一）ということが、われわれについて言われんがためである。

六〇　われわれのために神の七日目の休息に与った人は、神化によって八日目の神の働きに、すなわち神秘的な休息に分け与る。そして彼は、頭の上に置かれた亜麻布の衣を墓の中に残した。これらのことを観想する人々は、ペトロやヨハネのように、主が復活したことを信じるのである（ヨハネ二〇・一二）。

六一　主の墓とは恐らく、この世であるか、あるいは信じる人々とそれぞれの心である。そして亜麻布とは、徳（アレテー）に即した諸感覚のロゴスである。他方、頭巾とは、諸々の思惟的なものについての、神的な経験によって得られた単純で分散しない知のことである。それらの思惟的なものを通してまずロゴスが知られるが、ロゴス自身はそれらなしに、それらを超えたところの、われわれには全く近づき難い把握を保持しているのである。

六二　主を丁重に葬る人々は、栄光に満ちた仕方で復活した主を見る。もとより、そうしない人々には見えないのだが。なぜならば、主にはもはや外なる〔肉の〕装いがなく、策略のある人々によってはもはや捉えられないのだ。しかし、かつて主はその外なる装いのために、策ある人々によって捉えられることを許し、すべての人々の救いのために受難することを耐え忍んだのである。

六六　ロゴスの受肉の神秘は、聖書におけるすべての謎と型との力を、また現れ出た諸々の被造物の知を有している。そして、十字架と墓との神秘を知る人は、それら被造物の諸々のロゴス（根拠）を知る。他方、復活の語りえざる力に参入せしめられた人は、神が原初に万物を創った目的を知るのである。

六七　見えるもの（現象）はすべて、十字架を必要とする。すなわち、それらのうちで感覚に従って働くものを引き留める状態を要するのだ。しかし、思惟されるものはすべて、墓を必要とする。すなわち、それらのうちで知性に従って働くものを静止させることを必要とするのだ。なぜならば、万物において自然・本性的な働きと動きとが取り去られたとき、まさにロゴスのみが、丁度死者から復活して立ち現れたかのように、それ自身によって存在しているからである。その際ロゴスは、ロゴスによって創られたすべてのものを包摂しているが、それら存在物の方は自然・本性的な関係としては、ロゴスに対して固有の親近性を有しているわけではない。というのも、救われる者たちの救いとは、恵みによるのであって、自然・本性によるのではないからである。(7)

六八　諸々の世代、時間、場所は、関係のカテゴリーに属しているが、それらなくしてはそれらによって包まれているものも存在しない。しかし神は、うちに含まれたものを何も持たないので、関係のカテゴリーには属さない。そこで神自身が、それにふさわしい人々の受くべき遺産なのだとすれば、その恵みを受けるに値する人は、諸々の世代と時間と場所とを超えている。彼は、神自身を場として有するのだ。(8)すなわち、聖書によれば、次のように語られている。「わたしは守り手たる神のもとにゆこう。わたしを救う強い場のもとに」(詩篇七一・三)。

七〇　全体としての世界は、固有の諸々のロゴスによって限定されており、世界に住むすべてのものについて、場と世代とが語られる。すなわち、世界は観想されたものの諸々の方式を、自然・本性的に自らに属するものとして有しており、万物に関わる神の知恵を部分的にせよ把握しえているのだ。ただそれらは、神の知恵の把握に仕えているのであって、その限りでは中間のもの、部分的なものでしかありえない。しかし、完全なものが現れて部分的なものが止み、すべての鏡や謎が過ぎ去るならば、真理が顔と顔とを合わせて到来するであろう。そしてそのとき、救われる人々は神において完成せしめられ、自分が子供として養われたところの、すべての世界や世代や場所を超えるであろう（一コリント一三・一〇―一三）。

七一　ピラトは自然・本性的な法の型・象りであり、ユダヤ人の群れは書かれた法の型である。これら二つの法を信・信仰によって超えない人は、自然・本性とロゴスとを超えた真理を受容することができず、ロゴスをつねに十字架に掛けてしまう。すなわち、ユダヤ人としては福音を躓きと看做し、ギリシア人としては福音を愚かなものと看做してしまうのである（一コリント一・二三）。

七二　イエスを殺すためにヘロデとピラトが互いに友人となるのを見るとき、そこには不義と虚栄との悪霊が交わっているのを認め知るがよい。二つの悪霊は、徳と知とのロゴス（根拠）を死なせるために結合するのである。すなわち、虚栄の悪霊（ダイモン）は霊的な知を装って、不義の悪霊へと人を導く。が、他方、不義の悪霊は浄さの装いを身にまとって、虚栄の悪霊に人を導く。それゆえ、「ヘロデはイエスに輝かしい上衣を着せて、彼をピラトのもとに送り帰した」（ルカ二三・一一―一二）と言われているのである。

七九　主は三十歳のときに現れたが、その数によって自らの隠された神秘を暗黙のうちに教えている。すなわち三十という数は、神秘的に考えれば、時間と自然・本性と非可視的な思惟物との創造主であり予知者である主を指し示しているのだ。〔その理由として〕まず、七という数によって時間が示されている。時間は一週の七日に分かれるからである。また五という数によっては自然・本性（ピュシス）が示されている。なぜなら自然・本性は五様にあり、感覚によって五つに分かれるからである。また八という数によっては、思惟的なものが示されている。思惟的なものの生成は、時間によって測られた時期の上にあるからである。最後に十という数によって、予知者（摂理を司る者）が示されている。つまり、諸々の掟の聖なる十（十戒）、人々を「善くということ」へと導く十という数によって、主が人に成ったとき、主が神秘的にその文字で呼ばれるということが示されているのだ。

さて以上の五、七、八、十を足し合わせると、三十という数に達する。それゆえ、指導者たる主に対してふさわしい仕方で従うことを知っている人は、主が三十歳で現れた理由を知らずにはいないだろう。すなわち主は、神の国の福音を告げる力のある方であった。主は、可視的な自然・本性を創るかのように、欠くことのない仕方で徳の実践による世界、つまり魂自身からもたらされる時節を、反対物によって生じるある時間を変えることなく創る。そして観想を通して揺れることなく知を集め、その習性を他の人々に注意深く与えることができるのだ。かくして主自身は、身体的な年齢においてと同様、霊においても三十歳であって、自らに固有のさまざまな善きものの働き（エネルゲイア）を、他の人々において顕現させるのである。

八〇　身体のさまざまな快楽に自分を委ねる人は、アレテー（徳）に対して活動的ではなく、知に向かって善く動くこともない。それゆえ、彼には、水が動いたとき、彼を池に入れる人がいない（ヨハネ五・七）。それはつまり、思慮深さがないことを意味する。すなわち、その話での池とは、知を受容しうる徳、すべての病を癒す徳なのだ。その際、もし病人が怠惰によって遅れて、自分が癒しへと至るのを他人に妨げられることがなければ、その池に入れただろう。というのは、見える被造物を神の栄光のために観想せず、思惟的な自然・本性へと敬虔に思惟を高めない人は、三十という既述の数について、当然病の状態に留まるからである。つまり、三十という数は自然に受けとめられれば、感覚的本性を指し示す。また実践的に考察されれば、実践的な徳を指し示す。

他方、八は神秘的に把握されれば、諸々の非物体的なものの思惟的本性を指し示す。八はまた、知的に観想されれば、全知の神学を指し示しているのである。これらの事柄によって神へと動いてゆかない人は、ロゴスが来たって次のように語り、癒しの決定的な方式を教えぬ限りは、麻痺したままに留まるのだ。すなわち、「立って、床を取って歩め」（ヨハネ五・八）と。ロゴスは、人を支配している快楽への愛から人の心を引き離し、徳の肩に身体を楽しませて、人が家に、つまり天に帰るように促すことができる。なぜならば、実践の肩に乗せられてより悪しきものが徳へと、より善きものによって引き上げられる方が、より善きものが怠惰のために、より悪しきものによって快楽への愛に引かれてゆくよりも善い（美しい）からである。

八七　われわれは聖霊によってキリストのうちで洗礼を受けており、肉の最初の不滅性を受け取った。その際、諸々の善きわざという賜物を通して、霊におけるキリストの究極の不滅性と意志的な死によるさらなる不滅性とを、汚れなきものとして守る。そうした不滅性にもとづいて、それを享受する人は誰しも、獲得された諸々の善きものを失いはしなかったのである。

八八　神はわれわれに対する憐れみによって、天から神的な徳の恵みを地上の者に送ろうとして、聖なる幕屋とそのうちなるすべてのものを象徴的に設えた。そしてそれらは、知恵の表現であり型であり類似であった。

八九　新約の恵みは、旧約の文字のうちに神秘的な仕方で隠されている。それゆえ使徒は、「法・律法は霊的なものだ」と言うのである（ローマ七・一四）。ただ律法は文字によって古くされ、働きなきものとして老いてゆく（ヘブライ八・一三）。しかしそれは、霊によってすべてに渡って若やいだものとされ、活動的なものとなる。なぜならば、恵みとは全く古びることのないものだからである。

九〇　律法とは福音の影である。また福音とは、来るべき善きものの似像（エイコーン）である。前者は諸々の悪しきものの働きを妨げるが、後者は諸々の善きものの実践をもたらすのである。

九一　思うに、全聖書はあたかも霊的人間であるかのように、肉と霊とに分たれる。それゆえ、聖書の文字が肉的で、その意味が霊的だと言う人は、真理から逸脱しないであろう。そして、知者とは確かに、朽ちるものを放棄し、朽ちざるものに全体として成りゆく人のことである。

九三　律法とは、福音のうちなる諸々の神的かつ霊的な善きものの影であり、預言者たちとはそうした善きものの似姿である。しかし、福音は諸々の記述を通して、現存する真理をわれわれに示した。すなわち、旧約の法にあっては、真理は影に覆われ、預言者たちによって型取られていたのである。

九六　福音的な生命を真摯に育む人は、悪の始まり・根拠と終わり・目的とを自分から切り離す。そしてわざと言葉によって、すべてのアレテー（徳）を追求するのだ。彼は称賛と告白という犠牲を捧げ、諸々の情念の働きのあらゆる重荷から解放される。そして、情念に対する知性的な闘いから自由になり、来たるべき善きものへの希望をこそ、魂の糧となるあくなき快楽として有するのである。

九七　主に関する言葉・ロゴスは、神的な書を熱心に学び取る人にとって、二つの形を有しているように見える。一つは一般的かつ公のもので、多くの人々によって見て取られる。それは「われわれは彼を見たが、彼には見栄えも美しさもなかった」（イザヤ五三・二）と言われているものである。他方は、もっと隠されていて、少数の人々によってのみ捉えられるところのものである。すなわち、ペトロやヨハネのように、聖なる使徒となった人々に対しては、主は感覚を凌駕する栄光へと変容した。その際、主は、人々の子の前で美に華やぐ者なのである（詩編四五・三）。

これら二つのうち、前者は初心者にふさわしく、後者は知において能う限り完全になった者に適合している。また前者は、主の最初の現存の似姿であった。それについての福音の言葉は、修業する者たちを諸々の受苦・受難を通して浄めるものとなる。後者は主の二番目の栄光ある現存の型であって、それによって霊は、知恵を通して知者たちを神化へと変容させるものと考えられよう。それに与る人々におけるロゴスの変容によって、彼らは、覆いを外された顔によって主の栄光をみるのである（コロサイ三・一八）。

一〇〇　砂漠でイスラエルに与えられたマンナは（出エジプト一六・一四―三五）神のロゴスであって、それを食べる人々にあらゆる霊的な快楽を与える。それはまた、食べる人々の欲求の異なりに応じて、あらゆる食物と混合される。なぜならそれは、霊的食物たる性質をすべて備えているからである。それゆえ、朽ちぬ種から霊によって上から生まれる人々にとって（ヨハネ三・三―五）、そのマンナは真の霊的な乳となる（一ペトロ二・二）。またそれは、弱い者にとっては、魂の受動的な力を和らげる草となる（ローマ一四・二）。そして善と悪との分別に対して、魂の感覚を習慣によって訓練する人々にとっては、固い食物となるのである（ヘブライ五・一四）。

しかし神のロゴスは、ここに語り切れぬような他の無限の力を有する。もし人が死んで、多くのものないしすべてのものを超えて価値ある者となったならば、彼はロゴスの力のすべてか幾らかを受け取るであろう。この世で彼は小なることに忠実であったからである（マタイ二五・二一）。なぜならば、この世で神によって与えられた諸々の霊的賜物のうちの最高のものですら、来るべき賜物に比べれば、小さく些細なものに過ぎないからである。

第二の百の断章

一　神は一である。一つの神性のゆえにである。神性は始まりなく、単純で、超実体であり、部分がなく、分割されない。また、それ自身は単一であり、三組である。神性は全体として単一であり、全体として三組である。実体・本質（ウーシア）に関しては、全体として単一であり、ヒュポスタシス（個的現実）に関しては、全体として三組である。なぜならば、神性は父と子と聖霊だからである。また神性は、父と子と聖霊のうちにある。すなわち、神性全体は父全体のうちにあり、父全体は神性全体のうちにある。神性全体は子全体のうちにあり、子全体は神性全体のうちにある。そして同じく、神性全体は聖霊全体のうちにあり、聖霊全体は神性全体のうちにある。

神性は部分的に父のうちにあるのではなく、父は部分的に神なのではない。神性は部分的に子のうちにあるのではなく、部分的に神なのではない。そして、神性は部分的に聖霊のうちにあるのではなく、聖霊は部分的に神なのではない。つまり、神性は分割されず、父ないし子ないし聖霊は不完全な神なのではない。かえって、全体として完全なる神性が、完全な仕方で完全な父のうちに、完全な子のうちに、そして完全な聖霊のうちにあるのだ。かくして、父と子と聖霊とは、一なる神なのだ。そして父と子と聖霊との、一にして同じ実体と力と働き・活動があり、それらにあっては、他のものなしにはどの一つ〔のヒュポスタシス〕も存在せず、また思惟されもしないのである。(9)

二　あらゆる思惟は、思惟するものと思惟されるものに属する。しかし神は、思惟するものにも思惟されるものにも属さない。神はそれらすべてを超えているからである。さもなくば、神は思惟するものとして、思惟されるものとの関係を必要としているという仕方で限界づけられるか、あるいは思惟するものの対象として、自然・本性的な仕方で関係ということによって思惟されるか、いずれかとなってしまうであろう。従って、神は、思惟することと思惟されることとの両者を超えているのだ。それら両者は確かに、神の後なるものに帰するのである。

七　罪とは、〔神からの〕背反に特有な結果・わざである。(10) それと同様に、徳（アレテー）とは、聴従に特有な実り・わざである。そして背反には、諸々の掟からの逸脱と命ずる存在からの分離とが伴う。それと同様に、聴従には、諸々の掟の遵守と命ずる存在との結合・一致とが伴う。従って、聴従によって掟を守る人は、正義を完成させ、命ずる存在との愛による結合から自分を引き離すことがないのである。

八　背反にもとづく分離から立ち直る人は、まず諸々の情念から、次に情念的な思考・想念から引き離される。さらに彼は、自然・本性やそれについての諸々のロゴスから、また諸々の思惟されたものやそれらについての知から引き離される。そして、摂理についての諸々のロゴスの多様な完全性から脱け出て、単一なるもののロゴスに不知なる仕方で達する。そこにおいて知性（ヌース）は、自らの不動の姿のみを観想し、語り得ざる喜びを享受するのだ（一ペトロ一・八）。その際、知性は、あらゆる知性を超えた神の平和を、つまり、それにふさわしい人をつねに守る神の平和を享受するのである。

一〇　神のロゴス（言葉）は、一粒のからし種のようなものであって（マタイ一三・三一）、播かれて耕される前には全く小さなものと思われるが、正しい仕方で耕されるならば、大変大きなものとなる。つまりそれは、諸々の感覚的かつ思惟的な被造物の大きなロゴスが、いわば鳥たちのように、そこに休らうほどになるのだ。なぜならば、万物のロゴスは、神のロゴスのうちに有限なものとして包摂されているからである。しかし、神のロゴス自身は、決して存在物のいかなるものによっても包摂されえない。従って、主は言う。からし種一粒ほどの信仰を持つ人は、言葉で命じてこの山をも動かすことができる（マタイ一七・二〇）と。すなわち、その人はわれわれから悪魔の力を追放し、その歩みを変容させることができるのである。

一一　さて、一粒のからし種とは主のことであって、信仰に従って霊によって受け容れる人々の心に播かれる。諸々の徳を通してそれを注意深く耕す人は、地上の思惑という山を動かす。つまり彼は、悪の頑なな習性を、力・権威でもって追放するのだ。他方、自らのうちなる諸々の掟のロゴス、様式ないし神的な力を、天の鳥を休ませるごとくに休息させるのである。

一三　知を探究する人は、主がモーセに「わたしとともに立て」（申命記五・三一）と言ったように、魂の基礎を主において不動なものとして建てなければならない。だが、主の側に立つ者たちにも異なりがあると知るべきである。すなわち、次の言葉が、学を愛する人によって確かに知られるべきなのだ。つまり、「ここに立つ者たちのうちで、神の国が力をもって来るのを見るまでは、死を味わわない者がいる」（マルコ九・一）とある。というのも主は、主とともに立つすべての人々にとって、つねに栄光をもって現れるわけではないからである。主は初心者にはしもべのかたちで現れ（フィリピ二・七）、かの変容の山に登るような主に従う力のある人々には、世界の創造の前に存した神のかたちで現れる（マタイ一七・一—九）。それゆえ、主とまみえるすべての人々にとって、主は同一の姿で現れることはありえず、各々における「信仰の測りに従って」、それぞれの人に別様に現れるのである。(11)

一四　神のロゴスがわれわれのうちに明るく輝かしいものとして現れ、その顔が太陽のように輝くとき、〔イエスの姿の変容にあって〕その衣もまた白く見える（マタイ一七・二）。すなわちそのとき、福音の聖なる書の言葉は、明瞭ではっきりとしていて、もはや隠されたものがない。そして、モーセとエリア、つまり法と預言者たちのより霊的な言葉が、主の側に現れるであろう。

一五　聖書に記されているように、人の子が父の栄光のうちに天使たちとともに来るように（マタイ一六・二七）、神のロゴスは、それにふさわしい人々にとって各々の人のアレテー（徳）の進歩に従って変容し、父の栄光のうちに自らの天使たちとともにやって来る。なぜならば、法と預言者たちのうちなる諸々の霊的な言葉・ロゴスは――モーセとエリアとはそれらを象徴しているのだが――、主とともに神の変容に即して現れ、ふさわしい人々に対して受容の力をあらわにしつつ、彼らのうちで類比（アナロギア）的な仕方で栄光を保持するからである。

一七　ところで、実践的な人は肉のうちに住むと言われる。すなわち彼は、肉への魂の関わり（執着）を諸々のアレテー（徳）によって切り捨て、質料的なものの欺きを自分から取り去るのだ。しかし知者は、アレテー（徳）そのもののうちに住むと言われる。すなわち彼は、鏡と謎のうちで真理を観想する（一コリント一三・一二）。というのも、彼は諸々の善きものの自存するかたち・形相を、未だ顔と顔とを合わせての享受を通して在るがままには見ていないからである。つまり、すべての聖徒たちは、将来来るべき諸々の書きものの似像のうちを歩んでいるので、次のように叫ぶ。「わたしはすべての父祖たちと同様、旅人であり寄留者である」（詩編三九・一二）。

一八　祈る人は、神への高貴な登攀を決して止めてはならない。すなわち彼は、諸々のアレテー（徳）の実践的な前進によって力から力への登攀を為し、栄光から栄光へと（二コリント三・一八）観想による霊的な知の上昇を為し、さらには聖書の語りから霊への変容を為し遂げてゆくべきである。それと同様に、祈りの場にいる人は、知性を人間的なものから高みへと向け、魂の思慮をいっそう神的なものへと引き上げなければならない。それは、知性（ヌース）が、諸々の天を通った神の子イエスに従い得るようになるためである。すなわちイエスは、至るところでわれわれのためにあらゆることを摂理的な仕方で経験したのだ。その結果、もしわれわれが摂理的な降下(受肉)の限られた局面に即してではなく、本性的な無限性の偉大さに即して神の子イエスを知るならば、われわれはイエスに聴従しつつ、彼とともにすべてのことを通りゆき、彼の側に至ることができよう(ヘブライ四・一四)。

一九 聖書において命じられているように(マタイ六・三三)、われわれはつねに善く専心して、神を探究しなければならない。というのも、たといわれわれが現在の生に即して神を探究するとしても、神の深淵に達することはできないのだが、ほんの僅かでもその深淵に近づくとすれば、われわれは諸々の聖なるものよりも聖なるもの、霊的なものよりも霊的なものを観想しうるからである。そして大祭司は、自ら宮廷よりも聖なる諸々の聖所から出て、さらにはそれらよりも聖なる至聖所に入るのだが、そのことによって右のことを象徴的に明らかにしているのである(出エジプト二六・三三、ヘブライ九・二—三)。

二〇 神のあらゆるロゴス(言葉)は多言でも多弁でもなく、さまざまな異なりによって観想されたものを結合する一なるものである。そして、そのように観想されたそれぞれのものは、神的ロゴスの部分なのだ。従って、真理について語る人は、たとい探究さるべきいかなるものをも除外しないような仕方で語り得るとしても、やはり神の一なるロゴスを語っているのである。(12)

二一　キリストは神であり、父のロゴスであるが、そうしたキリストのうちには、実体に即して神性の充満全体が身体的に宿っている（コロサイ二・九）。しかしわれわれのうちには、次のようなとき、神性の充満がただ恵みに即して宿る。それはすなわち、われわれが自らのうちに、人間に可能な限りで、原型に対する真の模倣に何ら欠くことのないものとして、あらゆる徳と知恵を形成するときである。なぜならば、ロゴスとの関わりにあっては、霊的に観想されたもののさまざまな異なりを包摂したものとして神性の充満がわれわれのうちに宿ることが、われわれにとってふさわしいことだからである。(13)

二四　神のロゴスはわれわれのために摂理的に地の低い部分に降り、また自然・本性的に全く不動な方が、あらゆる天よりも上に昇った（エフェソ四・九―一〇）。とすれば、神のロゴスは受肉によって人間となり、自らのうちで将来のことすべてを予知しているのだ。それゆえ、知を愛する人は、主を愛する人々に約束された終極（目的）がいかなるものであるかということを、神秘的に喜びつつ見るがよい。

二七　もし神のロゴスが、われわれの弱さのために十字架に架けられ、かつ神の力によって復活させられたのならば（二コリント一三・四）、明らかにロゴスは、このことをわれわれのために霊的につねに為し、万人を救うために、いわばすべての人となってそのことを蒙っている。(14) そこで神的な使徒は、コリントの人々の弱さのゆえに、「イエス・キリストおよびイエスが十字架につけられたことのほかには、何も知るまい」（一コリント二・二）と決心したのだ。しかし、完全であったエフェソの人々には、神がわれわれをキリストにおいて（キリストとともに）天上に上げ、そこに座らせたと記している（エフェソ二・六）。すなわち、各々の人に附与された力に応じて、神のロゴスが現成してくると言うのである。

かくして神のロゴスは、敬虔（のわざ）を実践しようとする人々のために十字架につけられ、また同時に、彼らの情念的な働きを神的な畏れによって釘付けしたのである。すなわち、神のロゴスが復活して天に昇るのは、欺きの欲望に従って頽落した古き人の全体を脱ぎ捨て、新しい人の全体を着る人々のためである。ここに新しい人とは、聖霊によって神の似像に即して創られた人のことである（同四・二四）。そして、新しい人を着た人々は、自分のうちなる恵みによって父のもとにゆき、「あらゆる長、権威、力、支配、そしてこの世でも来たるべき世でも、およそ名づけられるあらゆる名を超えて」（同一・二一）上げられる。なぜならば、神の後なるあらゆること、つまり事物も名前も尊厳も、恵みによって神のうちに生まれる者のもとに服するからである。

二八　神のロゴスは、肉における可視的な現存（到来）に先立って、父祖たちや預言者たちに宿り（ヘブライ一・一）、自らの現存の神秘を予型として示す。同様に、神のロゴスはそうした（受肉による）現存の後には、まだ幼い者たちを霊的に養い、神における成人へと導きつつ、彼らのうちに宿り来たる。そしてまた、成人した人々のうちにも、神のロゴスの将来来たるべき現存の特徴を、似像におけるごとく隠された仕方で刻印しつつ、彼らに宿り来たるのである。
二九　法と預言者たちとの諸々の言葉（ロゴス）は、肉によるロゴスの現存をその先駆けとして象りつつ、魂をキリストのうちへと導く（ガラテア三・二四）。同様に、神の栄光あるロゴス自身は、受肉して、ロゴスの霊的な現存の先駆けとなった。すなわちその際、ロゴスは諸々の固有の言葉（教え）を通して、ロゴスのあらわな神的現存を受容する方へと魂を導いてゆく。そしてロゴスは、それにふさわしい人々を肉から霊へと徳を通して変容させつつ、自らの現存（到来）をつねに働かせているのだ。しかし、世の終わりには、万人にとって語られざるものをあらわに開示しつつ、右のことを為すのである。
三〇　わたしが不完全で不従順な者であって、諸々の掟を遂行することによって神に聴従せず、また知に即して内的に完全な者とならない限りで、キリストもまたわたしにとって、またわたしのうちで、不完全で不従順な者と看倣されてしまう。なぜならば、わたしが霊に従ってキリストにおいて成長しない限り、わたしはキリストを減らし短くしていることになるからだ。わたしはキリストの体・身体であり、キリストの肢体の部分だからである。
三二　神のロゴスは、実践と観想とを通してわれわれのうちで高められるとき、万物を自分のもとに引きつける。すなわち、肉と魂、そして存在物の自然・本性についてのわれわれの想念と言葉を、また物体の諸々の部分と感覚を、徳と知によって聖化し、自らのくびきのもとにもたらすのだ。

それゆえ、諸々の神的なものを見る人は、神のロゴスの在ます場に至るまで、ロゴスに聴従しつつ熱心に昇りゆくがよい。「彼は自らの場に引きつける」(コーヘレト一・五)と伝道者(コーヘレト)の言うように、聖の聖なる至聖所に入る大祭司としての彼に従う人々を、まさにロゴスはそこへと引きつけるのだ。そこに彼は、われわれに即した先駆けとして、われわれのために参入したのである(ヘブライ六・二〇)。

三五　主を求める人は、求めている自分の外にではなく、かえって自分自身のうちに、諸々のわざを伴う信仰を通して求めなければならない。(15)なぜならば、「言葉はあなたに近く、あなたの口とあなたの心にある。これは信仰の言葉である」(ローマ一〇・八)とあるからだ。そしてキリスト自身が、求められているロゴス(言葉)なのである。

三六　神的な無限性の高みを思うとき、われわれは、神の人間愛がその高みからわれわれのところまでは届かないとして、絶望してはならない。また、罪によるわれわれの落下の無限の深淵を思い浮かべるとき、自分のうちで殺されたアレテー(徳)の復活が生じることを拒んではならない。なぜならば、神にはそれら二つのことが可能だからである。すなわち、神は降下してわれわれの知性を知によって照らし、他方ではまた、われわれのうちでアレテー(徳)を復活させ、正義の諸々のわざを通して自らのもとに引き上げることができる。というのも、こう言われているからだ。「あなたは心のうちで、誰が天に昇るだろうかと言ってはならない。それは、キリストを引き降そうとすることである。また誰が〔地獄の〕深淵へと下るだろうかと言ってもならない。それはキリストを死者のうちから甦らせようとすることである」（ローマ一〇・六―七）。

三七　実践的な人においては、ロゴスは諸々のアレテー（徳）の様式に適用されて、肉となる（ヨハネ一・一四）。しかし観想的な人においては、ロゴスは諸々の霊的な思惟によって清新なものとされて、はじめに在ったごとく、父とともに在る神なるロゴスとなるのである（ヨハネ一・一―二）。

三九　肯定的な命題によって神学する人は、ロゴスを肉とする。なぜなら彼は、見えるものや触れるものにもとづいて、それらの原因として神を知るという方式しか持たないからである。しかし、諸々のものを除去することによって否定的な仕方で神学する人は、ロゴスを霊とする。すなわち彼は、ロゴスをはじめに神で在ったものとして、知られうるいかなるものにもよらず、ただ、不知をも超えたものとして（全く知られざるものとして）美しく知るのである。

四二　聖書の字義にのみ拘泥して、魂の尊厳を律法の身体的な典礼に結びつけてしまう人は、非難さるべき仕方でロゴスを自分のために肉とする。彼らは、神が非ロゴス的な動物の犠牲によって喜ぶと思っている。そして、外的な浄めによって身体の方に多くの注意を向け、諸々の情念の汚れを身に帯びて、魂の美をないがしろにしているのだ。しかし魂のためにこそ、見えるもののあらゆる力が生み出され、また、あらゆる神的なロゴスと法が定められているのである。

四三　主はイスラエルにおける多くの人々の頽落と復活のために眠りに就いた、と聖なる書は言う（ルカ二・三四）。そこでわれわれは問おう。主の死は次のような人々のためではなかったか。すなわち、ただ感覚に従って見える被造物を観想し、字義のみに従って聖書を詮索し、そして不義ゆえに新しい霊への恵みを受け取りえぬ人々の頽落のためではなかったか。あるいは他方、神の被造物と神的な物語とを霊的に観想し、然るべき仕方で魂における神的な似像を耕す人々の復活のためではなかったか。

四七　神のロゴスを肉に即して説明する人々にとっては、主は父のもとに昇らない。しかし、より高い観想によってロゴスを探究する人々にとっては、主は父のもとに昇る。それゆえわれわれは、人間愛によってわれわれのために降ったロゴスを、つねに下方へと引きずり降ろすことなく、地と地にある事物とを後にして、ロゴスとともに父のもとに昇ってゆこう。それは、頑ななユダヤ人たちに対する言葉が、われわれに対して語られないためである。つまり、「わたしは、あなたたちが来ることができないところにゆく」（ヨハネ八・二一）とある。なぜならば、ロゴスを離れては、ロゴスの父のもとにゆくのは不可能だからである。

五〇　サウルは邪悪な霊によって突き動かされ、至福なダビデは竪琴によって安らいだ。それと同様に、あらゆる霊的なロゴスは、諸々の知的な観想によって甘美なものとなり、〔悪霊に〕捉われた知性（ヌース）を休息させて、窒息させるような悪しき心情から解放するのである。

五二　サウルの王国とは、法の物的礼拝の似姿であるが、主は、それが何をも完成させないとして、それを廃した。というのも、確かに聖書は、「法は何をも完成させない」（ヘブライ七・一九）と言っているからである。しかし、偉大なダビデの王国は福音的礼拝の予型なのだ。なぜならば、それは神の親密な意志を完全に包含しているからである（サムエル上一三・一四）。

五四　サムエルとは、神への聴従を意味する。聴従のロゴスがわれわれのうちで司祭の働きを為す限り、サウルがアガグを赦しても、つまり地上の思慮を赦しても、司祭的なロゴスはそれを妬み、かの者を殺してしまう（サムエル上一五・三三）。そして、諸々の神的な命令を破ったとして、罪を好んだ知性を打って恥じ入らせるのである。

五六　日々の糧（パン）を受けようと求める人は、その糧のあるがままにその全体を受け取るのではなく、受容する人自身の受容し得る力に応じて受ける。[16] なぜならば、生命の糧は人間愛として、求める人々すべてに自らを与えるのだが、万人に等しい仕方によってではなく、正義の大きなわざを為す人にはより多く与え、より小さなわざを為す人にはより少なく与える。すなわち、各々の人に、彼が知性に即してふさわしいものを受容するその力に応じて与えるのである（ヨハネ六・三五）。

五七　主はわれわれにとって、あるときは不在であり、あるときは現存する。すなわち主は、顔と顔とを合わせての観想によってわれわれのうちに現存し（一コリント一三・一二）、鏡と謎とにおける観想によっては不在なのである。

五八　主は、諸々のアレテー（徳）を通して実践者に現存し、徳の言葉（ロゴス）を形成しない者には不在である。そして、観想者には諸々の存在物の真の知を通して現存するが、それを何らか逸する者には不在である。

六〇　神のロゴスは、受肉したことによって肉と呼ばれるだけでなく（ヨハネ一・一四）、「はじめに神や父とともに在る」と端的に思惟される神なるロゴスは、以下のような意味においても肉となる。もとよりロゴスは〔それ自体としては〕、万物に関する真理の、明瞭であらわな諸々の原型を有するが、さまざまな物語や謎などは含んでおらず、歴史の象徴をも必要としていない。しかし、思惟的なものをむき出しの知性によっては捉ええない人間に近づくとき、ロゴスは彼らに馴染みあるものを択んで、諸々の歴史的なものや謎、物語、隠れた語りなどを種々に組み合わせて、肉となるのだ。

なぜならば、われわれの知性は、はじめの出会いにおいて〔直ちに〕あらわなロゴスそのものに触れるのではなく、むろん多様な語り口において受肉してくるロゴスに触れるだけだからである。すなわち、それは本性的にはロゴスであって、見える姿としては肉なのだ。多くの人々は、それが真実にロゴスであるにもかかわらず、自分は単に肉を見ているだけだと思ってしまう。つまり、聖書の知は、多くの人々にとってそれと思われるようなものではなく、見かけとは異なる。なぜならば、ロゴスは、それを記すそれぞれの言葉・語りを通して、肉となるからである。

六一　敬虔についての学びの最初は、おのずと肉に関わるものとして生じる。なぜならば、敬神とのはじめの出会いにあって、触れるのは文字であって、霊ではないからである。しかし、徐々に霊に近づき、より軽やかな観想によって語り（文字）の厚さを取り去るとき、われわれは浄いキリストのうちに能う限り浄らかに住まうのだ。すなわち、偉大な使徒に即して、次のように言いうるようになる。「もしわれわれが、かつては肉によってキリストを知っていたとしても、今はそのように知っているのではない」（二コリント五・一六）。すなわち、キリストには覆われているものはもはやなく、明らかに知性はロゴスとあらわに出会うのだ。そこでわれわれは、肉のロゴスを知ることから、父のもとでの独り子としてあるロゴスの栄光を知ることへと進んでゆくのである（ヨハネ一・一四）。

六三　ある人は水と霊によって再生する（ヨハネ三・五）。またある人は、聖霊と火によって洗礼を受ける（マタイ三・一一）。これら四つ、つまり水、霊、火、聖霊とは、神の一にして同じ霊だと思う。というのも、聖霊は、ある人にとっては体の諸々の汚れを浄めるものとして水であり、ある人にとっては徳に即した諸々の善きものを働かせるものとして霊であり、ある人にとっては魂の根底における汚れを浄めるものとして火であり、そして、ある人にとっては知恵と知識との導き手として聖霊であるからだ（ダニエル一・一七、五・一一―一二）。かくして、それぞれの人のうち

なる異なった働き・活動に従って、同一の聖霊が異なった名称を取ってくるのである。(17)

六六　神のロゴスは、徳の身体的かたち(形相)に多くの関心を持つ人々にとっては、干し草とも藁ともなって、魂の情念的部分を支え、諸々の徳に仕えるように導く。神のロゴスは他方、諸々の神的なものを真に把握するような観想に進んだ人々にとっては、パンとなって、魂の思惟的部分を神的完全性へと導くのだ。それゆえわれわれは、始祖たちがその道行きにあって、自分たちには糧を、ろばたちには干草を供するのを見出す(創世記二四・二五、四二・二五)。また『士師記』では、レビ人がギベアの町で彼にたずねた老人に、こう言う。「われわれにはパンが、ろばには干草があり、あなたの召使には何も欠けるものがない」(士師記一九・一九)。

六七　ところで神のロゴスは、露(申命記三二・二)、水、泉(ヨハネ四・一四)、河(同七・三八)などと呼ばれ、実際そうである。すなわち、受け取る人々の主体的な力に即してそのようであり、かつそのように成るのだ。というのも、ある人々にはロゴスは露となって、情念が彼らに外から身体的に攻撃してきたとき、その燃焼と働きとを消し去るからである。また、悪の毒によって自分の基底を焦がすような人々にとっては、ロゴスは水となる。その水は、対立物を通して対立物を滅ぼすだけではなく、「善く在ること」への生命的な力を与えるのだ。また、観想のほとばしり出る習性を持っている人々にとっては、ロゴスは泉となって、知恵をあふれ出させる。

さらには、救いをもたらす敬虔で正しい教えを流れさせる人々にとっては、ロゴスは河となって、人間と家畜と野獣と植物とをゆたかに水でうるおす。それは、人間がさまざまに語られたものの思惟によって高められて、神化せしめられるためである。そして、情念によっていわば家畜となった人々は、アレテー（徳）の生の確たる現出によって人間と成らしめられ、自然・本性のロゴス的な力を取り戻すのである。他方、悪しき習性と悪行とによって野獣となった人々は、穏やかで優しい馴戒によって訓化され、自然・本性の温順さを回復する。[18] そして植物のように、諸々の善きものに対して感じなくなってしまった人々は、ロゴスの根底に降りていって柔軟な者となり、実りへの感覚と彼らを支えるロゴスの特性たる力とを獲得するのである。

六九　神のロゴスは門と言われる（ヨハネ一〇・九）。なぜならばロゴスは、実践の揺るぎない道行きに即して諸々の徳の道を立派に歩む人々を、知へと導くからである。ロゴスはまた光として、知恵の多様な宝を示す。ロゴス自身が道であり、門であり、鍵であり、王国であるからだ。すなわちロゴスは、導き手として道であり、諸々の神的なものにふさわしい人々に門を開けかつ開けられる方として鍵であり、また導き入れる方として門である。そしてロゴスは、遺産を受け継ぐ方、また分有によって万物のうちに宿る方として、王国なのである。

七〇　さらに主は、光、生命、復活、そして真理と呼ばれる（ヨハネ八・一二、一一・二五、一四・六）。光と呼ばれるのは、魂を灯し、無知の闇を追い払い、語られざるものの把握へと知性を照らし、浄い人々に対してのみ神的な神秘を示すからである。生命と呼ばれるのは、主を愛する魂に神的なものへの動きを附与するからである。復活と呼ばれるのは、質料的なものへの執着から知性を引き上げ、あらゆる腐敗と死性から浄めるからである。そして真理と呼ばれるのは、ふさわしい人々に諸々の善きものの不変の習性を与えるからである。(19)

七一　父なる神の神的ロゴスは、固有の掟の各々に神秘的な仕方で内在する。神と父は、分離することなく全体であるが、固有のロゴス全体のうちに自然・本性的に内在する。従って、神的な掟を受容し、かつそれを実行する人は、神のロゴスを自らのうちに受容するのだ。そして、諸々の掟を通してロゴスを受容する人は、ロゴスを通して、そのうちなる霊を自然・本性的に受容したことになる。なぜならば、ロゴスはこう言っているからだ。「まことにあなたたちに言う。わたしが遣わす者を受け容れる人は、わたしを受け容れる。そしてわたしを受け容れる人は、わたしを遣わした方を受け容れる」(ヨハネ一三・二〇)。実に、掟を受け容れて、それを為す人は、聖なる三位一体を神秘的な仕方で受け取り、それを有しているのである。

七二　神に栄光を与えるのは、単に言葉によって神を拝する人ではなく、神によってアレテー(徳)のために、諸々の労苦を蒙ることを忍ぶ人である。こうした人は、アレテー(徳)の報いとして分有によって不受動心の恵みを受け取り、神のうちなる栄光を神から受容するのである。なぜならば、アレテー(徳)のための実践的な労苦を通して神に栄光を与える人はすべて、観想に即した神的な照らしによる不受動心を保ちつつ、自らが神のうちで栄光を受けるからである。確かに主は、受難に向かうとき、こう語っている。「今や人の子は栄光を受け、神は人の子のうちで栄光を受けた。そして神が自らのうちで人の子に栄光を与えるならば、人の子は直ちに神に栄光を与えるであろう」[20]（ヨハネ一三・三一―三二）。このことからすれば、アレテー（徳）のために忍ばれた諸々の受苦には、神的な恵みが続くことが明らかであろう。

七三　われわれが聖書の語りの中に、さまざまな謎・しるしを通して多様に具体化された神のロゴスを見ている限りは、未だわれわれは、非身体的で純粋で一なる子のうちに在るところの、非身体的で純粋で一なる父を思惟的に見てはいなかった。つまり、「わたしを見た人は、わたしの父を見た。そしてわたしは父のうちに在り、父はわたしのうちに在る」（ヨハネ一四・九―一〇）と語られているようには、見ていなかったのだ。従って、そのためには多くの知が必要である。すなわち、われわれはまず、諸々の物語の言葉を覆っているものを突き抜けていって、それ自体として在る純粋なロゴスそのものを裸の知性によって見なければならない。つまりその際、そうしたロゴスが自らのうちに父を証示していることを、人間に可能な限りで明瞭に見なければならないのである。

それゆえ、神を敬虔に求める人は、神の周りを巡るものを神の代わりに捉えて誤ることのないように、字義に支配されてはならない。すなわち、ロゴスの代わりとして聖書の語りに危険な仕方で執着してはならないのだ。というのも、外なる装いによって非身体的ロゴスを捉えたと思っている知性から、ロゴスは逃れてしまうからである。それは丁度、ヨセフ自身ではなくヨセフの衣を捉えた、かのエジプトの女のようであり（創世記三九・七―一二）、あるいは、諸々の見えるものの美しさにのみ満足して、創造主の代わりに被造物を誤って拝した古き時代の人々のようである（ローマ一・二五）。

七四　聖書のロゴス（言葉）が、それに身体的にまつわりついた語りの複合的装いを取り払われるのは、より高い思惟による。すなわちロゴスは、自然・本性的な働きを全く放棄したような洞察力ある知性（ヌース）に対して、かすかなそよぎの音のうちに在るかのように、自らを示してくる。そこでの知性は、ロゴスを何ほどか開示するような単純さの感覚のみを捉えることができるのだ。

そのことは丁度、ホレブの洞窟でそうした光景にまみえるにふさわしい者とされたエリヤの場合に、見て取れよう。すなわちホレブとは、新しさのことと解されるが、それは、恵みの新しい霊における諸々の徳の習性のことである。また洞窟とは、知性における知恵の隠された聖所であって、その中に入る人は、感覚を超えた知、そのうちに神が住まうと言われる知を神秘的に感知するであろう。それゆえ、偉大なエリヤのように真に神を求める人は、単にホレブに達するだけではなく、つまり諸々の徳の習性によって単に実践するだけではなく、ホレブの洞窟にも入ってゆくであろう。(21)

すなわち彼は、諸々の徳の習性に向けて実践する者となるだけではなく、観想する者として、徳の習性に達した人にのみ許される知恵の隠れた聖所へと参入してゆくのである（列王記上一九・一二―一三）。

七六　神的な使徒パウロは、ロゴスの知を部分的に知っていると言う（一コリント一三─九）。だが福音記者ヨハネは、子の栄光を見たという。それは、父の独り子として恩恵と真理とに満ちた子の栄光である（ヨハネ一・一四）。聖なるパウロは、神のロゴスの知を部分的にしか知らないと言った。なぜならば、それは、諸々の働きから、何らか部分として知られたものだったからである。ロゴスに関して実体（ウーシア）とヒュポスタシスとに即した知は、あらゆる天使と人間にとって決して知られえず、近づきえぬものなのだ。

しかし、聖なるヨハネは、ロゴスの受肉についての言葉（把握）に人間として完全に導かれ、肉としてのロゴスの栄光を見たと言っている。すなわちヨハネは、そのために神が人間となった目的を、恵みと真理とに満ちたものとして見たのである。なぜならば、実体・本質（ウーシア）としての神、そして父なる神と同一実体なる独り子が与えられたのではなく、ただ摂理にもとづいて、神が自然・本性による人間となり、われわれと同一実体となるものとして、恵みを必要とするわれわれのために与えられたからである。そしてわれわれは、その恵みの満ち溢れから、あらゆることにわたってわれわれの歩みに即した類比的な恵みを受容するのだ。

このように、自らのうちに汚れなき純粋な言葉・ロゴスを守る人は、われわれのために受肉した神のロゴスの、恵みと真理とに満ちた栄光を獲得するであろう。つまりロゴスは、その到来・現存によって、われわれのためにわれわれ〔の本性〕に即して自らに栄光を与え、かつ聖化するのだ（同一七・一〇―一九）。というのも、「主が現れるとき、われわれは主に似たものとなるだろう」（一ヨハネ三・二）と聖書に語られているからである。

七九　身体の諸情念をよく克服し、不浄な霊と十分に戦い、そしてそれらの思惟を自分の魂の場から追放した人は、自分に浄い心が与えられて、うちなる霊が直ちに新たにされるように祈るがよい（詩編五一・一〇）。すなわち、恵みによって諸々の悪しき想念が全く無化され、神的な思考で満たされるよう祈るべきである。それは、人が、倫理的、自然・本性的、神学的な観想のかたちによって、輝かしくまた大いなる神の霊的な世界・宇宙となるためである。[22]

八〇　浄い心を働かせる人は、単に神の後なる事物の本質（ロゴス）を知るだけではなく、それら全体を通り過ぎて、ある意味で神自身を、つまり諸々の善きものの最高の目的たる存在を、何らか知るのだ。そうした心に神が住まうとき、神はそれにふさわしい魂に、あたかもモーセの十戒の石板に対するかのように（出エジプト三一・一八）、聖霊によって固有の文字を刻印する。[23] ただし、神がこのように為すのは、魂が、「生めよ、増えよ」（創世記三五・一一）と神秘的に命じられた掟に即して、実践と観想とを通して自らを捧げた限りにおいてなのである。

八三　「われわれはキリストの心・知性を持つ」（一コリント二・一六）と聖書にある。聖人たちが持つそうしたキリストの知性とは、思惟的な力の欠如によってわれわれに生じるのではなく、またわれわれの知性の満ち溢れとして生じるのでもなく、さらにはわれわれの知性にヒュポスタシスに即して実体的に入って来るのでもない。かえってキリストの知性は、固有の性質によってわれわれの知性の力を照らし、それを自ら顕現（働き）へともたらすのだ。そしてわたしの思うに、キリストの知性（ヌース）を持つ人とは、あらゆることをキリストに即して思惟し、あらゆることにおいてキリストを思惟する人のことである。(24)

八四「われわれはキリストの体であり、各々はその部分としての肢体である」（一コリント一二・二七）とあるように、われわれはキリストの体だと言われる。しかし、われわれが自分の体・身体を失ってキリストの体となるわけではない。また他方、キリストの体がヒュポスタシス的（個的現実として）にわれわれのうちに入ってくるのではなく、肢体へと分割されるわけでもない。かえって、主の肉に類似した仕方で罪の腐敗を取り払われていることによって、〔われわれがキリストの体だと言われるのだ。〕なぜならば、キリストは肉においても魂においても自然・本性的に罪なき者であったが、それと同様に、キリストを信じるわれわれもまた罪なき者となりうるからである。

八七　人はこの世にある限り、そこでの実践と観想との状態としてどれほどの完成に達したとしても、知と預言と聖霊の保証とを部分的に有しているだけで、その満ち溢れそのものを有してはいない。しかし、世々の限界を超えて完全な遺産に達する人、つまり、それにふさわしい人々に顔と顔とを合わせて示されるところの、在るがままの真理に達する人は、もはや恵みの満ち溢れからの単に部分ではなく、その全体を分有によって獲得しているのだ。なぜならば、神的な使徒が言うように、救われた人々はすべて、「キリストの満ち溢れの日の測りに従って」（エフェソ四・一三）、明らかに完全な人に達しているからである。そして、キリストのうちには知恵と知との諸々の宝が隠されており（コロサイ二・三）、それらが現れると、部分的なものは止むであろう（一コリント一三・一〇）。

八八　ある人々は、神の国にふさわしい人々の完全性の状態がいかなるものかを探究する。すなわち、それは進歩と変化に即してあるのか、また、身体と魂とはいかにあると把握されるのかと。この点、推測して言えば、身体的な生にあってその糧の意味合いには二通りある。つまり、成長に関わる糧と、すでに成長したものを支える糧とである。まず、われわれが身体的な成熟に達するまでは、成長のために糧を摂るが、身体が十分に成長した後は、もはやそのための糧を摂る必要はなく、ただ維持するだけである。

それと同様に、魂の場合も糧の意味合いには二通りある。すなわち、魂が前進しているとき、すべての存在物を超えて、キリストの満ち溢れの日に至るまでは、諸々の徳や観想されたものに養われる。が、そこに達すれば、中間的なものによって増大し成長するための養いは止んで、思惟を超えた仕方で直接に養われるのだ。そしてさらに、魂は、腐敗しない糧の増大を超え、自らに附与された神的かたちの完全性を保持し、かつその糧によって無限に輝くものを顕現させながら、神的な恵みの分有によって神となる。魂はそうした糧に基づいて、「つねに善く、また同一なるものとして在ること」を受容して生きるのである。すなわちそのとき、知性と感覚とによるあらゆる働きは停止し、また同時に、身体の自然・本性的な働きも停止して、魂における神化を類比的に分有することにより、身体も神化しているのだ。かくして魂と身体において、栄光の満ち溢れによって自然・本性的な諸々の属性は凌駕され、魂と身体との両者を通して神のみが顕現するのである。(25)

九一 「天の国は近づいた」(マタイ三・二、四・一七)という言葉は、わたしの思うに、何ら時間的な限定ではない。それは外的に観察されるような仕方で来るのではないからだ。その国は、「見よ、ここに、あるいは見よ、あそこにある」(ルカ一七・二〇―二一)などと言えるものではなく、それにふさわしい人々のうちなる状態に従ってある。「神の国はあなたたちのうちにある」(同、一七・二一)と言われているからである。

九三 ある人々は、天の国とは、天上でのそれにふさわしい人々の生き方だと言う。他の人々は、天使たちに似た状態だと言う。しかしまた、他の人々は、天の国とは、天から来た方の似像を担う人々の、神的な美のかたちだと言う(一コリント一五・四九)。思うに、これら二つの見解はいずれも真理に適っている。というのも、まさに来るべき恵みは、各人のうちなる正義の量と質に従って、すべての人々に与えられるからである。

九四 実践的な愛智(哲学)に従って勇敢に神的な闘いを遂行する人は、諸々の掟を通して父からこの世に入ったロゴスを、己れに受け取る。しかし、諸々の情念に対する実践的な闘いから解放された人は、情念と悪霊とに打ち勝ったと表明して、観想による知的な愛智へと超えてゆく。かくしてその人は、ロゴスがこの世を離れて、再び、父のもとに帰ってゆくことを神秘的に許すのだ。それゆえ、主は弟子たちにこう言う。「あなたたちはわたしを愛し、わたしが神のもとから来たことを信じた。わたしは父のもとから出て、この世に来た。そして、わたしは再び世を去って、父のもとにゆく」（ヨハネ一六・二七―二八）。ここに世とは、恐らく諸々の徳の実践による労苦のわざを意味しよう。また父とは、世を超え、あらゆる質料的な思いから解放された姿のことであろう。そこにあっては情念と悪霊との闘いは止んで、神のロゴスがわれわれのうちで誕生するのである。

九六　救い主への非難として十字架に記された叙述は、十字架につけられた主が、実践的、自然・本性的、神学的な愛智（哲学）の王たることを明らかに示していた。というのも、聖書には、それがラテン語、ギリシア語そしてヘブライ語で記されていたとされているからだ（ヨハネ一九・二〇）。すなわち、わたしは、ラテン語によっては実践的な愛智が意味されていると思う。ローマ帝国は、ダニエルによれば、地上のあらゆる帝国のうちで決定的に雄々しいものである（ダニエル二・三六―四四）。実践的な愛智の特徴はまさに勇気だからである。またギリシア語によっては、自然・本性的な観想が意味されていると思う。ギリシア人たちは他のいかなる民族よりも自然哲学を探究したからである。そしてヘブライ語によっては、神学的な神秘参入（奉神礼）が意味されていると思う。なぜならば、ヘブライ民族ははじめから父祖たちを通して、神に捧げられていたからである。

九七　われわれは諸々の身体的な情念を殺すだけでなく、魂の情念的な想念をも破らなければならない。すなわち聖なる言葉によれば、「早朝わたしは、地上のすべての邪悪な者たちを殺した。主の町から不義を為すすべての者たちを破壊するために」（詩編一〇一・八）とある。それはつまり、身体の情念や魂の不正な想念のことである。

九九　敬神における初心者は、諸々の掟の実践へとただ善良さによって導かれるだけではなく、神的な裁きを想起し、厳しさをもって永く格闘を続けてゆかなければならない。かくして彼は、諸々の神的なものへの欲求によって愛するだけではなく、恐れによって悪を避けうるのだ。「主よ、わたしは憐れみと裁きあるあなたを称える」（詩編一〇一・一）とある通りである。彼は欲求によって熱くなって神を讃美し、恐れによって鋼のようになって讃美への力を持つのである。

一〇〇　アレテー（徳）と知とによって魂に対して身体を調和させた人は、神の竪琴となり横笛となり神殿となる。(27) すなわち竪琴となるのは、諸々の徳の調和を美しく保つことによってであり、横笛となるのは、神的な観想を通して聖霊の霊感を受容することによってであり、そして神殿となるのは、知性の浄さを通して自らがロゴスの宿る住居となることによってである。

訳　注

（1）　証聖者マクシモスによれば、あらゆる有限なもの、自然・本性は「動き」のうちにあるという。ただしそのことは、通常の性質、場所、時間などにおける動きではなく、それぞれの自然・本性そのものが自らの完成・終極に向かって開かれ定位されているという意味である。

（2）　神は限定された知を全く超越しており、いわば無限性としてある。神の「在ること」が信じられるだけとは、人間的自然・本性が神（＝存在）の無限性、超越性へと徹底して開かれ、絶えず己れを超えゆくことでもあろう。

（3）　つとにアレクサンドリアのクレメンスにおいて、信・信仰とは論証の「論証されざる第一原理」として意味づけられていた（『ストローマテイス』八・三・六―七）。なお、ヒュポスタシスはここではヘブライ一一・一の用法を踏まえている。そして信とは、人間的自然・本性が超越的神性の働きを宿したかたちであり、全き「神の知」へと定位された中間的な知のかたちなのである。

（4）　人間がアレテー（魂・人間の善きかたち、徳）へと形成されゆく道は、その都度の伸展・超出（エペクタシス）へと開かれており、そうした絶えざる動性にこそ人間本性の完成が存する。これは、とりわけニュッサのグレゴリオスの洞察するところであった。

（5）　わざを止める安息日とは、行為の単なる停止ではなくて、完全性への絶えざる伸展である。この点、オリゲネスの言う「停止（完成との意味合い）」『出エジプト記講話』（In Exodum homiliae）を、ニュッサのグレゴリオスはより動的な構造において捉え直している（『雅歌講話』第八講話など）。そしてマクシモスも、それを踏襲して語っているのである。

（6）　以上の三段階は、マクシモスの全探究にあって最も基本的なものである。それは、「愛についての四百の断章」にも見られる（三・二三―二四）が、より詳しい論究としては、『難問集』一〇七三C、一〇八九B―D、一一一六BCなどがある。

（7）　救い（人間的自然・本性の成就）とは、関係性それ自身を超えたものたる神的ロゴスとの関係によるので、「恵みによる」と言われる。恵みの実在性は、超越とのそうした微妙な関係に基づく。
(8) 言い換えれば、人間本性の完成は、己れをなみして神的働き(恵み)を受容する場となることに存する。
(9) 三位一体についてのこうした概観は、「第一の百の断章」のはじめの部分と対応しており、以下の論述の基礎となっている。
(10)「背反」と訳した語は聞くことに反するという字義的な意味合いで「不聴従」、「不従順」とも訳せる。そして、神的ロゴスの働きに聴従するか否かが、人間本性の実り・開花をもたらすか否かに関わるのである。
(11) 主は同一なる存在であるが、他方、各々の人の「信・信仰の測りに従って」別様に現れる。それゆえ、神の存在とその恵みとの超越性を強調する余り、人間的自由の働きが排棄されてはならない。そしてそこに、神と人との一種の協働が語られることになる。超越的な存在とその恵みは、「信の測りないし類比に従って」、いわば類比的な仕方でこの有限な地に実現してくるのだ。
(12) これはつとにオリゲネスの洞察するところでもあった(『ヨハネ福音書講話』五・五など)。人間のさまざまな知と観想とはすべて、無限なる神のロゴスへと開かれ、それに収斂してゆくべきものとしてある。
(13)「神性の充満が宿る」とは、ロゴス・キリストの受肉の現存(いわば受肉の同時性)に基づいて、「受肉の受肉」とも呼ぶべき事態がわれわれのうちに生起することと解される。
(14) ロゴス・キリストの受肉、死、復活という事態は、単に過去の一時点に固定されるのではなくて、同時性として霊的に今も為される。ここでの表現は、「難問集」一〇四〇ABの要約となっている。
(15)「善きわざを伴う信仰」というかたちで、主は人間のうちに宿り受肉してくる。
(16)「受容しうる力に応じて」とは、生得的に定まった能力・資質のことではなくて、先に語られていたように(二・一三)、「信という測り(心の披き)に従って」ということである。
(17) それぞれの名称は、さまざまな神的働き(エネルゲイア)を受容することによって語り出されてくる。しかしその際、神や聖霊の本質そのものが知られるのではなくて、人間的経験による名称が、その経験の根拠を遥かに指し示しているのである。

(18) 既述のように徳（アレテー）とは自然・本性（ピュシス）に即したものとして、その開花・成就の姿であり、悪徳とは自然・本性に背反したものとして、非存在への頽落の姿である。

(19) 主を呼ぶさまざまな名称は、実は神的働き（エネルゲイア）を受容したわれわれの姿から語り出される。従って、それらはまた、人間が神的なものへと関与してゆくことの根拠を指し示している。

(20) 主のこの言葉は、ユダがいわゆる「最後の晩餐」の食卓から離れた直後に語られた。

(21) このようにエリアは、神の現存の原初的な純粋さを更新している。なおホレブとは、ヘブライ語としては「乾燥した所、砂漠」の意味である。

(22) 「人間は万物の紐帯だ」（『難問集』一二〇五C）とされるが、人間は自らのロゴス的な観想の働きを通してあらゆる自然・本性（存在物）を結びつける。かくして人間と他の事物とは、すべて相俟ってロゴス的秩序に与り、一つの霊的な宇宙（コスモス）を形成してゆくべく定位されているのである。

(23) ニュッサのグレゴリオス『モーセの生涯』二・一五二以下に、神の顕現、十戒、そして魂の絶えざる伸展（エペクタシス）について詳しく論究されている。

(24) キリストの知性（ヌース）とわれわれの知性とは対立するものではない。かえって、キリストの知性に聴従することによってそれに照らされるとき、われわれの知性はキリストの知性を具体化し顕現させるものとなるのである。

(25) マクシモスは、魂が身体より先に存在するという「魂の先在説」を批判し（『難問集』一一〇〇C）、人間の成立として「魂と身体との同時的な生成」を語る（同一一二一D―一一二四A）。それゆえ、人間的自然・本性の完成として神化を問題にするとき、「魂における神化」とともに、その類比的な分有による「身体の神化」が語られることになる。こうした身体性の重視は、マクシモスによる往時のオリゲネス批判（ひいては新プラトン主義批判）の眼目となっている。

(26) ダニエルによって語られた第四の王国は、ここではローマ帝国と同一視されている。

(27) 竪琴の比喩は、『神秘への参入』五にもあるが、そこにおいては教会（エクレシア）の構造が、諸々のアレテー（徳）によって飾られた魂それ自身のかたちだということが、象徴的に説き明かされている。

II-5 『神学と受肉の摂理とについて』

六　『主の祈りについての講解——キリストを愛する人に向けての簡潔な解釈』

解題

この著作は、やはり先述のΦΙΛΟΚΑΛΙΑ B巻に収められている。（邦訳では『フィロカリア』Ⅳ）これは周知の「主の祈り」（マタイ六・九―一三）のそれぞれの語句を観想しつつ、そこに秘められた霊的な意味を吟味し展開したものである。その論はまことに透徹したものであって、少ない頁数のうちに証聖者マクシモスの根本思想が集約されている。それは誰にとっても決してやさしい内容のものではないと思われるが、少しずつ味読し、またわれわれ自身の祈りの糧にしてゆくべき珠玉の作品であろう。

証聖者マクシモスによれば、「主の祈り」は「神秘的に隠された目的の全体を集約的に保持している。」すなわち、「主の祈り」の言葉（ロゴス）は、「神のロゴス（キリスト）が自ら無化して、肉（人間）を通して為したすべてのことについての願いを含んでいる」という。そして「主の祈り」の七つの言葉には、その目的（眼差し）として、以下のような七つの普遍的事柄が示されているのだ。そこであらかじめ、マクシモスの言葉を用いてそれらを簡単に提示しておこう。

（ｉ）　神のロゴスは肉（人間）となって、それ自身のうちに父と聖霊とをあらわに示しつつ、神学（神をふさわしく称えること）を教えている。

(ii) ロゴス・キリストは、われわれが恵みによって(聖霊によって)神の子となることを恵み与える。
(iii) さらにロゴスは、摂取した身体とともに昇って、天と地とを自らのうちで結合させ、感覚的なものを思惟的なものに結びつける。つまり、被造物がその両極的な部分を有しつつ、一つの自然・本性としてあることが示されるのだ。
(iv) ロゴスは自らが食物となることによって、われわれが神的な永遠の生命に与るようにさせる。主は生命と力との糧(パン)であり、かつそう呼ばれる(ヨハネ六・四八)。
(v) ところでロゴス・キリストは、人間的自然・本性を自らに再統合させた。すなわち、ロゴスは人間となって、意志を自然・本性的に不受動なもの(情念から解放されたもの)に保ったのだ。
(vi) キリストは、われわれのために受肉が快楽に先立たれないようにすることによって、自然・本性(ピュシス)を罪の法から解放する。
(vii) さらにロゴス・キリストは、神でありながらも人間となることによって、われわれを捉えている悪とその死の力とを打ち砕くのである。

わたしはあなたの霊感にあふれた手紙を通して、神に見守られた師父なるあなたを受け容れた。あなたはわたしにとって、つねに存在しており、霊において不在だということはありえない。実際あなたは、アレテー（徳）のゆたかさを通して神に倣い、神が自然・本性に与えた仕方でしもべたちと交わることを拒まない。それゆえ、わたしはあなたの自己卑下の大きさに驚き、あなたへの畏れを欲求と一つにさせた。そして、畏れと欲求の両者から、尊敬と善意によって成り立つような一つの愛を形成したのだ。

それゆえわたしは、書くことを実行するよう要請されて取りかかるが、それは、わたしがあれこれと思索することを記すというのではなく、神の意志する限りのことを、しかも有益なことが生ずるように、神が恵みによって許したもう限りのことを記すのである。なぜならば、ダビデの言うように、「主の意志は永遠に存続し、その思いは世々に続く」（詩編三二・一一）からである。恐らくダビデは、「父なる神の意志」というものを、われわれの自然・本性（ピュシス）の神化のための「独り子の語りえざる無化（ケノーシス）」（フィリピ二・七）のこととして語っている。(1) そのことによって神は、あらゆる世々の限度（限界）を定めているのだ。そして「主の心の思い」とは、摂理と裁きとの諸々のロゴス（言葉、根拠）のことである。(2) それらにもとづいて神は、われわれの現存する生と将来の生とをあたかも異なった世代であるかのように、知恵ある仕方で導いている。そしてその際、働きに適合した方式をそれぞれに定めているのである。

ところで、もしわれわれの自然・本性の神化（テオーシス）が神的な意志のわざであり、また求める人々をわれわれの生の限度へと導くことが神的な思いの目的であるならば、「主の祈り」を知り、実践し、然るべき仕方でその力を書き記すことは有益である。そしてとりわけ、主がしもべたるわたしに、神に促されて「主の祈り」について記すように求めているので、それをわたしの論述のテーマとするのは必然的なことである。それゆえ、わたしはこの祈りを教えたもうた主に、そこに存する神秘を把握すべく、わたしの知性（ヌース）を開き、(3)思惟されたことを表現するに適した言葉を与えたもうよう請い願う。

実際、「主の祈り」はその表現のうちに、神秘的に隠された目的の全体を集約的な仕方で保持している。あるいはより適切に言えば、それは、知性を強める人々に、より明確に語りかけてくる。(4)すなわち、「主の祈り」の言葉は、神のロゴスが自ら無化して、肉を通して為したすべてのことについての願いを含んでいるのだ。そしてそれは、われわれが次のような諸々の善きものに与ってゆくよう教示している。それら善きものは、父なる神のみが、子を通して自然・本性的に仲介しつつ、聖霊において真実に恵みを与えるのである。(5)

主なるイエスは、神的な使徒によれば神と人間との仲保者である（一テモテ二・五）。とすれば主は、人々にとっては知られざる父を肉を通してあらわにし、父と和解した人々を霊を通して父へと導く（エフェソ二・一八）。つまり主は、人間たちのために、人間たちを通して、変化なくして人間となったのだ。[6] そして今や主は、いかなる尺度によってもその大いさと偉大さを把握しえぬような多くの新しい神秘について、著者となり教師となるのである

そうした神秘に関して、他のものよりも普遍的な七つの事柄が、主の際立った尊厳によってあらわに与えられた。主の祈りの目的（眼差し）は明らかに、それらの力を神秘的に包摂している。すなわちそれらは、（i）神を称えること（神学）、（ii）恵みによって神の子となること、（iii）天使たちとの等しさ、（iv）永遠の生への与り（分有）、（v）不受動的に（情念から解放されて）自らに和解した自然・本性の再統合、（vi）罪の法からの解放、そして（vii）欺きによってわれわれを捉えている悪しき暴君の破壊、という七つのことである。

そこで、今しがた述べたことの真相を見つめ、吟味してゆこう。

（i）神のロゴスは肉となって、それ自身のうちに父と聖霊とをあらわに示しつつ、神学（神を称えること）を教えている。なぜならば、父の全体と聖霊の全体は、肉となった子の全体のうちに、実体的にかつ完全に存したからである。すなわち、受肉を実現させた子にあって、父と聖霊は受肉

しないが、父はそれを是認し、聖霊はともに働く。ロゴスは知性的で生命あるものに留まるが、父と聖霊によってでなければ、決して他のものによっては実体・本質(ウーシア)としては把握されないからである。しかしロゴスは人間愛を通して、[7]肉とのヒュポスタシス(個的現実)的な結合を為したのである。

(ii)ロゴス・キリストは、われわれに神の子たることを与える。つまり、聖霊によって、恵みにおいて、自然・本性を超えた上からの誕生と神化(神的生命の与り)とを恵み与えるのだ。そのように誕生した人々の自由な意志・択び(プロアイレシス)は、彼らが子となることを神において守り、存続させる。つまり、与えられた恵みを真摯な態度で受け容れ、諸々の掟を実践することによって、恵みに従って与えられた美を、注意深く言祝ぐ。そして、神のロゴスが至高の栄光ある自らを、摂理的な仕方で意志によって無化し、真に人間となって活動した限りで(フィリピ二・二〇)、それだけ彼らは、諸々の情念を無化することによって神性を備えるものとなるのである。[8]

(iii)ロゴスは、人間たちを天使と等しいものとした。その際、単に自らの十字架の血を通して地上のものと天上のものとを平和にするだけではなく(コロサイ一・二〇)、天と地との中間の領域を満たしている敵対する諸力を打ち破り、地上と天上との諸力の祭りを、神的な賜物の配分のために一つの集いとする。そこにあって人間的自然・本性は、同一なる意志にもとづいて喜びのうちに、天なる諸力とともに神の栄光を称えるのである。

さらにロゴスは、われわれに対する摂理を成就させた後、摂取した身体とともに昇って、天と地とを自らのうちで結合・一体化させ、感覚的なものを思惟的なものに結びつけ、被造物がその両極的な部分を有しつつ、一つの自然・本性としてあることを示した。その際、アレテー（徳）[9]と第一の原因との力によって、すべては一つの自然・本性へと結合している。思うにロゴスは、神秘的に達成したことを通して、ロゴスとは諸々の分離したものの一性であり、そして非ロゴス的なものとは一体化したものの分離であるということを示しているのだ。

（iv）さらにロゴスは自らが食物となることによって、われわれが神的な生命に与るようにさせる。ロゴス自身がそれを知り、また主から思惟的感覚を受け取った人々もそれを知る。それゆえ彼らは、この食物を味わうことによって、主キリストが、それを食する人々を神的な性質によって神化へと変容させるということを、真に知として知るのだ。まことに主は生命と力との糧（パン）であり、かつそう呼ばれるのである（ヨハネ六・四八）。

（v）ところでロゴス・キリストは、人間本性を自らに再統合させた。すなわち、ロゴスはまず人間となって、意志（グノーメー）を自然・本性的に不受動なもの、混乱なきものに保ったのだ。[10]そして、キリストを十字架につけた人々に対しても、自然・本性的な固有の動きによってもはや全く揺るがず、かえって彼らのために生命の代わりに死を択ぶ。かくしてそれが、自ら進んでの受難たること、また受難を蒙る方の人間愛による姿に根ざしていることが示されている。

それればかりか、キリストはさらに、われわれの罪の記録を十字架に釘付けすることによって、敵意を打ち破った（コロサイ二・一四）。敵意によって自然・本性は、それ自身に対する救いがたい戦いに陥っていたのだが。そしてキリストは、遠くにいる人々も近くにいる人々も、つまり法のもとにある人々も法の外にある人々も自分の方へ呼んで、隔ての壁を打ち砕き、諸々の掟の法を多くの教えによって説き明かし、二人の人を新たな一人の人間に創った。その際キリストは、平和を形成し、自らを通してわれわれを父に、また互いに和解させる（エフェソ二・一四―一六）。

（vi）キリストは、われわれのための自らの受肉が快楽に先立たれることを許さないということによって、自然・本性（ピュシス）を罪の法から浄める。なぜならば、受胎は逆説的にも種なくして生じ、誕生は自然・本性を超えており、〔処女性が〕失われることがなかったからである（ルカ一・三五）。すなわち、神を生んだ者は母の本性に満ちながら、子の誕生によって処女性の絆をすべての自然・本性に結びつけ、かくして、自らの欲する人々をして圧迫する法の支配から解放する。つまりそうした人々は、地上の肢体の感覚的な死によって、キリストの自ら択んだ死を模倣しているのだ。というのも、救いの神秘は、それを欲する者においてこそ現存するのであって、強制される者にではないからである。

（vii）キリストは、欺きによってわれわれを支配する悪しき暴君を打ち破る。その際、彼に対する武器として、アダムにおいて破壊された肉を用いて打ち勝った。そのようにして、かつては死によって捉えられた者（キリスト）が、今や捉えられた者を捉え、自然・本性的な死によって捉えた者の生命を破壊するのだ。そして、彼（悪魔）が死の力を持っているので、飲み込むことのできるすべての人々を、今度は吐き出させて、彼に対して毒となる。

しかしそのことは、こね粉のように自然・本性を生命の復活へと促して、人間という種族にとっては生命となる。ロゴスが神でありながら人間となるのは（ヨハネ一・一四）、とりわけそのためである。（それは、まさに不可思議な、未曾有のことである。）ロゴスはまた、肉の死を自ら意志して受容するのである。そして「主の祈り」は、明らかにこうしたすべての事柄についての願いを含んでいることが見出されよう。

さて、「主の祈り」はまず、父、父の名、そして父の国について語る。(11) それはまた、祈る者が恵みによって父の子であることを示している。それは、天にあるものと地にあるものとが一つの意志においてあることを願い求める。日々の糧が求められることが語られる。人々が互いに和解せしめられ、赦しかつ赦されることによって、人間本性は意志（グノーメー）の異なりによって分裂することなく、それ自身と結合しなければならない。それは、罪の法としての誘惑に引き入れられないように、祈ることを教えている。そして、悪から解放されることをわれわれに勧告している。

実際、諸々の善きものの創り手で与え手たる方は、教師でもなければならない。そうした存在である主は、主を信じかつ主が肉において示した道を模倣する弟子たちに対して、この祈りの言葉を生命の掟（定め）として提示している。それらの言葉を通して主は、知恵と知識との隠された宝が、主のうちに明確なかたちで存していることを開示した（コロサイ二・三）。そして主は、祈り求める人々がそうした宝を享受すべく、彼らの欲求を燃え立たすのである。

ところで祈りとは、受肉したロゴスによって与えられた「諸々の善きものへの願い」だと考えられるので、われわれは主自身を祈りの師と定めよう。そして、能う限り「主の祈り」の言葉の意味を観想し、注意深く吟味して、信頼をもって前進することにしたい。なぜなら、ロゴス自らがわれわれにとってふさわしい仕方で、その祈りの言葉の意味（思惟）を受け容れる力を与えているからである。

「主の祈り」の言葉の解釈

「天におられるわたしたちの父よ、み名が聖とされますように。み国が来ますように。」（マタイ六・九）

これらの祈りにおいて主は、祈る人々がまずは神を称えること（神学）[12]から始めるべきことを、ふさわしい仕方で教えている。そして主は、諸々の存在物の実体的な原因であって、祈る人々を存在物の創造的原因の姿へと何らか参入させるのだ。実際、この祈りの言葉は、父、父の名、そして父の国という三つのものの顕現を含んでいる。従って、その祈りの始めから、われわれは一なる三位一体を崇め、呼びかけ、そして拝することを教えられる。

なぜならば、父なる神の名とは、実体的に存立する独り子たる子のことであり、また父なる神の国とは、同じく実体的に存立する聖霊のことだからである。ここにマタイは、他の福音記者が聖霊に呼びかけて、「聖霊が来たって、われわれを浄めたまえ」（ルカ一一・二）と言っているものを、国と呼んでいるのである。(13)

従って、この祈りを始めるとき、同一実体（ホモウーシオス）でありかつ超実体である三位一体を、われわれの生成の創造的原因として拝するように導かれる。さらにわれわれは、自然・本性的な創り主を恵みによって父と呼ぶにふさわしい者とされて、自らが神の子とされることの恵みを告白するよう教えられる。われわれは、恵みによって生む者という呼称を称えつつ、(14)生む者（創造主）の特質をわれわれの生に刻印すべく努めるのだ。

われわれは、質料的な欲望を殺し、諸々の朽ちさせる情念から自らを浄めるとき、天に在る父の名を恵みによって聖とする。聖とはまさに、感覚的な欲望を全く動かぬものとし殺すことだからである。そしてそのようになるとき、われわれは気概の無骨な騒ぎをなだめる。なぜならそのときには、気概を駆り立てて諸々の固有の快楽のために戦うよう説得するような欲望は、すでにロゴスに即した聖性によって殺されているからである。

かくして気概と欲望が取り去られるなら、父なる神の国の力が、それを提示するにふさわしい人々にあって、そうした情念の除去の後に祈りとして生じてくる。それは、「み国が来ますように」という祈りであるが、国とは聖霊のことである。つまり彼らは、柔和さのロゴスと方式によって、すでに霊によって神の神殿とされているのである。(15)

では、柔和で謙遜であり、わたしの言葉に打ち震える人に対してでなければ、一体誰に対して、わたしは休ませよう（イザヤ六六・二参照）と言われるのか。それゆえ、父なる神の国が謙遜で柔和な人々のものであることは、明らかである。実際、こう言われている。「柔和な人々は幸いである。彼らは地を継ぐからである」（マタイ五・五）と。だが、自然・本性的に万物の中心を占めるような地を愛する人々には、彼らが地を継ぐことを約束しなかったのである。

主を愛する人々にとってこれらのことが約束されているとすれば、ロゴスに動かされ、ロゴスのみに仕えようと欲している人なら、一体誰が、聖書の言葉の字義にのみ知性（ヌース）を釘付けしてしまい、天、世の始めから用意されていた国、主の神秘的に開示された喜び、そしてふさわしい人々の主とともに持続する全く分離せぬ住居といったものが、地と同じだなどと言うだろうか。思うに、このテキスト（マタイ五・五）では、地とは、善によって確固として捉えられた、柔和な人々の堅固さという習性と力である。そうした堅固さは、つねに主とともにあって、消失しない喜びを有している。

　そしてアレテー（徳）のロゴスは、万物（宇宙）の中心の場を占めるものとして、地だと言われよう。実際、柔和な人は、名誉と不名誉との中心にあり、名誉によって高ぶることも、不名誉によって打ちひしがれることもなく、不受動な姿に留まっている。なぜならば、ロゴスはそれら二つのことから自然・本性的に解放されており、欲望を追い払って、それらのいずれの攻撃によっても煩わされないからである。

　その際ロゴスは、それらを巡る困惑から自らを休ませ、神的な凌駕しがたい自由へと魂のすべての力を移すのである。主はこうした自由を弟子たちに与えようとして、こう語る。「わたしのくびきをあなたたちの上に負って、わたしから学ぶがよい。わたしは柔和で、心においてへりくだっているからである。そうすれば、あなたたちは魂において安らぎを見出すであろう」（マタイ一一・二九）と。ここに主は、神的な国の力を安らぎと呼んでいる。すなわちそれは、あらゆる隷属からの解放をそれにふさわしい人々にもたらすような主権なのである。

　もし浄い国の破壊されぬ力が、へりくだって柔和な人々に与えられるならば、一体誰が、謙遜と柔和さの極みを欲さぬほど愛がなく、また神的な善きものを全く欲求しないなどということがあろうか。だが、へりくだった柔和な人々には、神的な国の特徴が、人として可能な限り生起することになろう。彼らは自らのうちに、実体として真に偉大な王たるキリストの確たる霊的な類似性（ホモイオーシス）を、恵みによって担うのである。この類似性においては、神的使徒によれば「男性も女性もない」（ガラテア三・二八）、つまり怒りも欲望もないのだ。前者は、暴君としてロゴス的力を追放し、自然・本性の法の下に思惟を押しやる。後者は、ただひとり愛さるべき不受動な原因や自然・本性よりも、より劣ったものをより愛さるべきものとし、また思惟的なものの栄光や輝きよりも、見えるものの享楽の方をより喜ばしいものとしてしまう。

しかるにロゴスは、溢れるようなアレテー（徳）を通して、身体の不受動な、しかしなおも自然・本性的な情愛の状態を最大限脱ぎ捨てることになろう。その際、霊（プネウマ）は自然・本性に完全に打ち勝ち、倫理的哲学から退くように知性（ヌース）を説得する。もとより倫理的哲学は時間的に流れるものから容易に知性を切り離し、上昇してゆくのがつねであるとしても、知性はさらに、純粋で分割されぬ観想によって超実体的ロゴスに結合してゆかなければならない。すなわち知性が諸々の感覚的なものへの執着から解放されて、それらを超えゆくとき(16)、知性はもはや粗毛の上衣のような習性によって重荷を負わされるべきではないのだ。

そして、偉大なエリヤは、自らの行為によって範型的な仕方で、この神秘を明らかに証示している（列王下二・一一―一四）。なぜならば、思うにエリヤの粗毛な上衣とは、倫理的な飾りがそこにあるような肉の死だからだ。エリヤは空中に高く引き上げられたとき、すべての敵対する力に抗するための援軍として、また定まりなき流れ自然・本性（ピュシス）への打撃として、エリシャにその上衣を与えた。またヨルダン川とは、そうした流れる自然・本性の象徴である。それゆえ弟子たちは、諸々の質料的なものへの執着という混乱と泥沼に沈まされて、聖なる地への前進を妨げられるということがない。そしてエリヤは、存在物とのいかなる関わりによっても打ち勝たれず、神へと自由に前進してゆく。彼の欲求は純粋で、その意志は混合しておらず、火の馬たちのように、相互の枢要徳によって知的な鎧をつけており、エリヤ自身、自然・本性的に純粋なものの住居となるのである。

かくしてロゴスは、諸々の情念に隷属せず、それらの揺れ動く変化に従属しないものとなる。そしてロゴスには、神的な似像（エイコーン）の聖性が自然・本性的に備えられて、魂が意志（グノーメー）によって神的な類似性（ホモイオーシス）へと変容せしめられるように促すのだ。[17] そこで魂は、万物の父なる神において実体的に存立している偉大な国に与り、こう言ってよければ、可能な限り神的本性の知の力を受容して、聖霊の輝かしい住居となることができよう。[18]

そうした力にもとづいて、より悪しきものの生成は消し去られ、より善きものの生成がおのずと成り立たしめられる。その際、魂は、神の呼びかけという恵みによって、与えられた美しいもののヒュポスタシス（個的現実）を自らのうちで不壊なるものとして守る。[19] そしてキリストは、救われる人々を通して受肉し、キリストを生む魂を乙女としつつ、そうした魂のうちに神秘的に誕生することをつねに欲しているのだ。[20] この点、簡潔に言うなら、そうした魂は、男性と女性といった対立する状態、つまり生成消滅のもとに服した自然・本性の特徴を有していないのである。

またさらに、キリストには「ギリシア人もユダヤ人もない」(ガラテア三・二八)とあるが、それらによっては、神についての見解の異なるロゴスが、あるいはより真実に言えば、対立するロゴスが意味されている。すなわちギリシア人は、多くの原因(根拠)を惜しみなく導入し、一つの原因を諸々の対立する働き(エネルゲイア)と力とに分割する。そして、礼拝されるものの多数性によって矛盾に満ちた、また礼拝の異なりによって笑うべき、多神教的な礼拝を実践する。他方ユダヤ人は、一なる根拠を語るが、それは狭く、不完全であり、ロゴスと生成を欠いているので、ほとんど存立し得ない根拠なのだ。

そこでユダヤ人は、ギリシア人が反対の理由から落ち込んだのと同様の悪たる不信(真の神の否定)に陥る。すなわち彼は、一なる根拠を、ロゴスも霊(プネウマ)もなしに存立するものとして、あるいはロゴスと霊によって性質づけられたものとして、一つのプロソーポン(顔、ペルソナ)に限定してしまう。彼は、ロゴスと霊とが取り去られると、いかなる神となるのかを洞察しないのだ。

キリストには、ギリシア人もユダヤ人もなく、真に神的かたちの一なるロゴスと、神秘的神学の確固たる法がある。そしてそれは、ギリシア的多神論におけるような「神性の拡散」を退け、またユダヤ的一神論におけるような「神性の縮小」を受け容れない。そのようにして神的なものは、ギリシア人におけるように、自然・本性的な多数性によって矛盾しておらず、またユダヤ人におけるように、ヒュポスタシス（個的現実）としての一性を主張する余り、ロゴスと霊を欠いた受動的なものではなく、あるいはロゴスと霊によって性質づけられたようなものでもない。かえって神的なものは、知性（ヌース）とロゴスと霊としてあると称えられるのである。

このことは、信仰にもとづき恵みの呼びかけによって真理の知へと導かれたわれわれに、神性の一なる本性と力を知るよう教える。(21) すなわち、父と子と聖霊において、一なる神が観想されるべきなのだ。神は原因なき一なる知性（ヌース）であり、実体的に存立するもの、実体として存する原因なき一なるロゴスをしも生むものであり、さらには、唯一の永遠なる、実体的に存立する生命たる聖霊の源泉なのである。

キリストにはまた、「未開人もスキタイ人もない」（コロサイ三・一一）。つまり、一つの自然・本性が意志によって争い、隔たっているということがない。が、そうした隔たりによって、自然・本性に反した殺意ある法が人々に入り込むのだ。そして、キリストには「奴隷も自由人もない。」それは、同じ自然・本性の、意志に反した分割がないということである。そうした分割は、自然・本性に即した尊いものをないがしろにしてしまう。すなわちそれは、人間における〔神の〕似像の尊さを破壊し、他の人々を暴力的に支配するよう人を促す。しかしキリストは、すべてにおいてすべてであり（同三・一一）、自然・本性と法とを超えたものによって、始まりなき国のかたちを霊

（プネウマ）において造るのだ。

こうして謙遜で柔和な人は、知性（ヌース）に関しては神へとつねに動く。が、感覚に関しては、身体に苦しみをもたらすようないかなることを経験しても、それらによって全く動かされず、また、魂における喜びの状態を捨てて魂に悲しみの痕跡を刻印するなどということもない。なぜなら彼は、感覚における苦しみを快楽の欠如とは看做さず、ロゴスとの魂の婚姻こそただ一つの快楽だということを知っているからである。(22)

そうした婚姻が欠如するということは、終わりなき罰であって、それは自然・本性的にすべての世々に及ぶ。(23) それゆえ、身体と身体に属するすべてのものから離れるとき、彼は神的な結合へと強く促される。そして、たとい地上のすべてのものを支配したとしても、希望している「恵みによる神化（テオーシス）」に到達しえないとすれば、そのことを唯一の災いと考えるのである。

従って、肉と霊とのあらゆる汚れから自分自身を浄めるがよい（二コリント七・一）。そのようにしてわれわれは、諸々の情念によっておい茂る欲望を消し去って、神的な名を聖とするであろう。また、諸々の快楽によって乱雑に攻撃をしかけられた気概を、ロゴスによって沈み込ませるのだ。こうしてわれわれは、柔和さを通してもたらされた父なる神の国を受容することができよう。そしてそこで、祈りの次の言葉に進むことになる。

「みこころが天に行われるとおり、地にも行われますように。」（マタイ六・一〇）

欲望と気概から離れ、ロゴス的力のみで神を神秘的に拝する人は、天における天使たちの秩序のように、地上に神的な意志を成就した。偉大な使徒パウロが「われわれの故郷は天にある」（フィリピ三・二〇）と言うように、彼は、すべてにおいて天使たちとともに拝する者、同じ市民となったのだ。そこにおいては、欲望が快楽によって思惟的な緊張を弛めることがなく、また気概が同族のものを駆り立てて粗野に攻撃することもなく、ロゴスのみが第一のロゴス（神）へと諸々のロゴスを自然・本性的に導いてゆく。

それゆえ神は、ロゴスにおいてのみ喜び、われわれからは神の奉仕者たることを求めるのである。このことは、偉大なダビデに向かって次のように言われることによって明らかである。「天においてわたしに何があろうか。そしてあなた以外に、わたしは地において何を欲したか」（詩編七三・二五）と。つまり、天においては聖なる天使たちによって、ロゴス的礼拝以外の何も神に捧げられない。神はまさにそのことをわれわれから要求し、祈るとき次のように言うことを教えたのである。「みこころが天に行われるとおり、地にも行われますように。」

そこで、ロゴス的力が神の探究へと動かされるようにするがよい。同様にまた、欲望的力が神の欲求へと動かされ、気概的力が神を守るべく戦うようにするがよい。あるいは、より正確に言うなら、何らかの気力によるかのように気概的力によって傾注せしめられ、欲望の極みたる力によって燃えたたせられて、知性（ヌース）がすべて神の方へと定位されるようにするがよい。[24] かくしてわれわれは、天の天使たちを模倣し、つねに神を拝することになろう。そして地において天使たちの生のかたちを遂行し、天使たちと同じく、知性はもはや、神以外のいかなるものによっても全く動かされることがないのである。

実際、そのように祈りとともに生きるとき、われわれは、自らの魂を養うための、そしてわれわれに恵みとして与えられた諸々の善きものの姿を保持するための、生命ある日々の糧として、次のように語るロゴス自身を受容する。「わたしは、天から降って世に生命を与える糧（パン）である」（ヨハネ六・三三―三五）。そして、徳と知恵によって養われるわれわれにとって、ロゴスは類比的にすべてとなるのだ。すなわち、ロゴス自身の知るように、ロゴスは救われる人々のそれぞれを通して、多様な仕方で身体化するのである。[25] もとよりわれわれは、なおもこの世に生きているが、右のことは次のように語る祈りの言葉によって指し示されている。

「わたしたちの日ごとの糧を今日もお与えください。」（マタイ六・一一）

この祈りの意味合いをより明瞭に理解するならば、今日という言葉によっては、この世が意味されているとわたしは思う。すなわち、はじめに自然・本性の不死性のためにあなたの備えた糧を、この現在の死すべき生命のために今日われわれに与えたまえ（創世二・九）、ということである。

それは、生命と知との糧が罪による死に打ち勝つためである。が、神的な掟を破ることは、はじめの人間がその糧に与ることを許さなかった（同三・九）。もし彼がそうした神的な糧によって満たされたならば、罪によって死に服することもなかったであろう。(26)（しかし、その日々の糧を受け取ることを祈る人は、必ずしもそのあるがままに全体を受容するのではなく、受容する人自身が可能な限りにおいてである。(27)なぜなら、生命の糧はいわば人間愛として、求める人々すべてに同じ仕方によってではなく、大きなわざを為す人々にはより多く、他方、より劣ったわざを為す人々にはより少なく与えるからである。そのように各々の人に、知性〔ヌース〕に即して受容しうるに従って与えるのだ。）

救い主は、祈りの言葉のこうした解釈へとわたしを導いた。救い主は明らかに弟子たちに対して、感覚的な糧のことは何も考えないよう命じている。すなわち、「あなたの魂（生命）のことで何を食べ何を飲もうかと、また身体のことで何を着ようかと、思い煩ってはならない。それらすべては、異邦人が切に求めているものだからである。そこでまず、神の国と神の正義とを求めよ。そうすれば、これらのものはすべてあなたたちに与えられるであろう」（マタイ六・二五、三一―三三）と。それゆえ、求めるべきではないと主が命じていることを、どうして主が祈るよう教えるだろうか。求めるように掟によって勧めなかったことを、祈りによって願い求めるように命じていないことは明らかである。なぜなら、祈りによってはただ、掟に従って求めるべきことのみが願い求められるべきだからである。

もし救い主が、神の国と神の正義のみを求めるようにわれわれに命じたのであれば、諸々の神的な賜物を欲する人々が祈りを通してその国を求めるように、主はふさわしく導いたのである。こうして主は、自然・本性的に祈りによって求めるべきものの恵みを示しながら、求める人々の意志（グノーメー）を、恵みを与える主の意志に結合し、一性との関わりによって同じものとするのである。

しかし、もし現在の生が支えられるための日々の糧も、この祈りによって求めるようにわれわれが命じられているとしても、祈りの限度を超え出てはならない。つまり、多くの年月を貪欲に生きようとして、過ぎゆく生を影のように有していても、自分が死すべきものであることを忘れてはならないのだ。

かえってわれわれは、思い煩うことなく日々の糧を祈りによって求め、キリストに即して愛智の道としてこの生を死の気遣いとしよう。その際われわれは、死が到来する前に意志によって自然・本性の目的を見つめ、諸々の身体的なものへの配慮から魂を解き放つのだ。こうして魂は、自然・本性的な欲求の使用を質料（物的なもの）へと移行させることなく、諸々の腐敗するものに執着しなくなる。そしてまた、諸々の神的な善きもののゆたかさを失わせるような貪欲に陥ることはないであろう。

従って、われわれは力の限り質料への愛好を逃れ、質料への執着を思惟的な目の汚れであるかのように洗い流そう。そして、現在の生を甘やかすものにではなく、それを支えるものによってのみ満足し、教えられたごとく、それにまさって神に願い求めよう。それは、われわれが魂を隷属のないものに保ち、身体によって見られる何ものにも決して支配されない姿に守ることができるためである。そして、生きるために食べていることを示し、食べるために生きているなどと非難されないようにしよう。前者は明らかにロゴス的自然・本性のしるしであり、後者は非ロゴス的自然・本性のしるしである。

そこでわれわれは、祈りの正確さを守るように努めるようにしよう。その際、現実のわざによって次のことを証示するのだ。すなわち、自分が霊（プネウマ）における生という唯一のものに終わりなくしがみつき、それを獲得するためにこそ現在の生を使用していることを。そうした使用をわれわれが択び取るのは、この生を糧によってのみ固定しようとしない限りにおいてであり、また自然・本性的な健康を可能な限り朽ちぬものとして守る限りにおいてである。それは、われわれが単に生きるためではなく、神のために生きるためである。

そこにあって、われわれは身体を諸々の徳（アレテー）によってロゴス化されたものとして魂の伝え手とし、また魂を、善において確固として形成されたような、神を宣べ伝えるものとするのだ。(28) そして祈りを与えた主のゆえに、自然・本性的には一日のみに糧を限定し、二日目にはあえて願いを拡張しない。かくして、この祈りの力によって自らを実際的に形成したとき、われわれは浄められた仕方で続く祈りに進んでゆくことができよう。

「わたしたちがわたしたちに負目ある人々を赦すように、わたしたちの罪をお赦しください。」（マタイ六・一二）

先述の祈りの言葉に関する解釈によれば、今日とはこの世のことだとした。この世において知恵の朽ちぬ糧を――はじめに過誤がわれわれをそこから切り離したのだが――祈り求める人は、諸々の神的なものに達するという快楽を知っている。そうした賜物の自然・本性的な与え手は神であるが、それの守り手は、受け取る人の意志的な択びである。そしてその人は、ただ一つの苦しみとは諸々の神的なものに達しえないことだと知っているのである。

そうした人は、自らを神のためにアレテー（徳）の範型とする。すなわち、「わたしたちがわたしたちに負目ある人々を赦すように、わたしたちの罪をお赦しください」と祈ることによって、彼は模倣され得ない神を模倣するように呼びかけている。そして、彼が隣人に対して為したように、神が自分に為してくれるよう願うのだ。

というのは、彼が自分に罪を犯した人々に対してその負目を赦したように、神から赦されることを欲するのならば、明らかに神が不受動的に被造物を赦すように、彼もまた、自分に生じてくることに対して不受動に留まり、彼に悪しきことを為す人々を赦すのである。ただその際、彼は、自分に降りかかった苦しみの記憶が知性（ヌース）に刻印されることを許さない。それは、彼が自分も人間であるのに、他の人々から自分を分離させてしまい、意志によって自然・本性を切り捨ててしまうことのないためである。

それゆえ、次のことは明白である。意志（グノーメー）が自然・本性のロゴスと結合しているとき、それを正しく為した人々の自由な択びは神に背反しないであろう。それはつまり、自然・本性のロゴス（自然・本性的かつ神的な法）に反するものが何ら見出されない場合のことである。そのときには、意志の動きは、そうした法に即して働いている。すなわち、自然・本性のロゴスにおいて何ら矛盾するものがないなら、意志は然るべき仕方で、ロゴスに即して自然・本性を働かせ、すべてのことにおいて神に適合した働きを有するであろう。そして、そうした実践的な状態は、自然・本性的な善の恵みによってアレテー（徳）を生み出してゆくのである。

かくして知的な糧を求めて祈る人は、このような姿をしている。彼の後には、自然・本性に強いられて日々の糧のみを求める人々がいる。が、彼は、自分に負目ある人々の負目を赦すことによって、第一の人と同等の姿になる。彼は、自分が同じく死すべきものであることを弁えているのだ。彼は、将来の不確かさのゆえに、各々の日に自然・本性的に与えられるものを受容する。

こうして彼は、この世で為したことに応じる同等の報いを、裁き手であり万物の救い主たる方から受け取ることになろう。(29) それゆえ、いかなる人々もその苦しみに応じて、彼らを苦しめた人々に対する浄い姿を示さなければならない。そしてそれは、すべてのことにおいて有益であるが、とりわけ、祈りの最後の言葉の力に関わってくるのである。

「わたしたちを誘惑に陥らせず、悪からお救いください。」(マタイ六・一三)

ロゴスはこれらの言葉によって、次のことを明らかにしている。すなわち、躓く人々を完全に赦さず、悲しみから浄められた心、つまり隣人との和解の光に照らされた心を神に捧げないような人は、自らが祈り求めた善きものの恵みを得ることがないであろう。そして彼は、正しい裁きによって誘惑と悪とに渡されるのだ。それは、彼が他の人々への裁きを退けて、自らの過誤を浄めることを学ぶためである。

ところでロゴスは、誘惑とは罪の法のことだと言うが、最初の人間はそれを持たない者として創造された(30)。また悪とは、そうした罪の法を人間たちの自然・本性に混合させた悪魔のことだと言っている。悪魔は欺きによって人間を誘惑し、魂の欲求を人間に許されたものから禁じられたものへと移行させ、そして神的な掟の過誤へと逸脱させた。その結果、恵みによって与えられていた不滅性が消失してしまったのである。

また誘惑とは、肉の情念に対する魂の意志的な傾きであり、悪とは、情念に満ちた姿が現実に生起してきたものである。正しい裁き手は、負目ある人々の負目を赦さない人々を、そうした誘惑と悪から解放しない。すなわち、たとい人が単に口先だけで祈っていても、実は罪の法によって汚れているなら、神は頑なで無謀な人が悪に服したままにする。なぜなら彼は、悪魔が播いた恥ずべき情念を、神がその創り手である自然・本性よりも優先するからだ。

そして神は、彼が肉の諸情念に自ら進んで傾いてしまうのを防げず、現にその状態が生起してしまうことを放置する。そこで人は、非実体的な情念よりも自然・本性（ピュシス）が劣っていると看做し、自然・本性の根拠（ロゴス）に対して無知となった。が、人は、そうしたロゴスによって自然・本性の法が動かされていること、そして他方、情念の暴君が自然・本性的にではなく、意志的な択びによって生起してくることを知らなければならない。

彼は、自然・本性のロゴスを受け容れて本性的な働きを保持し、情念の暴君を意志から追放する。そこにあって自然・本性は、憎しみや隔たりなしにそれ自身浄く汚れないものとしてロゴスに従い、意志（グノーメー）を再び自然・本性の伴侶とする。それは、自然・本性のロゴスが本来与えないようなものからは全く引き離されているのだ。

このように人は、自然・本性的に同族のものからあらゆる憎しみと隔たりを取り去る。それゆえ、この祈りを語るとき、彼は神に聞き入れられて、神から一つならず二つの恵みを受容するであろう。すなわち、犯された過誤への赦しと、将来振りかかってくることに関する守りと解放である。そこにおいて彼は、隣人に対して直ちにその負目を赦すという一つのことによって、自らが誘惑に陥ることから免れ、悪に服さないようにされるのである。

全体のまとめ

さてそこで、少しく振り返って、「主の祈り」の力について、全体として簡単に言及しておこう。もしわれわれが悪から解放され、誘惑に陥らないことを望むならば、神を信じ、われわれに負目ある人々の負目を赦さなければならない。なぜなら、「もしあなたが人々を赦さなければ、あなたたちの天の父もあなたたちの罪を赦さないだろう」（マタイ六・一五）とあるからである。それは、われわれが犯した罪の赦しを受け取るだけでなく、罪の法に打ち勝つためである。こうしてわれわれは、誘惑に引き入れられることなく、それを生んだ悪としての蛇を踏みつける。実際、そうした悪から解放されるように、われわれは神に呼びかけるのである。

世に打ち勝ったキリストは、われわれにとって導き手であって、諸々の掟の法によってわれわれに武装させ、諸々の情念を退けることによって、愛によって自然・本性を自らに結合させる。すなわち、キリストは生命と知恵と知と正義との糧であり、われわれの欲求を決して完全には満たされぬものとして動かしている。また、われわれが父の意志を満たすときには、われわれを天使たちの協働者とするのだ。

そこにあってキリストは、天上の善き状態をわれわれの生の歩みにおいてよく似た姿で顕現させる。そして、キリストは再び、光に向かって神的上昇の極みにまでわれわれを引き上げる。つまり、恵みにもとづいた霊〔プネウマ〕の分有によって、われわれを神的本性に与る者とさせるのである。

われわれはそうした分有によって神の子と呼ばれるが、その際、この恵みの創り手であり、自然・本性的に父の子たるキリストを、割礼なしに汚れなき仕方で取り囲むのだ。そしてわれわれは、子によって、子を通して、子のうちに、在ることと動くことと生きることとを持ち、またつねに持つであろう。そこでわれわれは、祈りの目的として神化〔テオーシス〕の神秘を見つめよう。すなわちそれは、肉による独り子の無化がわれわれをいかなる姿としたかを知り、また罪の重さがわれわれを引き落とした最も低い場と、〔キリストの〕人間愛の手の力によってわれわれを引き上げた高みとを知ることである。

従ってわれわれは、知恵ある仕方でわれわれに救いを用意した方をいっそう愛するようにしよう。そして、実践することを通してこの祈りが成就することを示し、恵みによって神を真の父と告白するがよい。また、情念の恥ずべきものを通してつねに暴君のように自然・本性を支配しようと試みている悪が、生の父ではないことを明瞭に示し、またわれわれが生を死に引き換えたことを忘れよう。なぜならば、神と悪との両者は、近づく人々に対してそれにふさわしい報いをおのずと与えるからである。すなわち、神は、神を愛する人々に永遠の生命を与え、他方、悪は、われわれが自ら進んで服する誘惑を働かせることによって、近づく人々に死をもたらすのである。

実際、聖書によれば、誘惑（試練）には二つの方式があり、一つは快楽をもたらすもの、他は苦しみをもたらすものである。前者は自由な択びによるものであり、後者は意に反したものである。前者は罪を生む。「わたしたちを誘惑に陥らせないでください」（マタイ六・一三）、そして「見張って、誘惑に陥らせないように祈るがよい」（同二六・四一）とあるように、われわれは罪を生む者に陥ってしまうことのないよう祈るべく、主に命じられている。他方、後者は罪を罰するものであって、意図しない苦難に襲われたとき、罪を愛するような姿を罰する。人が悪の釘に打ち負かされず、それに耐えるなら、偉大なヤコブの次の言葉が聞き入れられるであろう。「兄弟たちよ、あなたたちがさまざまな試練に面するとき、それらすべてを大きな喜びとせよ。なぜなら、あなたたちの信仰の試練は忍耐を生み、忍耐は習性を生み、そして習性は全きわざをもたらすからである。」（ヤコブ一・二―四、ローマ五・四）

しかし悪は、意志して生じた試練と意志しないで生じた試練とのいずれをも、悪しき仕方で用いる。そして、魂が身体的快楽によって神的愛から欲求を逸らせるように、前者を播き、後者を促す。悪はまた、苦しみによって自然・本性を破壊しようと欲してずる賢く働き、予期せぬ労苦を抱えた魂を強いて、さまざまな想念が神を非難するに至るのである。

それゆえ、われわれは悪の思いを知って、自らの意志による試練から逃れるように祈ろう。それは、われわれが神的な愛から欲求を逸らせないようにするためである。また他方、神の許しによって生じたような、意志しない試練に雄々しく耐えよう。それは、自然・本性の創り手を自然・本性よりも優先させるためである。

かくして、主なるイエス・キリストの名を呼ぶわれわれすべてが、キリスト自身においてわれわれに開示された、来るべき諸々の善きものの現存（ヒュポスタシス）を現に分有することによって、悪による現在の喜びと来るべき苦難とから解放されんことを。われわれの主なるキリストはただひとり、父と聖霊とともに、すべての被造物によって称えられよう。アーメン。

訳　注

（1）ピュシス（physis）は、自然・本性ないし本性と訳す。教父の文脈にあっては、西欧近代以降の（とくに自然科学における）対象的自然よりも遥かに意味が広く、万物の本性、本質を示す言葉として用いられるからである。また神化（theōsis）とは、端的に神になってしまうなどということではなく、神的な生命ないし存在に与りゆくことである。

（2）ロゴス（logos）とはむろん、言葉、思考、語り、知性、根拠、比率など、極めて広い意味を有する言葉である。

（3）ヌース（nous）は、知性、精神、心などと訳しうる言葉であるが、証聖者マクシモスにあってそれは、単に部分的な知的能力ではなくて、魂・人間の知的精神的な力の全体を示す。なお、「知性（ヌース）を開き」とは、無限なる神へと心披くこと、謙遜に己れ自身を神の働き（エネルゲイア）の器とすることを意味しよう。

（4） 肉ないし肉体は sarx の訳語として用いる。それは、身体（物体）（sōma）という語と意味上ほとんど重なるが、聖書と教父たちの伝統においては、肉、肉体は人間の単に部分ではなく、むしろ全体を指し示すことが多い。
（5） 「父なる神が」、「子たるロゴス・キリストを通して」、「聖霊（プネウマ）において」という一連の表現は、東方・ギリシア教父、ビザンティンの三位一体論にあって基本的な定式ともなる。
（6） 「変化なくして人間となった」という言い方の背後に、「カルケドン信条」の表現がある。それはすなわち、イエス・キリストにあっては、「神性と人性とが融合せず、変化せず、分割せず、分離せず、一つのヒュポスタシスへと共合している」とするものである。そこでの四つの否定辞は、キリストの現存の働きを一種の合理的な知に引き下げることなく、むしろその現存の神秘へと人間（人性）がどこまでも開かれ定位されていることをしも、何らか間接的に証示していると考えられよう。
（7） 「ロゴスの受肉」ということが、必然的流出の類ではなく、神の自由なわざであることを示す。それゆえにこそそれは、「神の似像」として創られた人間の「自由な応答とわざ」を要求してくるのである。
（8） 受肉した神（ロゴス・キリスト）の働きは、人間が自らの情念を無化し、神性へと結合してゆく道行きの根拠となるであろう。
（9） アレテー（徳）（aretē）は、魂・人間が「善きかたち」へと形成された姿である。が、マクシモスにあってそうしたアレテーは、どこまでも無限性（＝神の名）へと開かれた動的な性格（ダイナミズム）を有する。
（10） グノーメー（gnōmē）とは元来、思考、判断、意志などを表す語であったが、マクシモスにあっては、一般の「意志」、「自由な意思、択び」（proairesis）とは区別されて、とりわけ「迷いある意志」を示す言葉として用いられている。「キリストにはグノーメーがない」というが、そのキリストの働き（恵み）に与ることによって、人間的グノーメーも混乱なきものになり得るとされるのである。
（11） 父、父の名、父の国という三者は、それぞれ父、子、聖霊に対応する。

(12) 神学(theologia)とは、教父の伝統にあって、無限なる根拠としての神(theos)をふさわしく語り出し、称えることであった。西欧近代以降のように、神学と哲学、および諸科学の分離・独立という捉え方は前提されていない。

(13) 聖なる霊(pneuma)つまり聖霊とは、神の働き(energeia)の名であるが、そうした神的エネルゲイアとの出会い(カイロス)の経験が、神について何ごとかを語りだすことの原初的な場であり、源泉なのである。

(14) 「恵みによって生む」とは、マクシモスにあって、神の単に一方的なわざとしてあるのではなく、むしろ人間の自由の意志的応答(聴従)との協働によって、はじめて現実に生起してくるとされる。

(15) 人間(人間的自然・本性)は、神の働き、霊を受容し宿す神殿となるべく定位されている(一コリント三・一六、六・一九、エフェソ二・二一参照)。

(16) われわれのロゴス的知性的力ですら、一度び砕かれて神的ロゴスへと開かれなければならない。それゆえ謙遜こそ、最上のアレテー(徳)とされ、それが愛(agapē)へと結実し、働き出すのである。

(17) マクシモスにあっては、人間における「神のエイコーン(eikōn)」は所与の萌芽的な姿であり、「神のホモイオーシス(homoiōsis)はエイコーンの開花し成熟した姿だとされる。この点、両者をほぼ同義語と見るニュッサのグレゴリオスやアウグスティヌスとはやや異なるが、萌芽的な姿から完成への姿への変容の道行きを見つめているという点では、根本的洞察を共有している。

(18) 人間的自然・本性(人性)は、神的本性(神性)を受容し、それと何らか結合してゆくことにおいて、はじめて真に成立し完成してゆくのである。

(19) 人間のヒュポスタシス(hypostasis)は、ラテンの伝統ではペルソナ(persona、いわゆる人格)という言葉で表されるが、自律的な完結したものではなく、註(6)で述べたように、神性のヒュポスタシスとの結合へと開かれているのである。

(20) 「魂のうちなる神の子の誕生」が、人間の道行きの志向すべき究極の姿である。このことは、ニュッサのグレゴリオスはもちろん、後世のエックハルトなどとも共通する基本把握である。

(21) 信・信仰(pistis)とは、神の働き(エネルゲイア)、恵みを受容した「魂のかたち」であるが、そうした神的エネルゲイアの経験から、そのエネルゲイアの主体・源泉たる「ロゴス・キリストの受肉存在」が、「経験から、その根拠へ」という仕方で志向され、指し示されてくる。ロゴス・キリストの受肉は、客体的に知られるのではなく、ただ信じられるのだ。ただし、この意味での勝義の信とは、決して恣意的な臆見や信念の類ではなく、神的エネルゲイアに貫かれた確かな経験から、自己を超え出て無限性(＝神の名)へと開かれてゆくという、絶えざる動性(ダイナミズム)としてあるのである。

(22) 快楽の変容、完成の道が示されている。すなわち、快ないし快楽は、単に廃棄さるべきものではなく、むしろ、有限なものや人への執着が無みされることを通して新たに甦り、ロゴスとの婚姻という霊的な快楽へと変容してゆく。

(23) ロゴスとの婚姻の欠如は、それ自身が罰だという。なぜなら、罪とはマクシモスにあって、「自然・本性に背反して意志し行為すること」だが、そうした罪のかたちが同時的に、罰として魂に刻印されるからである。

(24) プラトン以来の魂の三部分説(『国家』五八〇C—五八三Aなど)が継承され、無限なる神に定位された構造において変容・展開せしめられている。すなわち、気概や欲望は、ロゴス的力に服することによって変容を蒙り、新たに甦って魂・人間の全体を導く力として働く。しかしその際、ロゴス的知性的力もまた、一度び打ち砕かれて、無限性へと突破されなければならないのである。

(25) とりわけアレテー(徳)は、神的ロゴスの身体化したかたちと言われる。そして神的エネルゲイアのさまざまな経験が、さまざまかたちとして具体化し現成してくる。

(26) 人間(アダム・エバのいわば結合体)の原初的な罪は、決して単に過去的な出来事ではなく、人間的自由に構造的に伴う負の可能性(悪しく意志すること)の現れた姿と言うべきであろう。自由の深淵がそこに存する。

(27) 神的な糧を受容する人は、自らの「信の測りに従って」受容しうるという。そしてそこに、神的働き、恵みと人間的自由との微妙な協働が語られることになる。

(28) 神のために生きるとは、魂と身体とが相俟ってのことであって、身体ないし身体性を切り捨てた、魂のみの生、魂のみの救い(完成、不死性)が語られるのではない。

(29) 人間が為したことは、いわば同時的に神の前にあらわであって、神に見られ、測られている。そのように神に測られかつ知られた姿が、とりも直さず、その人の報いとして生起すると考えられよう。

(30) 罪の法を持たない最初の人間とは、歴史上の過去の人物のことではなく、神のロゴスのうちなる「人間の原型」であろう。ただそれが、現にこの有限な可変的世界に実現してくるためには、時間と歴史を、そして自由による「罪との戦いと浄め」を必要とするのである。

Ⅲ　ミーニュ・ギリシア教父全集より

エジプト，シナイの歴史地図（3-5世紀）

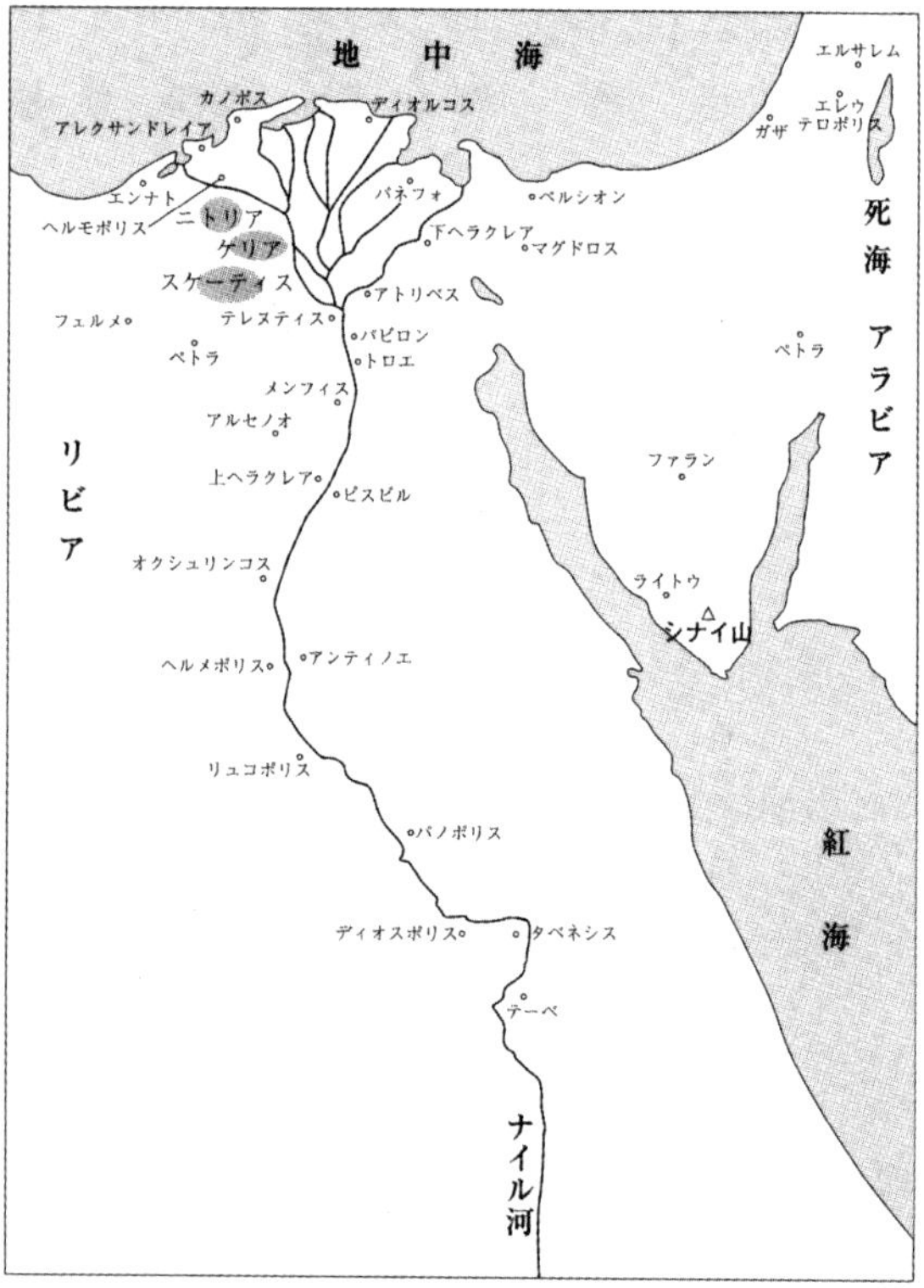

七　『砂漠の師父の言葉』

解題

この著作は、『ミーニュ・ギリシア教父全集』第六五巻（Apophtegmata Patrum, J. P. Migne (ed.), Patrologia Graeca, t. 65, pp71-440, Paris, 1857）に収められており、翻訳もそれを底本とした。これは、極めて素朴な語り口のうちに深い知恵を湛えた作品であり、たとえて言えば山奥の泉のような趣を有した、知る人ぞ知る古典の一つである。それゆえこの書は――これまでに取り上げた六つの著作と同じく――、単にこうした分野の専門家にとってだけではなく、何らか心の渇きや苦しみを抱いて道を求めるすべての人々にとって、真に魂の糧となりうるものであろう。

そこに集められているのは、キリスト教古代、三世紀から四、五世紀に生きた最初期の修道者たちの言葉である。そこには極く簡潔な文章によって、霊性の師父とも言うべき往昔の修道者たち（大部分は隠修士）の厳しい修行と祈り、そしておよそ人間本性に対する深い洞察が語り出されている。実際この書は、キリスト教的霊性の伝統にあってつねに源泉となり、その後の歴史に対して小さからぬ影響を及ぼしているのである。

もとより現代は、多くの困難な問題がいわば地球的な規模で山積みしている時代である。しかし、そうであればこそ、今日われわれは折に触れて、あるいはむしろ一日の僅かな時間なりとも、古の師父たちの厳しくも慈愛あふれる言葉に耳を傾け、「人間とはそもそも何なのか、何でありうるのか」ということを、虚心に己れのうちに見つめてゆくことが必要であろう。というのも、そうした中心の事柄に関われば関わるほど、人の真に問うべき問いは、時代、民族、風土などの一見大きな隔たりを超えて、恐らくは二千年前も今もほとんど異ならないと考えられるからである。

この著作に登場する師父たちは、世を捨てて砂漠に隠棲し、類い稀な禁欲的修業を遂行していった。しかしそれは、いたずらに過酷な、修業のための修業でなかったであろう。確かに、彼らの禁欲的生活の透徹した形態は、大方のわれわれの全く及ばぬものである。が、彼らはそうした特異な生活のかたちを通して、恐らくはやはり、すべての人に等しく与えられている人間本性の可能性をゆたかに開花させ成就させていったと思われる。

ちなみに、この場合「砂漠」(エレーモス)という言葉には、象徴的な意味があった。すなわち、彼らが自ら世俗のあらゆる生活様式を捨てて砂漠に向かったとき、それはいわば「キリストに倣うこと」の一つの究極のかたちとして択ばれたであろう。その際、砂漠(荒野)で悪魔による三つの誘惑を受け、それらをことごとく退けたイエスの姿が、およそ人間の為すべきわざの典型として受けとめられたのだ(マタイ四・一—一一)。それは余りに有名な箇所であるが、砂漠とは、傲慢(権力)、欲望、そして虚栄との闘いが如実に生起する場所の象徴なのであった。(なお、三つの誘惑については、ドストエフスキーの『カラマーゾフの兄弟』「大審問官」中の叙述が、鮮烈に問題の真相を語り出している。）

ところで、『砂漠の師父の言葉』に言行録が残されている最初の隠修士の登場、そしてキリスト教的修道制の起源は、三世紀後半にまで遡る。それは象徴的な出来事としては、かのアントニオス（二五一―三五六）が突如として召命を受け、下エジプトにて砂漠の隠修士となったときのことである。それ以来、多くの人々が、エジプト、パレスティナ、シリアなどの地で、アントニオスのような師父に倣って修道の生に身を投じたのである。（彼らの人と生涯、歴史的意味などについて、詳しくは後に挙げる文献表の中、邦訳書の解説などを参照。）

本書に収めえた「砂漠の師父の言葉」は、もとより原典に比して僅かの分量に過ぎない。だがそれらを通してでも、古の師父たちの透徹した生の姿を多少とも読み取ることができよう。彼らはまさに神的働き（神の霊）との出会いによって、自らの生の全体を捧げゆくような愛に促され、「神への道行き」を身をもって証ししているのだ。そしてそれが、恐らくは「人間の人間としての真実」を一つのかたちで体現している限りで、彼らの生と言葉は、時と処とを超えてわれわれの魂の根底に呼びかけていると考えられよう。

至福なる師父たちの修道の書への序言

この書には、聖にして至福なる師父たちの有徳な修業と驚くべき生活の姿、そしてそれらを巡っての言葉が記されている。それは、天上的生活を送り天国への道を歩まんとした人々の、熱心さと訓育と主への模倣の姿とを明らかにするためであった。

そこで忘れてはならないのは、聖なる師父たち、つまり修道者の至福なる生活を鼓舞し、教え導く者が、一度び神的で天上的な愛に燃え立たせられるや、世の人々にあってはよきもの価値あるものをすべて、ひとえに無に等しいものと看做し、とくに何ごとをも名声のために行わぬように努めた、ということである。すなわち、彼らは世を去って隠棲し、また謙遜の極みによって己れの善行の大部分を秘密にして、そのような仕方で神の御旨に適う道を全うしたのである。

それゆえ、何人も彼らの有徳な生をわれわれのために正確に叙述することはできなかった。ただ、彼らのことを熱心に問い求めた人々は、聖なる師父たちの透徹した言葉とわざとを若干書き残したが、それはむろん自分のためにではなく、後世の人々を修道の熱意へと促すためであった。こうして、少なからぬ人々が、さまざまな機会に、単純で飾り気のない言葉によって、聖なる師父たちの言葉と正しい行いとを述べ伝えたのである。そしてそれはひとえに、多くの人々の魂の益となることを目指していたのである。

しかし、かなりの物語は多分に混乱してまとまりのないものであり、その叙述は読者をややまどわせるものであった。つまり、書き物の中に散らばって植え込まれている修道の心を、読者が十分に記憶に留めるのがむずかしいのであった。それゆえ、われわれはこれを順序づけることによって、書物から魂の益を求める人々に対して、できるだけ明快で確かに把握しうるアルファベット順の書物を提供するよう促されたのである。かくして、師父アントニオス、アルセニオス、アガトンなど、名前がAで始まる人々についての事柄はA巻にあり、次いで大バシレイオス、ビザリオン、ベンヤミンについてはB巻にあり、以下同様に、Ω巻にまで至る。

アントニオス

一　聖なる師父アントニオスは、かつて砂漠で生活していたとき、空しい倦怠と想念の大きな闇とに捉われた。そこで、アントニオスは神に向かって言った、「主よ、わたしは救われることを望んでおりますのに、さまざまな想念がわたしを捉えて離しません。この苦しみの中で一体何を為すべきでしょうか、どうすれば救われるでしょうか。」しばらくして庵の外に出てみると、アントニオスは自分にそっくりの男を見た。その男はそこに座り、働き、そのわざをやめて立ち上がっては、祈った。そして改めて座っては縄を編み、さらにはまた、祈るために立ち上がるのであった[1]。が、それは、アントニオスを戒め、かつ強めるために遣わされた主の使いであった。アントニオスは、その天使がこう言うのを耳にした。「このようにするがよい。そうすれば救われるであろう。」それを聞いたアントニオスは、大きな喜びと勇気とを得、同じようにそれを実行して救われたのである。

二　同じく師父アントニオスは、神の裁きの深遠さを凝視しようとして、次のように尋ねた。「主よ、どうしてある人は若くして死ぬのに、他の人は長生きするのですか。また、なぜある人は貧しく、他の人は富んでいるのですか。しかも、なぜ不正な人々が富んでいるのに、正しい人々が貧しいのですか。」すると、次のように語る声が聞こえてきた。「アントニオスよ、自分自身にこそよく注意するがよい。なぜなら、そのようなことは神の裁くところであり、それらを学び知ることは、あなたに何の益ももたらさないからである。」

三　ある人が師父アントニオスに尋ねた。「何に注意すれば、神の御心に適うことになるのですか。」長老は答えた。「わたしが命じることを守るがよい。どこに行こうとも、そなたの眼の前につねに神を思い浮かべるがよい。また何を為そうとも、聖書の証言に従え。また、どんな場所に住もうとも、たやすく居を移さぬがよい。これら三つのことを守れ、そうすれば救われるであろう。」

四　師父アントニオスは師父ポイメンに語った。「人間の偉大なわざとは、神の前で自分の過ちを凝視し、最後の息を引き取るまで試練を覚悟していることである。」

五　同じくアントニオスは語った。「試練を受けない人は誰も、天の国に入ることはできない。」実際、彼はこうも言う。「試練を取り除いてみよ。そうすれば、何人も救われることはないであろう(2)。」

六　師父パンボは師父アントニオスに尋ねた。「わたしは何を為すべきでしょうか。」アントニオスは彼に言った。「自分の正しさを過信せず、過ぎ去ったことをいたずらに悔まず、自らの舌と腹とを制するがよい(3)。」

七　師父アントニオスは語った。「わたしは地上に張り巡らされたあらゆる敵の罠を見て、うめきながら言った。『一体誰がこの罠から逃れられようか。』すると、次のように語る声が聞こえてきた。『謙遜こそが(4)』。」

九　さらに彼は語った。「生も死も隣人から来る。というのも、われわれが兄弟を獲得するならば、神を獲得し、兄弟を躓かせるならば、キリストに対して罪を犯すことになるからである(5)。」

一〇　さらに彼は語った。「魚が乾いたところに長い間いると死んでしまうように、修道者も、修屋の外をうろついたり、世の人々と無為な時を過ごしたりしていると、静寂の緊張をゆるめてしまう。だからわれわれは、魚が海に戻るように、直ちに修屋に戻らねばならない。それは、外をうろついて、内心の見張りを忘れることがないためである(6)。」

一三　砂漠で野生の動物を狩っている者がいた。その男は、師父アントニオスが兄弟たちと冗談を言い合っているのを見た。長老は、兄弟たちにとって時にはくつろぐことも必要だということを、その男に納得させようとして言った。「弓に矢をつがえて引き絞れ。」彼がそのとおりにすると、長老は言った。「さらに引き絞れ。」猟師は引き絞った。長老はさらに引き絞れと命じた。猟師は「これ以上引き絞ると、弓が壊れてしまいます」と言った。そこで長老は語った。「神に仕えるわざとて、同様である。兄弟たちをあまり張りつめさせると、すぐに駄目になってしまう。それゆえに、ときどきは兄弟たちもくつろがねばならないのだ。」猟師はアントニオスの言葉を開いて胸を打たれ、長老に大いに益せられて、そこを立ち去った。また、兄弟たちも励みを得て、自分たちの修屋へと戻っていった。

一五　ある修道者が、師父アントニオスの前で兄弟たちから称讃された。そこでアントニオスは、その修道者とたまたま出会ったとき、彼が侮辱に耐えうるかどうかを試した。彼がそれに耐えられないのを見ると、アントニオスは言った。「そなたはちょうど、正面は立派に飾り立てられていても、裏側は盗賊に荒らされている村のようだ。」

二〇　ある兄弟が世間を捨て、財産を貧しい人々に施し、わずかのものを自分のために取っておいて、師父アントニオスのもとを訪ねてきた。このいきさつを知ったアントニオスは、彼にこう言った。「もし修道者になりたければ、村へ行って肉を買い求め、それをそなたの裸身にまとって、ここに戻って来なさい。」この兄弟が言われた通りにしてみると、犬や鳥が彼の体に喰いつき、ずたずたに引き裂いてしまった。彼が長老に出会うと、長老は自分の命令を果たしたかどうか尋ねた。兄弟が引き裂かれた自分の体を見せると、聖アントニオスはこう語った。「世間を捨てておきながら、財を持とうとする者は、悪霊たちに闘いを挑まれて、このように引き裂かれるのだ。(7)」

二一　あるとき、師父エリトの共住修道院に住む兄弟が、誘惑に遭った。彼はそこから追放され、山中の師父アントニオスのもとへ身を寄せた。兄弟はしばらくそこで過ごしたが、アントニオスは、彼をもとの共住修道院に送り帰した。しかし、兄弟を見た者たちは、再び彼を追い出してしまった。師父アントニオスのもとに戻ってきた兄弟は、「父よ、彼らはわたしを受け容れようとはしませんでした」と告げた。長老は彼らに、次のように書き送った。「船が海で難破し、積荷をすっかり駄目にして、ほうほうの体で陸地に辿り着いた。それなのに、そなたたちは陸地に着いて救われた者を、再び海に投げ込もうとしているのだ。」共住修道院の者たちは、師父アントニオスがこの兄弟を送り帰したことを知り、すぐさま彼を迎え入れたのだった。

二五　師父アントニオスは語った。「人々が狂気に陥るときが来る。(8)彼らは狂っていない人を見ると、『おまえは狂っている』と言って襲いかかる。それは、その人が彼らと同じではないからだ。」

三六　彼はさらに語った。「自制を伴った聴従は、猛獣をも従わせる。(9)」

三八　さらに彼は語った。「修道者は、できれば、自分の進んだ段階や修屋で飲むひと滴の水についてすらも、自分がもしや躓いているのではないかと、進んで長老に告白せねばならない。」

アルセニオス

二　世を退き、隠修士の生活に入ったアルセニオスは、「主よ、どうすれば救われるのですか」という言葉を口にして、さらに祈った。すると、彼に語る声を聞いた。「アルセニオスよ、人を避けよ、沈黙せよ、静寂を守れ。これらこそが罪を犯さぬ元なのだ。」

三　あるとき修屋で、アルセニオスを攻撃する悪霊たちが、彼に取り付いた。彼の奉仕者たちがそこに来て、修屋の外に立っていると、アルセニオスが神に向かって叫び、次のように語るのを聞いた。「神よ、わたしを見捨てないでください。わたしはあなたの面前で何一つ善いことをしてきませんでしたが、あなたの恵みに従って、新たな歩みを始めさせてください。」

四　人々がアルセニオスのことを語って言うには、かつて宮廷の誰一人として、彼よりも良い服を身につけてはいなかったが、同じように、今教会にあっては、彼ほど粗末な恰好をしている者はいなかった。

五　ある人が至福なるアルセニオスに言った。「われわれはこれほど多くの教養と知恵とを身に付けていながら、何の徳も持っていない。しかし、農夫やエジプト人はこれほど多くの徳を得ている。これはどういうことでしょうか。」アルセニオスはその人に語った。「われわれは世の学からは何も得られない。しかし、農夫やエジプト人たちは、自らの労苦によって、諸々の徳を己がものとしているのだ。(10)」

六　あるとき、師父アルセニオスが、エジプトの老人に自分の想念について尋ねていたので、他の人が言った。「師父アルセニオスよ、あなたはそれほどローマとギリシアの教養を身に付けていながら、なぜこんな農夫にご自分の想念について尋ねたりなどなさるのですか。」すると、アルセニオスはその人に語った。「確かにわたしは、ローマとギリシアの教養を身に付けてはいるが、この農夫のアルファベットすら未だ学んではいないのだ。」

一〇　彼はさらに語った。「もしわれわれが神を探し求めるならば、神はわれわれに姿を現す。また、もし神を十分に心に留めるならば、神はわれわれのもとに留まってくださる。(11)」

三六　人々が師父アルセニオスについて語ったところによると、あるとき彼はスケーティスで病気になった。司祭は彼のもとへ行き、彼を教会へ連れて行った。そして布団に寝かせて、頭に小さな枕をあてがったのである。すると、そこへ長老の一人がアルセニオスを訪ねてやってきた。彼は、アルセニオスが布団の上に寝、枕をあてているのを見て驚き、こう言った。これが師父アルセニオスですか。布団の上なぞに横になるのですか。」そこで、司祭はその人を自分のところに招き寄せて、言った。「そなたは、自分の村でどんな仕事をしていたのか。」彼は、「羊飼いでした」と答えた。司祭が、「それでは、そなたはどのように暮らしていたか」と尋ねると、彼は答えた。「大変苦労して生活していました。」司祭が、「それでは、いまの修屋での生活はどうか」と尋ねると、「大変くつろいでいます」と答えた。

そこで、司祭は彼に語った。「あなたは、このアルセニオスのことが分かっているのか。彼は世間で、皇帝たちの父としてあり、絹づくめの服に金の帯と首飾りと腕輪とを身につけた数千の従者が控えており、足元には高価な敷物が敷かれていた。さて、羊飼いであったあなたは、世間でいまのような安らいだ生活をしてはいなかった。彼は世間でしていたような贅沢な生活を、ここではしていない。見よ、それであなたはいま休息し、彼は苦しんでいるのだ。」これを聞いた長老は、悔恨の情に打たれ、ひざまずいて言った。「父よ、お赦しください。わたしは罪を犯しました。まさにこれこそは真実の道です。というのも、この方は謙虚さに、わたしは安楽に辿り着いたからです。」そうして、彼は益を受けて、帰っていった。

四一　人々が語っていたところによると、師父アルセニオスは生涯にわたってのことであるが、手仕事のために座っているとき、目から流れる涙のために、懐に布切れを持っていたという。その後、師父ポイメン(12)は彼が永眠したことを聞いて、涙ながらにこう語った。「この世で己れに涙したあなたは幸いだ、師父アルセニオスよ。というのも、この世で泣かぬ者は、かの世で永遠に泣くからである。」事実、ある者はこの世では自ら泣き、またある者は、あの世で苦しみのために泣かずにはいられないのだ。

アガトン

八　師父アガトンは尋ねられた。「身体的な苦行と内面の見張りとは、どちらがより優れているでしょうか。」そこで、長老は次のように語った。「人間とは樹木のようなもので、身体的な苦行は葉であり、内面の見張りは実りである。聖書に示されているところによれば、『良い実を結ばぬ木は、みな切り倒されて、火に投げ入れられる』（マタイ三・一〇）。それゆえ、明らかにすべての熱心さは実りのために、つまり心の見張りのためにある。しかし他方、葉による保護と飾りも必要であり、それがすなわち身体的な苦行のことなのだ。」(13)

九　兄弟たちは、さらに次のように尋ねた。「父よ、修道の道にあって、より大きな努力を要する徳は何でしょうか。」長老は語った。「赦してほしい。実は、神に祈るよりも労苦を要するものはないと思う。事実、人が祈ろうと思うとき、つねに敵どもはその者を傷つけようとする。神への祈りから遠ざけること以外に、歩みを妨げる方法はないと知っているからだ。また人間は、もし求めるならば、他のすべての修行を忍耐によって獲得し、安息する。しかし闘う者には、最後の息を引き取るまで、祈りが必要である。(14)」

二三 師父アガトンは語った。「もし誰かがわたしを過度に愛してくれたとしても、その者がわたしを過ちに導くと知ったならば、わたしはその者を遠ざける。」

二四 さらに彼は語った。「人間はいついかなるときでも、神の裁きに注意を向けねばならない。」

二九 人々が師父アガトンについて話していたところによると、彼は熱心に、すべての掟を果たそうとしていた。小舟で川を渡るときは、彼は真っ先に櫂を握るのだった。また兄弟たちが彼のもとを訪ねるときには、祈りの心をもって、手ずから夕食の席を調えた。それというのも、彼は神の愛に満たされていたからである。そして死に臨んだときには、彼は三日間、目を開いたまま動かずにいた。兄弟たちは彼を揺り動かし、言った。「師父アガトンよ、どうなさったのですか。」アガトンは彼らに言った。「わたしは、神の法廷の前に立っている。」兄弟たちが、「父よ、あなたでも恐れるのですか。」と尋ねると、彼は答えた。「確かに、わたしは神の命令を守るために、できる限りのことをした。だが、わたしは人間だ。わたしのわざが神の御旨に適っていたかどうか、どうして分かろうか。」兄弟たちは言った。「あなたは、ご自分のわざが神に従ったものだと確信が持てないのですか。」アガトンは答えて言った。「わたしは、神にまみえなければ、確信が持てない。神の判断と人間のそれとは別だからだ。」兄弟たちが他のことを尋ねようとすると、彼は言った。「後生だから、これ以上わたしに話しかけないでほしい。わたしにはもはや暇がない。」そして、彼は喜びのうちに死に赴いた。彼らは、彼が友人たちや愛する者たちに別れを告げて、天に昇りゆくのを見た。彼はすべてにおいて非常に注意深く、こう言っていた。「大いに用心しなければ、人間はただ一つの徳においてすら、進歩することはない。」

ビザリオン

五　あるとき、悪霊に憑かれた者がスケーティスにやって来たので、教会で彼のために祈りが為された。だが、悪霊は離れなかった。その悪霊が頑迷なものだったからである。そこで、聖職者たちは互いに言った。「この悪霊をどうしたものだろうか。師父ビザリオン以外には、誰もこれを追い出すことはできない。けれども、彼に頼んだとしても、決して教会には来てくれないだろう。だからこうしよう。長老は朝早く、皆より先に教会に来る。悪霊の憑いた者をその場所に眠らせておき、彼が入ってきたら、祈りを始め、『師父よ、この兄弟も起こしてください』と言うのだ。」さて、彼らはその通りにした。長老が朝早く来ると、彼らは祈り始め、彼に言った。「この兄弟も立ち上がらせてください。」長老はその者に言った。「起きて外に出よ。」すると、悪霊はただちに彼から出て行き、そのとき以来、その者は癒されたのだった。

七　罪を犯したある兄弟が、司祭によって教会から追い出された。すると、師父ビザリオンは立ち上がり、「わたしもまた罪人である」と言いながら、彼とともに出て行った。

九　彼は語った。「あなたが、たまたま平安のうちにあって闘いがないときは、いっそうへりくだるがよい。それは、うわべの喜びが侵入して、自惚れて無用な闘いに引き渡されないためである。というのも、弱さのゆえにわれわれが滅びないように、神はしばしば、われわれが誘惑されるのを許さないからである。」

エウプレピオス

一　師父エウプレピオスは語った。「神は真実で力ある方だという確信を自らのうちに持ち、神を信ぜよ。そうすれば、神に与る者となる。しかし、もしそのことを軽んずるとしたら、あなたは信じていないのだ。われわれは皆、神が力であることを信じ、それゆえにまた、神にはすべてが可能であると信じている。そこであなたは、あなたのわざにおいて神を信ぜよ。あなたのうちに神が奇蹟のしるしを行うからである(15)。」

三　師父エウプレピオスは語った。「物体的なものは〔躓きの〕材料となる。この世を愛する者は、躓きを愛していることになる。それゆえ、もし何かを失ったとしたら、思い煩いから解放されたとして、喜びをもって感謝しつつ受け止めねばならない。」
五　ある兄弟が長老に尋ねて、言った。「どうすれば、神への畏れが魂に生ずるのでしょうか。」そこで長老は語った。「人が謙遜で貧しく、また他人を裁かないならば、神への畏れが生じるだろう。」
六　彼はさらに語った。「あなたの中に畏れ、謙遜、食料の欠乏、そして嘆きが、つねにあるように。」

テオドラ

一　教母テオドラは、教父テオフィロスに、「時（カイロス）を活用する」（コロサイ四・五）という使徒の言葉の意味を尋ねられた(16)。そこで彼女は語った。「この言葉は、利用を意味しています。たとえば、虐待される時があなたにあるとしましょう。謙遜と忍耐とによって、その虐待の時を利用し、自らに益をもたらしなさい。侮辱の時があるとしましょう。忍耐によって、その侮辱の時を利用しなさい。そうすれば益を得ます。すなわち、すべて不利なことも、わたしたちがそれを進んで欲するならば、わたしたちに益が生じるのです。」
二　教母テオドラは語った。「『狭い門から入るよう努めなさい』（マタイ七・一三）。樹木は冬と雨とを経なければ、実を結ぶことはできません。わたしたちにとっても同様で、今の世は冬であり、多くの苦しみと試練によらなければ、天の国の相続人にはなれないのです。(17)」

三　さらに彼女は語った。「静寂さを保つのは善いことです。というのも、注意深い人は静寂さを保つからです。実際、乙女や修道者、そしてとくに初心者にとって、静寂さを保つことは、真に大きなことです。しかし、人が静寂さを保とうとすると、直ちに悪霊がやって来て、魂をさまざまな不注意や失望や想念で落ち込ませることを知りなさい。また、体をも、病気、弛緩、膝と四肢の弱さで落ち込ませます。悪霊は、わたしたちに、『わたしは病人で、集会に参加する力がありません』と言わせるために、魂と体との力を破壊するのです。しかし、わたしたちが見張っていれば、これらすべては消え去ります。」

四　教母テオドラは語った。「あるとき、一人の信心深い者が、他人から侮辱を受けました。すると、彼は相手に向かって次のように言いました。『わたしもあなたに同じことが言えるのですが、神の法がわたしの口を閉ざすのです。』」また、彼女によると、あるキリスト教徒が肉体についてマニ教徒と議論したとき、次のように言ったという。「肉体に法を与えなさい。(18)そうすれば、肉体がその創り主のものであることが分かるでしょう。」

六　さらに彼女は語った。「わたしたちを救うのは、苦行でも徹夜でも、どのような労苦でもなく、ひとえに真の謙遜です。事実、悪霊を追い払っている隠修者がいましたが、彼は悪霊に尋ねました。『何によって、おまえたちは追い出されるのか、断食か。』『われわれは食べたり飲んだりはしない。』『徹夜によるのか。』『われわれは眠りもしない。』『隠修生活によるのか。』『われわれは砂漠に住んでいる。』『では、何によって追い出されるのか。』彼らは言いました。『謙遜以外に、われわれに勝つものはない。』ですから、謙遜が、いかに悪霊に打ち勝つかが、分かるでしょう。」

ヨハネ・コロボス

一　人々が師父ヨハネ・コロボスについて語っていたところによると、彼はスケーティスのテーベ出身の長老のもとに隠修して、砂漠に住んでいた。その長老は、干からびた木を取って来て植え、ヨハネに言った。「これが実を結ぶまで、毎日一瓶の水をやれ。」けれども、水のある場所は彼らのところから遠く、夕方出発して明け方戻るほどの距離であった。だが、三年後、木は生命を吹き返し、実を結んだ。そこで、長老は実を取って集会に持ってゆき、兄弟たちに言った。「従順の実を取って食べるがよい。」

二　人が師父ヨハネ・コロボスについて話していたところによると、彼は、あるとき自分の兄弟に言った。「わたしは天使たちが、何の煩いもなく、働かず、絶えず神に仕えているように、憂いなく暮らしたいのです。」そして、自分の衣服を脱ぎ、砂漠へと去った。そして一週間後、彼は兄弟のところへ戻ってきた。彼が戸を叩くと、兄弟は開く前に、「おまえは誰だ」と尋ねた。彼が、「あなたの兄弟のヨハネです」というと、兄弟は答えた。「ヨハネは天使になり、人間の間にはいない。」そこでヨハネは「わたしです」と言って願ったが、兄弟は戸を開けず、ヨハネが困惑するまま朝まで放っておいた。そして最後に、戸を開けて言った。「おまえは人間だ。だから、食べるためには、また働かなければならない。」ヨハネはひれ伏して、「お赦しください」と言った。

一三　師父ポイメンが師父ヨハネ・コロボスについて話していたところによると、彼は神に請い願って、情念が自分から取り除かれたので、もはや煩いがなくなった。そこで、彼はある長老のところへ行き、言った。「わたしは安らかになり、何の闘いもありません。」すると、長老は言った。「行け、そして闘いが再び戻ってくるように神に願え。また、そなたが以前持っていた悩みと謙遜とを得るように願うがよい。というのも、闘いによってこそ、魂は進歩するからだ。」そこで、彼は再び神に願い、闘いがやってくると、もはやそれが除かれることを祈らず、こう言った。「主よ、闘いのさなかにあって、わたしに忍耐をお与えください。」

二〇　師父ヨハネは言った。「ヨセフを売ったのは誰だろうか。」ある兄弟が答えて言った。「彼の兄弟たちです」（創世記三七・三六）。長老は彼に言った。「いや、違う、彼の謙遜が彼を売ったのだ。彼は『わたしは彼らの兄弟です』と言って反論することもできたのだから。しかし、彼は黙って、謙遜によって自分を売った。そしてこの謙遜が、彼をエジプトで宰相の座に据えたのである（同四一・四二）。」
二二　彼は語った。「謙遜と神への畏れとは、あらゆる徳にまさる。」
二四　彼は弟子に語った。「唯一のお方を敬おう。そうすれば、皆がわれわれを敬う。しかし、われわれが神なる唯一の方を軽んじるならば、皆もわれわれを軽んじ、われわれは滅びへと向かう。」
二五　人が師父ヨハネについて語っていたところによると、彼はスケーティスの教会に来て、ある兄弟たちの論争を聞くと、自分の修屋へと引き返し、三度その周りを回って、中へ入った。兄弟たちは彼を見て、なぜそのようなことをしたのかをいぶかり、尋ねに来た。彼は語った。「わたしの耳は論争で満たされた。そこで、耳を清めるために周りを巡り、心の静寂さのうちに自分の修屋に入ったのだ。」
二七　師父ヨハネは語っていた。「牢獄とは、修屋の中に座して、つねに神を想起することである。それこそは、『わたしが牢獄にいたとき、あなたたちはわたしを尋ねてくれた』（マタイ二五・三六）という言葉の言わんとすることである。」(19)
三四　師父ヨハネは語った。「わたしは、人がすべての徳のうちのわずかでも分かち持つことを望む。そこで、毎日朝起きるとき、まずは次のことを思って、一日を始めるがよい。すなわち、すべての徳と神の掟とにおいて、恐れと忍耐を伴う大きな辛抱において、魂と体とのあらゆる熱意そして大いなる謙遜を伴う神への愛において、心の悩みと見張りの忍耐において、言葉の清らかさと目の慎みにおいて、軽んじられても怒らず、平安を保ち、悪に対して悪で報いてはならない。また、他人の過ちを気にせず、自分を高く評価することなく、すべての被造物の下に置くがよい。そして、物質と肉的なことがらとの放棄において、十字架と苦悩とにおいて、霊の貧しさにおいて、自由・意志と霊的修行とにおいて、断食において、悔悛と嘆きとにおいて、闘いの苦しみにおいて、分別において、魂の清さにおいて、善きものの受容において、静寂さの中での手仕事において、徹夜のわざにおいて、飢えと渇きとにおいて、寒さと裸とにおいて、苦しみにおいて、すでに死んだ者であるかのようにあなたの墓を開ざし、絶えずあなたの死が近いと思うがよい。」

三七　一人の師父が師父ヨハネ・コロボスに、修道者とは何か、と尋ねると、彼は答えた。「苦しみである。修道者はすべてのわざにおいて苦しむからだ。これが修道者である。」

三八　師父ヨハネ・コロボスが語ったところによると、ある霊的な長老が隠修生活を営み、町で有名になって、人々から非常な名声を得ていた。さて、聖徒の一人が死に瀕していたので、師父ヨハネは、その人が眠りに就く前に挨拶に来るように言われた。彼は我が身にじっくりと問いかけた。「わたしが昼間に出かければ、人々が追いかけてくる。それはわたしにとって大きな名誉となろうが、そうすると休息できまい。だから今晩、闇の中を出発しよう。それなら、誰にも知られない。」彼は夜ひそかに、修屋を抜け出した。だが、彼を照らすために灯火を持った二人の天使が神から遣わされたので、全市民がその栄光を見ようと駆けつけた。彼は栄光を避けようと思えば思うほど、栄光を受けたのである。そこで、次の言葉は成就した。「自らへりくだる者は皆、高く引き上げられる」（ルカ一四・一一）。

三九　師父ヨハネ・コロボスは語った。「上から下へと家を建てることはできない。土台から始めて、上に建てるのである。」人々は彼に尋ねた。「その言葉は何を意味しているのですか。」彼は言った。「土台とは、そなたたちが獲得すべき隣人のことであり、それが最初のものでなければならない。というのも、この上にキリストのすべての掟が掛かっているからだ。」(20)

四〇　人々が師父ヨハネについて話していたことである。ある娘の両親が死に、彼女は孤児として残された。彼女の名はパエシアと言った。彼女はスケーティスの師父のために、自分の家を宿泊所にしようと考えた。そうして長い間、彼女は師父たちを泊めて奉仕した。しかし、後に蓄えは費やされ、不足するようになった。それゆえ堕落した者たちが、彼女につきまとい、彼女のよい計画を中止させた。そしてついに、彼女は悪い生活を始め、邪淫へと踏み出してしまった。

さて、師父たちはそれを聞いて悲しみ、師父ヨハネ・コロボスを呼んで言った。「わたしたちは、かの姉妹が悪しき生活を送っていると聞きました。彼女はできる限りの愛をわたしたちに示してくれたので、今度はわたしたちが彼女に愛を示し、彼女を救い出したいのです。ですから、あなたは彼女のところに行き、神があなたに賜った知恵によって、彼女の問題を解決してください。」そこで、師父ヨハネは彼女のところへ行き、門番の老女に言った。「そなたの女主人に取り次いでくれ。」すると、老女は彼を追い返して、言った。「もとはといえば、あんた方があの方の財産を食い潰した。あの方は今はとても貧しい。」師父ヨハネは言った。「彼女に言ってほしい。わたしは大いにあなたの役に立てると。……」そこで老女は上に上がり、彼のことを女主人に話した。すると彼女は老女に言った。「あの修道者たちは、いつも紅海のあたりを歩き回って、真珠を見つけているのだよ。(21)」そして、身支度をして「あの方を連れてきておくれ」と命じた。

彼が上がってくると、彼女は先に寝床に座った。師父ヨハネは入ってきて、彼女のそばに座り、面と向かって彼女に言った。「こんなところに来るとは、何かイエスに非難することでもあるのか。」これを聞くと彼女は凍りついたようになり、また師父ヨハネは、頭を垂れて激しく泣き出した。彼女は、「師父よ、なぜ泣くのですか」と尋ねた。彼は頭を起こし、また下げて泣きつつ言った。「そなたの顔の前で悪魔が戯れているのが見えるのに、どうして泣かないでいられようか。」これを聞いて、彼女は言った。「師父よ、わたしは回心することができるでしょうか。」彼は「できるとも」と答えた。すると彼女は、「あなたの望むところに、わたしを連れていってください」と頼んだ。彼は「行こう」と言い、彼女は立って従った。

だが師父ヨハネは、彼女が家のことで何も頼もうとせず、一言も言わないのに気づき、驚いた。彼らが砂漠に到着したときは、もう遅い時刻になっていた。彼は砂で小さな枕を作り、それに十字のしるしをして、彼女に「ここに寝なさい」と言った。そして、少し離れたところに自分の分をつくり、まず祈ってから横になった。さて、真夜中ごろ、ヨハネが目を覚ますと、見よ、空から彼女のところまで届く光り輝く道を見た。そして、神の天使たちが彼女の魂を天に運んでいるではないか。(22) 彼は立ち上がって彼女のそばに行き、彼女の足に触れてみた。彼女が死んでいるのを見ると、彼はひれ伏して神に祈った。すると、次の声が聞こえてきた。「彼女の一時間の悔い改めは、彼女ほどの熱心さを示さない他の多くの人々の長い悔い改めよりも、遥かに神に受け容れられる。(23)」

テーベのイサク

一　あるとき、テーベの人、師父イサクが共住修道院を訪れ、ある兄弟が過ちを犯したのを見て、これを咎めた。しかし、彼が砂漠に戻ると、主の使いがやって来て、彼の修屋の戸の前に立ち、「おまえを入れない」と言った。イサクが「一体何事ですか」と尋ねると、使いはこう答えた。「神がわたしを遣わして、こう言うのだ。おまえが裁いたあの兄弟を、どこへ追いやれと命ずるのか。」そこで、彼は直ちに悔い改めて言った。「わたしは罪を犯しました。お赦しください」すると、使いは言った。「立て、神はおまえをお赦しになった。だがこれからは、神が裁く前に他人を裁かぬように心せよ。」

エジプトのマカリオス

二七　師父イザヤは、師父マカリオスに尋ねて「お言葉をください」と言った。長老は彼に言った。「人間を避けよ。」師父へサイアスは「人間を避けるとはどういうことですか」と尋ねた。すると長老は言った。「それは、自分の修屋に座って、己れの罪を嘆くことである。」

二八　師父マカリオスの弟子、師父パフヌティオスは語った。「わたしは自分の師父に願って、『何か仰ってください』と言った。すると彼はわたしに答えた。『誰にも悪をなさず、誰をも裁いてはならない(24)。これを守れ。そうすれば救われよう。』」

モーセ

一一　ある兄弟が師父モーセに尋ねた。「目の前に何かが見えるのですが、それを捉えることができないのです。」長老は答えた。「埋葬された人々のように、そなたが死人にならぬ限り、それを捉えることはできない(25)。」

一二　師父ポイメンが語ったところによると、ある兄弟が師父モーセに、どうすれば人は隣人に対して死人のようになれるでしょうか、と尋ねた。すると長老は語った。「人は、自分はすでに三日前から墓の中にいると肝に銘じなければ、この言葉を実現することはできない(26)。」

一四　師父モーセは語った。「何事においても人を裁かないために、人に対して死人にならねばならない(27)。」

ポイメン

一一　あるとき、ペルシオンの司祭は、幾人かの兄弟たちが、町に集まって入浴し、だらしなくしていることを耳にした。そこで集会に行き、兄弟たちの修道服を取り上げた。しかしその後、悔恨の情に打たれ、その思いがつきまとって離れないので、兄弟たちの小修道服を持って、師父ポイメンのところに行き、事情を話した。すると長老は言った。「あなたには古き人の何かが残っていないか。それとも脱ぎ捨てたか（コロサイ三・九―一〇）。」司祭は答えた。「わたしはまだ、古き人との関わりがあります。」長老は言った。「では、見よ、あなたも兄弟たちと同じだ。わずかな古さでも抱えているかぎり、あなたも罪に服従しているからである(28)」。そこで司祭は立ち去り、兄弟たちを呼び、一一人の兄弟の皆に悔恨の情を示し、彼らに修道服を着せて、去らせた。

一二　ある兄弟が師父ポイメンに尋ねて言った。「わたしは大きな罪を犯しました。三年間回心をしたいと思います。」長老は「それは多過ぎる」と言った。兄弟が「少なくとも一年間は」と言うと、長老はまた「多過ぎる」と言った。そこで、そばにいた人々が「四〇日間くらいは」と言うと、彼はさらに「多過ぎる」と言った。そして彼は語った。「言っておくが、人が心の底から悔い改めて、それ以上罪を重ねないならば、神は、三日で彼を受け入れてくださる。(29)」

一五　師父アヌーブが、人間の心が生み出す諸々の不浄な想念と空しい欲望とについて、師父ポイメンに尋ねた。すると、師父ポイメンは語った。「斧は、ものを切るためにそれを振るう人なしに、自らを誇ることができようか（イザヤ一〇・一五）。そなたも、それらに手を貸すな。そうすれば、それらは働かないだろう。(30)」

二〇　師父イザヤが汚れた想念について、師父ポイメンに尋ねた。すると、師父ポイメンは語った。「箱を満たし、捨てておかれる衣服は、時が経てば朽ちてしまう。想念も同じことだ。それらは体で実行しなければ、時とともに消えてしまうか、あるいは朽ちてしまうだろう。」

二一　師父ヨセフが同じことを尋ねると、師父ポイメンは語った。「蛇とさそりとを容器に入れて、閉じこめておくと、時とともに完全に死ぬ。それと同様に、悪霊によって生じるみだらな想念も、忍耐によって消えてしまうものなのだ。(31)」

二三　師父ポイメンは語った。「ある人が罪を犯しながらそれを否定し、『わたしは罪を犯していない』と言うならば、彼を非難してはならない。さもないと、あなたは彼の勇気を挫くことになる。

そして、彼に『兄弟よ、落胆してはならない。今後も用心せよ』と言うならば、あなたは彼の魂を悔い改めへと励ますことになる。(32)」

二四　彼はさらに語った。「試練は善いものである。というのも、それは人間を鍛えることを教えるからだ。」

二五　彼はさらに語った。「自分の教えることを実行しないで、教えるだけの人は、井戸に似ている。というのは、井戸はすべての人を洗い浄めるが、自分自身を浄めることはできないからだ。」

二七　彼はさらに語った。「沈黙していると思われている人がいる。だが、彼の心は他人を裁いている。このような人は、実は絶えず話している。また、朝から晩まで話しながら、沈黙を保持している人もいる。というのも彼は、益になること以外は何も話していないからである。」

二九　師父ポイメンは語った。「三人の者が集まって、一人はよく静寂を守り、一人は病気でありながら感謝し、今一人は清い考えで奉仕しているとしよう。そのとき、三人はまさに一つのわざを為しているのだ。」

三〇　彼はさらに語った。「聖書には、『神よ、鹿が泉をあえぎ求めるように、わたしの魂もあなたをあえぎ求める』（詩編四一・二）と記されている。すなわち、鹿は砂漠で沢山の蛇を飲み込み、その毒が自分を焼くとき、水辺に来ることを渇望する。水を飲むことで、蛇の毒から身を鎮めるのである。同様に、砂漠に住む修道者たちは、邪悪な悪霊たちの毒に焼かれたとき、その悪の苦しみから浄められるために、土曜日と主の日には泉、つまり主の御体と御血のもとに来ることを渇望する。」

五四　師父ポイメンは語った。「人間の意志は、人間と神との間を隔てる青銅の壁であり（エレミア一・一八）、妨害の岩である。それゆえ、人間がこれを捨て去ると、彼も『わたしの神において城壁を乗り越える（詩編一七・三〇）』と言う。しかし、弁解が意志に加わるようになると、人間は病んでしまう。」

六〇　さらに語った。「清貧、苦悩、厳格さ、断食こそ、隠修生活の道具である。事実、こう書かれている。『ノア、ヨブ、ダニエルの三人がいるならばわたしは生きる、と主は語る（エゼキエル一四・一四）。』ノアは清貧を、ヨブは苦悩を、ダニエルは分別を表している。それゆえ、もしこの三つの実行が人の中にあるならば、主は彼のうちに住まう。」

六二　ある日、一人の兄弟が師父ポイメンのところに来て言った。「師父よ、わたしは邪欲に悩まされていますが、どうしたらよいでしょうか。わたしは師父イビスティオンのところに行きましたが、彼はわたしに『邪欲を留めておいてはならない』と言ったのです。」すると、師父ポイメンは語った。「師父イビスティオンと彼の諸々の行いは、天使とともに天上にあり、わたしやそなたが邪欲に悩まされていることを忘れているのだ。修道者は腹と舌を制し、この世で異邦人のような生活を送るならば、決して滅びはしない。そう確信せよ。」

六四　ある兄弟が師父ポイメンに尋ねて言った。「兄弟の過ちを見たとき、それを隠すのは善いことでしょうか。」長老は語った。「われわれが兄弟の過ちを隠すときには、神もわれわれの過ちを隠してくださる。しかし、われわれが兄弟の過ちを暴くときには、神もわれわれの過ちを暴く。」

六五　師父ポイメンがさらに語ったところによると、あるとき、人が師父パエシオスに尋ねた。「わたしの魂は無頓着で、神を畏れないのですが、どうしたらよいでしょうか。」すると、彼は語った。「行って、神を畏れる人と親しく交われ。そうすれば、その人に近づくことによって、彼はそなたも神を畏れるように教える。」

六六　彼はさらに語った。「もし修道者が二つのことに打ち勝つならば、この世から自由になれるだろう。」そこで兄弟は尋ねた。「それはどのようなものですか。」彼は答えた。「肉体的な安逸と虚栄である。」

六七　師父アガトンの弟子、師父アブラハムは、師父ポイメンに尋ねて言った。「なぜ悪霊どもはわたしを攻撃するのでしょうか。」すると師父ポイメンは語った。「悪霊どもがそなたを攻撃すると言うのか。われわれが自分の意志を行う以上、彼らがわれわれを攻撃するのではない。事実、われわれの意志が悪霊になるのである。つまり、意志を実現するためにわれわれを悩ますものは、われわれ自身の意志なのだ。(33)しかし、悪霊どもがどんな者を攻撃するかを知りたいか。それは、モーセや彼と同じような者に対してである。」

六八　師父ポイメンは語った。「神がイスラエルに与えた生き方とは、自然・本性（ピュシス）に反することを避けることである。(34) すなわち、怒り、いらだち、ねたみ、憎しみ、自分の兄弟に対する中傷であり、また、古き人（コロサイ三・九―一〇）に属する他のことがらである。」

六九　ある兄弟が師父ポイメンに願って、「お言葉をください」と言った。そこで彼は言った。「師父たちが物事の根本に据えたのは悲嘆であった。」兄弟はさらに言った。「他のお言葉をください。」長老は答えた。「施しをするため、できるだけ手仕事をして働け。事実、こう書かれている。『施しと信仰とは罪を浄める』（格言一三・二七）。」兄弟は尋ねた。「信仰とは何ですか。」長老は答えた。「信仰とは謙遜のうちに暮らし、憐れみ深くなることだ。」

七一　師父ポイメンは語った。「われわれが非常に大きな試練の中に置かれるのは、自分の名前や身分に固執しないためである。それは、聖書が次のように言うとおりである。自分の名を受け入れ、救い主に慰められたかのカナンの女を見ないのか（マタイ一五・二七）。また、『わたしに罪があるように』（サムエル上二五・二四）とダビデに言ったために、彼がその願いを聞き入れて愛するようになった、あのアビガイアも同様である。アビガイアは魂の表れであり、ダビデは神性の表れである。それゆえ、もし魂が主の御前で自らを責めるならば、主はその魂を愛するであろう。」

七二　ある日、師父ポイメンは、師父アヌーブとともにディオルコス地方を通りかかった。墓地にやって来ると、深く悲しみ号泣している女を見つけ、立ち止まって彼女に目を注いだ。それから少し進んでゆくと、一人の男に出会ったので、師父ポイメンは彼に尋ねた。「どうしてあの女は激しく泣いているのか。」彼は答えた。「彼女の夫も息子も兄弟も、皆死んでしまったからです。」そこで、師父ポイメンは師父アヌーブに言った。「はっきり言っておく。人は肉体のすべての欲求を殺し（エフェソ二・三、コロサイ三・五）、このような悲嘆を得なければ、修道者にはなれない。まったく、この女の全生涯とその心とは、悲嘆の中にあるのだ。」

七五　彼がさらに、師父パンボについて言ったところによると、師父アントニオスは師父パンボについて、「彼は神を畏れることによって、神の霊を自分の中に住まわせた」（一コリント三・一六）と語ったという。(35)

九四　ある兄弟が師父ポイメンに尋ねて言った。「どこへ行っても、神の助けを見出すことができるでしょうか。」長老は語った。「剣を手にする人々をさえ、神は今、このときも憐れんでくださる。それゆえ、われわれも勇敢であれば、神はわれわれを憐れんでくださる。」

九七　師父ポイメンは語った。「清い者にとってはすべて清い（テトス一・一五）という使徒の言葉に達すると、人は自分をすべての被造物よりも劣ったものと見る。」するとある兄弟が言った。「どうしてわたしが、人殺しよりも劣っているなどと考えられるでしょうか。」長老は語った。「もし人がこの言葉に達した上で人殺しを見るならば、この者はただ一つの罪を犯したに過ぎないが、自分は毎日人を殺している、と言うだろう。」

九八　この兄弟は、師父ポイメンが語ったこととして、同じ言葉について師父アヌーブに尋ねた。すると、師父アヌーブは語った。「もし人がこの言葉に達した後、兄弟の欠点を見ると、兄弟の欠点を飲み込んで、自分の義を行う。」兄弟は尋ねた。「その者の義とは何ですか。」長老は尋ねた。「つねに自分自身を責めることである。」

一〇〇　ある兄弟が師父ポイメンに尋ねた。「なぜ悪霊どもは、わたしの魂にわたしより優れた人と親しくするように勧め、劣った人を無視させるのでしょうか。」長老は語った。「そのために使徒はこう言っている。『大きな家には、金や銀の器だけではなく、木や土の器もある。だから、もしこれらすべてのことから自分を浄めるならば、主人の役に立つすべての善きわざに備えられた誉れの器となるだろう。[36]』（二テモテ二・二〇―二一）」

一一六　彼はさらに語った。「『隣人のために自分の魂を捨てること、これより大きな愛はない（ヨハネ一五・一三）。』事実、人が、邪悪な言葉、人を苦しませる言葉を聞いて、たとい同じような言葉を言うことができても、それを言わないように闘うとする。また、人に傲慢な態度を取られても耐え忍び、復讐しないとする。そのような人は、隣人のために魂（生命）を捨てているのだ。[37]」

一一九　ある兄弟が師父ポイメンに尋ねて言った。「自分の諸々の罪に対して、どうしたらよいでしょうか。」長老は語った。「罪を赦されたいと願う者は、悲嘆によって赦され、徳を得ようと望む者も、悲嘆によってそれを得る。それゆえ、嘆き悲しむということは、聖書と師父たちが伝えた道である。『嘆き悲しめ』と彼らは言っている。というのも、それ以外の道はないからである。」

一二〇　ある兄弟が師父ポイメンに尋ねた。「罪からの回心とは何でしょうか。」長老は語った。「それは、今後罪を犯さないことである。それゆえ義人は、責むべきところのない者と呼ばれている（コロサイ一・二二）。というのも、彼らは自分の罪を捨て、義人になったからである。」

一二一　彼はさらに語った。「人々の邪悪さは、彼らの背後に隠されている。」

一二二　ある兄弟が師父ポイメンに尋ねた。「わたしを動揺させるこの不安の中で、どうすればよいでしょうか。」長老は語った。「神がわれわれに憐れみをかけるまで、どんな苦しみの中にあっても、神の憐れみ（善性）の前で嘆こう。」

一四四　師父ヨセフが語っていたところによると、師父イサクはこう言っていた。「あるとき、師父ポイメンのそばに座っていると、彼が脱魂状態にあるのを見た。わたしは彼と打ち解けた間柄だったので、彼の前にひれ伏して尋ねた。『あなたがどこにいるのか、お教えください。』彼は強いられて、答えた。『わたしの思いは、神を生む者（テオトコス）たる聖マリアが、救い主の十字架のもとに立って泣いておられるというものだった（ヨハネ一九・二五）。それで、わたしもそのようにずっと泣いていたかったのだ。』」

一四六　ある兄弟が、悪しき想念によって引き起こされる欺きについて、師父ポイメンに尋ねた。長老は語った。「それは、自分の左手に火を持ち、右手に水の入った器を持つ男のようなものである（シラ一五・一六）。すなわち彼は、火が燃えれば、器の水をかけて火を消す。火とは敵なる悪霊の種子であり、水とは神の御前に身を投げ出すことである。」

一四七　ある兄弟が師父ポイメンに尋ねた。「話すことは、沈黙するよりもよいことでしょうか。」長老は語った。「神のために語る者は、善いことをしている。また、神のために沈黙する者も、同様である。」

一四八　ある兄弟が師父ポイメンに尋ねて言った。「どうしたら、人は隣人の悪口を言うのを避けられるでしょうか。」長老は語った。「われわれとわれわれの兄弟とは、二つの似姿である。人が自分に目を向けて、自分を非難するとき、その兄弟は彼のそばで価値ある者に見える。しかし、自分が善いと思ってしまうと、その兄弟は彼のそばで悪しき者に見える。」

シソエス

四三　師父シソエスは語った。「自らを無とせよ。自らの意志を、後ろに投げ捨てよ。思い煩うな。そうすれば平安を得るであろう。」

四四　ある兄弟が師父シソエスに尋ねて言った。「情念に対して何を為すべきでしょうか。」すると、長老は語った。「われわれは各々、自分自身の欲望によって試みられる（ヤコブ一・一四）。」

シュンクレティケ

一　教母シュンクレティケは語った。「神に近づく人々にとっては、初めは多くの闘いと労苦がありますが、やがて言葉に言い表せぬほどの喜びが生じます。事実、火を灯そうとする人々が、初めは燻されて涙を流し、それから求めていたものに達するように、わたしたちも涙と苦しみとともに、神的な火を自らのうちに灯さなければなりません。というのも、『神はわれわれを焼き尽くす火である』（ヘブライ一二・二九）と言われているからです。」

二　彼女はさらに語った。「修道者としての身分を受けたわたしたちは、完全な節制を守らなければなりません。事実、在俗の信徒においても節制は実行されますが、そこには、あらゆる他の感覚によって罪を犯させる無節制が混じっているように思われます。実際、彼らは不適切にものを見、だらしなく笑います。」

五　人が至福なるシュンクレティケに、何も所有しないことは完全な善であるかと尋ねた。すると彼女は語った。「それができる人々にとっては、それは完全な善です。なぜなら、それを耐え忍ぶ人々は、確かに肉体において苦しみますが（一コリント七・二八）、魂においては安息を得るからです。事実、人が粗い上衣を足で踏んだり強く絞ったりして洗濯するのと同じで、強い魂は自発的な貧しさによって、さらに強くなるものです。」
七　彼女は語った。「悪魔のわなは沢山あります[38]。彼は貧しさによって人の魂を動揺させなかったとすると、そのときは、富を餌としてもたらします。暴力と侮辱によって力を振るうことができなかったとすると、そのときは、称讃と名誉とを与えます。健康によって打ち負かされると、体を病気にさせます。快楽によって欺くことができなかったら、意に反した苦しみによって、迷わせようと試みます。事実、悪魔は人々を落胆させて、神に対する彼らの愛を乱すために、神の許しによって重病を与えます。彼は非常な高熱によって体をぼろぼろにし、耐えがたい渇きによって体を苦しめます。罪人としてこれらすべてを被るならば、来世の苦罰、永遠の業火、審判の責苦を思い起こしなさい。そうすれば、今生じていることに対して絶望しないでしょう。

神が訪れてくださることを喜び、次の明るい言葉を口にしなさい。『主はわたしを厳しく鍛えたが、死には渡さなかった』（詩編一一七・一八）。あなたは鉄であり、火によって錆を落とします。義人であるあなたが、もし病気になるならば、大なるものからより大なるものへと前進するでしょう。あなたは黄金ですが、火によってさらに洗練されるでしょう。あなたの体に悪魔の使いが与えられたのですか（二コリント一二・七）。それなら喜んで、あなたが似るようになったお方を見なさい（同三・一八）。というのも、あなたはパウロの運命に与るにふさわしい者とされたからです。」
九　彼女はさらに語った。「断食をしながら、病気のことを言ってはいけません。というのも、断食しない人も、しばしば病気になるからです。あなたは何か善を行い始めたのですか。敵が道を断つとしても、退いてはいけません。敵はあなたの忍耐によって、力を失うからです。航海に乗り出す人々は、まず順風に会います。彼らは帆を広げますが、ついで逆風に遭っても、水夫は逆風のために船を見捨てることはありません。彼らはしばらくの間静かにし、あるいは大波と戦って、さらに航海を続けます。われわれも同様で、逆風に遭うときは、帆の代わりに十字架を掲げましょう。そうすれば、無事に航海を終えるでしょう。」

一〇　彼女は語った。「海の苦難と危険を冒して、感覚的な富を集める人々は、多くのものを手に入れても、さらに手に入れようと望みます。彼らは自分の今所有している宝を無と考え、まだ所有していないものへと手を伸ばします。しかし、自分の求めているものをまったく所有していないわたしたちは、神への畏れゆえに、何ものをも獲得しようとは思いません。」

一二　彼女はさらに語った。「実践的な生活によって養成されなかった人が、人に教えることは危険です。事実、腐った家を持ち、そこに客を迎える者がいたとすると、建物の崩壊によって彼らを傷付けるでしょう。同様に、まず自分自身が形成されなかった者は、彼らのもとにやって来る人々を破滅させます。彼らは言葉によって人々を救いへと招いたのですが、自分の行いの悪によって、むしろ闘士たちに不正を為すのです。」

オール

九　師父オールは語った。「修道者の冠は謙遜である。」

一〇　彼はさらに語った。「値打ち以上に評価され称賛されるような者は、大いに害を被る。他方、人々に全く評価されない者は、天で栄光を受ける。」

一一　彼はさらに語った。「高ぶりや傲慢な考えが心に入り込むたびに、そなたがすべての掟を守ったか、敵を愛しているか（マタイ五・四四）、彼らの失敗を悲しんでいるか、自分が役に立たない下僕であり（ルカ一七・一〇）、すべての人の中で最大の罪人であると考えているかどうかを見るために、そなたの良心を調べよ。さらに、すべて成功するかのように、大きな意図を抱いてはならない。そのような考えはすべてを破壊すると知れ。」

一二　彼はさらに語った。「あらゆる試練において、『これがわたしの身に起こるのは、わたしの罪のためである』と言って、そなた以外の誰をも咎めてはならない。(39)」

砂漠の師父・略伝

アントニオス（二五一—三五六）　キリスト教修道制の祖。エジプトの富裕な農家に生まれたが、早くに両親と死別。二七一年頃、隠修生活に身を投じた。さまざまな試練（悪霊の誘惑）を受けたが、それらを退け、隠修生活を全うし、また多くの弟子たちを育てた。アタナシオスによる『アントニオスの生涯』は、初期の修道生活をよく伝える伝記で、その後の聖人伝の嚆矢ともなった。

アルセニオス（三五五—四五〇）　教皇ダマススの推薦によって、皇帝テオドシオスの息子たちの後見人となる。テオドシオスの死後、スケーティスの砂漠に入り、ヨハネ・コロボスのもとで修業。四三四年のスケーティスの第二荒廃後、トロエに住む。アントニオスとその直接の後継者とに続く後の世代にあって、指導的役割を果たし、しばしば大アルセニオスと呼ばれた。

アガトン　はじめテーベでポイメンの弟子となり、若くして師父と呼ばれた。後にアルセニオスに師事。アレクサンドロスやゾイロスとともにスケーティスに住む。

ビザリオン　スケーティスの修道者で、弟子デュラスの手になる言行録が残る。

エウプレピオス　多くの書に学んだ後、修道者となったという。

テオドラ　五世紀初めの教母で、大主教テオフィロスと親交があった。

ヨハネ・コロボス（三三九頃—四〇九）　一八歳の頃スケーティスに行って、一二年間アンモエスに師事。司祭になるが、四〇七年の荒廃後は、スエズのアントニオスの山地に赴く。アントニオス後の第三世代にあって中心となった師父の一人。

エジプトのマカリオス（三〇〇頃—三九〇頃）　上エジプトの出身。若い頃、硝石を運搬するらくだ曳きであったが、早くから修道に志してアントニオスに師事し、三三〇年頃、スケーティスの創始者となる。大マカリオスと称せられ、『霊的講話集』をはじめ、彼の名に帰せられる霊性の文書が多く残されている。

モーセ　アントニオス後の第三世代で、スケーティスの偉大な長老の一人。もと奴隷で、エチオピア人（黒人）と呼ばれていた。晩年に修道者となり、イシドロスに師事。またマカリオスの言に従って、ペトラに隠棲した。四〇七年のマジク族の侵入に際して、ほかの七人とともに殺された。

ポイメン（四五〇年没）　アルセニオスと同様、アルセニオス第三世代に続く時期の中心的師父。兄弟たちとともにスケーティスで修道者となる。四〇七年のマジク族の荒廃後は、テレヌティスの異教神殿跡に修道院を設立した。聖性の誉れ高く、ポイメン（牧者の意）の名に帰せられる逸話は数多い。それゆえ、複数の牧者が想定されよう。

シソエス（四二九年没）　エジプト出身で、若くしてスケーティスの修道者となる。第一世代の重要な師父の一人。ティトエスと同一人物であろう。アントニオスを範と仰ぎ、エジプトのマカリオス、オールに師事。病のためしばらく航海の近くのクリュスマに住んだが、復帰して七二年間もアントニオスの山地で生活した。三五七年のサラセン侵入後、ピスピルの修道者から援助を受けた。

シュンクレティケ（三一六—四〇〇）　マケドニアの富裕な家柄の出身で、アレクサンドリアに生まれた。両親の死後、遺産を貧しい人びとに捧げ、エジプトで隠修者となる。その聖性と知恵のゆえに、近隣の女性たちに大きな霊的感化を与えた。

オール（三九〇年没）　第一世代の、よく言及される師父の一人。初めスケーティスに住むが、蛮族の侵入のためシソエスとともにそこを去り、ニトリアで修道生活を送った。三七四年、メラニアが訪れている。

訳　注

（1）　諸々のわざは祈りへと向けられ、祈りはまたわざへと結実する。だが、それはまた、無限なる神への祈りへと開かれている。
（2）　試練を受けるということは、人間（人間の自然・本性）が本質的な変容可能性を有していることを、逆に証ししている。
（3）　これはむろん、言葉による悪口、妬み、裁きなどを慎み、貪欲を制すること。
（4）　謙遜ないし謙虚さは、師父たちの説く道の中心的位相に関わる。
（5）　他者との関わりの姿は、神との関わりを映するしである。そして人は、神的働きを受容し顕現させる器ないし場となるべく呼びかけられている。
（6）　人との真の交わりのためには、直接の愛着を離れた静寂と祈りが不可欠の媒介となる。
（7）　悪霊とはその本質としては、神からの意志的な背反、傲慢そのものと解される。
（8）　神に心貫かれた師父たちは、いわば神的な狂気（真の健やかさ）を生きているが、己れに閉ざされた人々（自分では狂っていないと思っている人々）には理解されず、迫害を受ける。

(9) 字義通りに受け取ってよいが、象徴的には、神に対して自制を伴った聴従が、猛々しい情念や欲望を従わせうることと解されよう。

(10) とりわけ謙遜の徳のこと。学識も苦行も、それが傲りを生むときには、ほとんど無に等しい。

(11) 神への愛（アガペー）、そして徳（アレテー）というかたちにおいて、神は現成する。「わたしの父はその人を愛し、父とわたしとはその人のところに行って、ともに住む」（ヨハネ一四・二三）

(12) 受難に向かう前、イエスは弟子たちに、「あなたたちは泣いて悲嘆に暮れ、世は喜ぶだろう。あなたたちは悲しむが、その悲しみは喜びに変わるであろう」（ヨハネ一六・二〇）と告げる。

(13) 身体的なわざ・苦行はそれ自体が目的ではなく、心の見張り（徳）のためにある。が、心の見張りはまた、よきわざを結実させてゆかねばならない。とすれば、ここにはある種のよき循環が認められよう。

(14) 人の本来の道行きは、あるとき完成して停止してしまうということはありえず、つねに途上にあり、また絶えざる生成・誕生という性格を有する。そして聖人とは、試練や闘いのない平安のうちに単に安らっている人のことではなく、むしろ、己れの罪を深く見つめ、罪に対して最も鮮烈に戦い抜いた人のことであろう。

(15) 神は人の善き働き・わざのうちに、そのいわば超越的な根拠として現前してくるであろう。とすれば、人は己れをなみし、己れを越えゆくような愛の経験においてこそ、神の働きの現存が信じられることになる。そして「奇蹟」（タウマ）という語は、そうした「驚き」（タウマ）の経験を意味する。

(16) クロノス（時）が日常的な対象化された時を示すのに対して、カイロスは好機、出会いの瞬間など、主体においていっそう貫かれた時を示す。

(17) 「もしあなたたちがキリストのものならば、あなたたちはまさにアブラハムの子孫であり、約束による相続人である」（ガラテア三・二九）という。

(18) 肉体ないし身体が悪なのではなくて、肉体へのいたずらな執着、我欲が悪なのである。それゆえ、人間の身体性とは、人間が神を受容し神に与りうるという、その変容可能性を担う質料・素材と言うべきであろう。

(19)「あなたたちのうちで逃れた者は、捕囚として連れ去られる先の国々でわたし(主)を思い起こす」(エゼキエル六・九)とある。なお、主の記念・想起ということに関する一コリント一一・二四をも参照。

(20)「心を尽くし、精神を尽くし、思いを尽くし、力を尽くし、あなたの神である主を愛せよ。……そして隣人を自分のように愛せよ」(マルコ一二・三〇―三一)という二つの同根源的な掟のこと。なお、レビ一九・一八参照。

(21)「天の国は、美しい真珠を探している商人のようである。価の高い真珠を一つ見出すと、行って持ち物を全部売り、それを買う」(マタイ一三・四五―四六)とある。

(22)「主はすべての悪しきわざから救い出し、その天の国に救い入れたもう」(二テモテ四・一八)。そして、「わたしたちの国籍は天にある」(ピリピ三・二〇)と言われている。ちなみに、砂(小石)で枕を作ったくだりについて、「ヤコブは石を取って枕とし、そこに横たわった。すると夢を見た」(創世記二八・一一)とあるが、それは「天に達するはしごを神の使いが昇り降りしている」というものであった。

(23)悔い改めは、真の謙遜と同様、己れの全体を、神的な働き(霊)に対して、それを受容する器とすることであろう。

(24)「人を裁いてはならない。自分も裁かれないようにするためである。なぜなら、あなたたちは自分の裁く裁きによって裁かれ、自分の測る測りによって測られるからである。」(マタイ七・一―二)

(25)「今より後、主にあって死ぬ人は幸いである」(黙示録一四・一三)。また、ローマ六・八―一〇、一コリント一五・三一など。

(26)三日ということの象徴的意味について、「ヨナは三日三晩、魚の腹の中にあった」(ヨナ一・一七)、「このときよりイエスは苦しみを受けて殺され、三日目に復活すべきことを示し始めた」(マタイ一六・二一)。と記されている。ほかに出エジプト一〇・二三、ホセア六・二など参照。

（27）「このようにあなたたちも、キリストの体によって律法に対して死んだ者となっている」（ローマ七・四）と言われる。
（28）この点、「われわれの古き人がキリストとともに十字架につけられたのは、罪の体が滅んで、われわれがもはや罪に仕えることのないためである」（ローマ六・六）と言われる。また、「もし人がキリストにおいてあるならば、新たに創られた者である。古きは過ぎ去り、見よ、新しきものが生じた」（二コリント五・一七）とある。
（29）四〇日は、イエスが砂漠（荒野）で悪魔に誘惑を受ける際に断食した数（マタイ四・二）、三日は甦り、復活の数。
（30）身体（肉体）や身体的なものが、それ自体として悪なのではなくて、それらに執着する心と意志が悪（善の欠如たる姿）の原因となる。
（31）自然に消滅するというよりは、神への祈りと忍耐によって魂に神的な霊の働きが注ぎ込まれることによる。
（32）「神の慈愛は人を悔い改めに導く」（ローマ二・四）という。
（33）悪魔や悪霊はしばしば特定の存在者であるかのように、物語風に語られるが、既述のように、それらの本質は、「神からの背反」、「傲慢そのもの」ということに存しよう。そして人間は、「自らの意志が悪霊になる」（ポイメン・六七）と言われるほどに、己れのうちにいわば自由の闇を抱え込んでいる。が、そのことは、人間が自らの限定（種）を超えて、無限なる存在（＝神）に与り、真に神の似像に成りゆくという変容可能性を、逆説的に証ししていると考えられよう。
（34）この点、罪とは、自然・本性（ピュシス）に背反してものや人に関わることであり、自然・本性に背反する意志的働きであった。その中心に潜んでいるのが、傲りや自己愛なのである。
（35）神を畏れ、謙遜を保持することによって、人間は魂と身体とが相俟って、神の霊を受容し宿す器とも場ともなる。そのように己れをなみしつつ神性を受容した姿こそ、勝義の人間（人間としての完成）であろうが、われわれはすべてそこに向かって開かれているのである。
(36)「神は各々の人にそれぞれ聖霊の賜を分かち与えた」(ローマ一二・三)とある。そしてここでは、さまざまな器の優劣ではなく、それらが相俟ってはじめて、神的生命の全一的な姿が顕現しうることが示されている。
(37)「魂」(プシュケー)と訳したが、それは師父たちにあってはむろん、身体から分離した実体ではなくて、本性的につねに身体と結合しているので「生命」(ふつうはゾーエーの訳)と訳してもよい。この点、魂という語で人間の全体(魂と身体の結合体)を示す。
(38)「傲慢な者がわたしにわなを仕掛け、綱や網を張りめぐらし、わたしの行く道に穴を掘っている」(詩編一四〇・六)。
(39)古来、師父たちは、自分こそが最も罪深いと自覚し、自らが万人に対して有責であると語った。それは、神的な霊の働きを受容し、かつそれを顕現させるべき器・場としての己れを、ことのほか厳しく見つめてのことであったであろう。

あとがき

本書は、一つの小さな機縁から生まれた。わたしははじめ、ニュッサのグレゴリオスの『マクリナの生涯』という作品を——それはグレゴリオスが亡き姉マクリナを偲び、その聖性を称えた伝記だが——訳出し、紹介しようと思った。が、それを少し進めていたとき、どうせならもう少し本格的に、東方・ギリシア教父の伝統を一つのアンソロジー（詞華集）風にまとめたいという思いがつのり、こうした編訳書になったのである。（『マクリナの生涯』はキリスト教古代におけるすぐれた伝記の一つゆえ、他日を期したい。）

今回、一書を編むに際して、二十年ほど前から折りに触れて筆者が翻訳してきた拙訳を（訳文を多少吟味し直しているが）用いた。（『砂漠の師父の言葉』のみ、共訳である。）この書では、従来筆者が心から感銘を受け、少しく学び取ってきた教父として、とりわけニュッサのグレゴリオスと証聖者マクシモスとを哲学・神学面での一方の代表者として択び、さらに修道的作品のある種の範型として『砂漠の師父の言葉』をも取り上げた。それゆえこうした書物によってでも、東方・ギリシア教父と師父たちの透徹した学と修道との基本的な姿を窺い知ることができよう。

もとより、東方教父の伝統は、「人類の遺産」とも言うべきはなはだ大きな思想潮流であるので、この書は、一つの観点からのささやかな集成に過ぎない。

次に、本書に収めた各著作の元来の訳書を挙げておく。

ニュッサのグレゴリオス『キリスト者の生のかたち（キリスト教綱要）』、『エイコーン』新世社、第二四号、二〇〇一年、第二五号、二〇〇二年。

同『モーセの生涯』、『キリスト教神秘主義著作集』1、教文館、一九九二年、に所収。

同『雅歌講話』大森正樹、宮本久雄、谷隆一郎、篠崎栄、秋山学訳、新世社、一九九一年（本書に収めたのは拙訳部分）。

証聖者マクシモス『愛についての四百の断章』、同『神学と受肉の摂理とについて』、いずれも『フィロカリア』Ⅲ、谷隆一郎訳、新世社、二〇〇六年、に所収。

同『主の祈りについての講解』、『フィロカリア』Ⅳ、谷隆一郎・三嶋輝夫訳、新世社、二〇一〇年、に所収。（拙訳部分）。

『砂漠の師父の言葉』谷隆一郎・鈴木（旧姓岩倉）さやか訳、知泉書館、二〇〇四年。

さて、とにかくも一書を終えた今、若き日より何らかの縁あって出会い、筆者の拙い歩みの支えとなり力ともなった師友をはじめ、多くの方々を懐かしく想起する。個々のお名前を挙げることはしないが、それらすべての方々の名を――今在る人も、すでに亡き人も――深く胸に刻み、改めて心から感謝を捧げたい。

なお最後になったが、この編訳書を企画し編んでゆくに当って、知泉書館の小山光夫氏からは多大のご配慮を賜った。学術的な書の出版事情がとくに厳しい昨今、小山氏のおよそ古典に対する深い見識と使命感がなければ、東方教父という知る人ぞ知る古典に関するこうした書物が世に出ることはなかったであろう。ここに記して、衷心から感謝申し上げる次第である。

二〇一四年四月三日

谷 隆一郎

参考文献

（以下においては、本書で扱った原典に直接関わる文献を若干挙げておく。）

『中世思想原典集成』1、2、3巻、上智大学中世思想研究所編訳・監修、平凡社、一九九二―一九九五年。

V. Lossky, *Théologie mystique de l'Église d'Orient*, Aubier, 1944.（V・ロースキィ『キリスト教東方の神秘思想』宮本久雄訳、勁草書房、一九八六年）

J. Meyendorff, *Byzantine Theology, Historical Trends and Doctrinal Themes*, Fordham University Press, 1974.（J・メイエンドルフ『ビザンティン神学――歴史的傾向と教理的主題』鈴木浩訳、新教出版社、二〇〇九年）

A. Louth, Maximus the Confessor, Routledge, 1996.

A・ラウス『キリスト教神秘思想の源流――プラトンからディオニシオスまで』水落健治訳、教文館、一九八八年。

L. Thunberg, *Man and the Cosmos, The Vision of St. Maximus the Confessor*, St. Vladimir· s Seminary Press, 1985.

有賀鐵太郎『キリスト教思想における存在論の問題』創文社、一九八一年。

坂口ふみ『〈個〉の誕生――キリスト教教理をつくった人びと』岩波書店、一九九六年。

大森正樹『エネルゲイアと光の神学――グレゴリオス・パラマス研究』創文社、二〇〇〇年。

同『東方憧憬――キリスト教東方の精神を求めて』新世社、二〇〇〇年
秋山　学『教父と古典解釈――予型論の射程』創文社、二〇〇一年。

K・リーゼンフーバー『中世思想史』村井則夫訳、平凡社、二〇〇三年。

桑原直己『東西修道霊性の歴史――愛に捉えられた人々』知泉書館、二〇〇八年。

宮本久雄『愛の言語の誕生――ニュッサのグレゴリオスの『雅歌講話』を手がかりに』新世社、二〇〇四年。

同『他者の原トポス――存在と他者をめぐるヘブライ・教父・中世の思索から』創文社、二〇〇〇年。

今道友信『中世の哲学』岩波書店、二〇一〇年。

谷隆一郎『東方教父における超越と自己――ニュッサのグレゴリオスを中心として』創文社、二〇〇〇年。

同『人間と宇宙的神化――証聖者マクシモスにおける自然・本性のダイナミズムをめぐって』知泉書館、二〇〇九年。

同『アウグスティヌスと東方教父――キリスト教思想の源流に学ぶ』九州大学出版会、二〇一一年。

谷 隆一郎（たに・りゅういちろう）

1945年，岡山県生まれ，神戸に育つ。1969年，東京大学工学部卒業，1976年，東京大学大学院人文科学研究科博士課程単位取得。九州大学教授を経て，現在，九州大学名誉教授。博士（文学）。

〔著訳書〕『アウグスティヌスの哲学――「神の似像」の探究』（創文社，1994年）。『東方教父における超越と自己――ニュッサのグレゴリオスを中心として』（創文社，2000年）。『人間と宇宙的神化――証聖者マクシモスにおける自然・本性のダイナミズムをめぐって』（知泉書館，2009年）。『アウグスティヌスと東方教父――キリスト教思想の源流に学ぶ』（九州大学出版会，2011年）。ニュッサのグレゴリオス『雅歌講話』（共訳，新世社，1991年）。同『モーセの生涯』（『キリスト教神秘主義著作集』1，教文館，1992年）。『砂漠の師父の言葉』（共訳，知泉書館，2004年）。アウグスティヌス『詩編註解（2）』（『アウグスティヌス著作集』18-Ⅱ，共訳，教文館，2006年）。『フィロカリア』Ⅲ（新世社，2006年），『フィロカリア』Ⅳ（共訳，新世社，2010年）など。

〔キリスト者の生のかたち〕　ISBN978-4-86285-187-1

2014年5月10日　第1刷印刷
2014年5月15日　第1刷発行

編訳者　谷　隆一郎
発行者　小山光夫
製　版　ジャット

発行所　〒113-0033 東京都文京区本郷1-13-2　株式会社 知泉書館
電話03(3814)6161 振替00120-6-117170
http://www.chisen.co.jp

Printed in Japan　印刷・製本／藤原印刷

索　　引

あ　行

か　行

さ　行

た　行

な　行

は　行

ま　行

わ　行